青少年心理健康教育规划教材

青少年心理健康辅导

主　编　隋　君　李春燕　张凤萍
副主编　刘　敏　郭　寰　徐双红

东北大学出版社
·沈　阳·

图书在版编目（CIP）数据

青少年心理健康辅导 / 隋君，李春燕，张凤萍主编. —沈阳：东北大学出版社，2015.5（2017.1 重印）
ISBN 978-7-5517-0976-7

Ⅰ. ①青… Ⅱ. ①隋… ②李… ③张… Ⅲ. ①青少年—心理健康—健康教育 Ⅳ. ①G479

中国版本图书馆 CIP 数据核字（2015）第 123648 号

出 版 者：东北大学出版社
地址：沈阳市和平区文化路 3 号巷 11 号
邮编：110819
电话：024—83687331（市场部） 83680267（社务室）
传真：024－83680180（市场部） 83680265（社务室）
E-mail：neuph@ neupress. com
http：//www. neupress. com
印 刷 者：沈阳航空发动机研究所印刷厂
发 行 者：东北大学出版社
幅面尺寸：170mm × 240mm
印 张：18. 75
字 数：332 千字
出版时间：2015 年 5 月第 1 版
印刷时间：2017 年 1 月第 3 次印刷
组稿编辑：牛连功
责任编辑：潘佳宁 黄艺凯
责任校对：图 图
封面设计：刘江旸
责任出版：唐敏志

ISBN 978-7-5517-0976-7
定 价：38. 00 元

前言

“每个教师都应成为心理健康教育的工作者”。在这一理念背景下，目前各学校的心理健康教育已经由一门学科向学校教育教学全面渗透，广大教师非常渴望有一本实操性强的心理健康教育或辅导方面的指导用书，能帮助他们轻松有效地掌握和运用心理学的相关理论，把学校心理健康教育与教育教学工作有机融合，从而提高教育教学工作实效。

青少年时期是人生发展中最具魅力的时期，青少年身上蕴育着一种潜力和精神，而教育代表着对这种潜力和精神的呵护、滋养。这其中教师似雨露和春风，会给青少年的潜力和精神带来源源不息的力量。然而有了雨露和春风般的教育未必一定能使青春般的花蕾绚丽绽放，生命的灵性和智慧的彰显还时时需要“知雨的时节”，本书恰是一场及时的甘霖与醉人的春雨。

有了这本书，广大教师能便捷地以其心灵的教育情怀，润物无声的大爱智慧去点拨与滋润青少年的心灵，并牵手与他们一起成长。

有了这本书，青少年能更自由地驾驶着自己人生的小船畅快地航行在茫茫的人海中，它是青少年成长旅途中不可或缺的罗盘，会指引他们避开暗礁和旋涡，向着成功的方向扬帆前进。

有了这本书，青少年的父母们也能有针对性地学习关于孩子心灵成长及家庭教育的理念，跟上市场经济环境下孩子成长的脚步。

全书分为六个篇章，即心理探析篇、心理调适篇、心理咨询篇、师生心理篇、父母心理篇、团体心理篇。

心理探析篇探析了目前社会普遍认可的心理健康的标准，青少年身心发展的特点、意义及不良心理产生的原因、应对措施。

心理调适篇选取十个青少年普遍存在的心理困扰进行详细的剖

析和讲解，通过对案例呈现、感知情绪、成因分析、严重危害、纠正与调适的阐述，使读者从中获得借鉴和参考。

心理咨询篇精选三个典型的沙盘游戏治疗的个案，细致地呈现了咨询过程中咨助双方的语言、行为、感受及沙盘制作的过程，便于读者了解心理咨询及其过程，对求助者具体的心理现象及变化的脉络一目了然。

师生心理篇精选了环境适应、考前辅导、人际关系处理等讲座内容，可以为读者提供类似群体心理辅导讲座的参考。

父母心理篇精选了家庭教育的重要性、与青春期孩子相处、培养孩子良好的习惯、协助孩子制定有效的学习目标四个方面的课程，凸显实用性、可操作性。

团体心理篇精选了培养自信心、开发潜能、学会学习、学会合作、学会感恩五方面的系列活动方案，还选取了留守儿童、高三解压等心理团体辅导方案，呈现了团体辅导中互动成长的过程。

总之，本书是学校开展青少年学生心理健康教育的规划教材，有较强的实效性和可操作性。它提供了心理健康教育的典型案例和参照模式，是关注青少年成长的教育工作者、社会心理工作者等进行教育和研究的实用范本，也为广大家长提供家庭教育指导，为青少年心理健康成长提供帮助。

我们非常高兴地把自己在多年的心理健康教育工作中总结出来的成果贡献出来与大家分享，欢迎广大读者对本教材多提宝贵意见！

编 者

2015 年 3 月

目 录

心理调适篇　/ 31

团体心理篇 / 241

心理探析篇

本篇选取四篇文章，介绍什么是心理健康、目前社会普遍认可的心理健康的标准、青少年身心发展的特点、青少年及教师心理健康的意义、不良心理产生的原因和应对措施等内容。特别提出了青少年厌学情绪及中高考、就业压力方面的问题和应对措施，期望这些文章能为所有关注青少年成长及教师心理健康的人士提供帮助。

心理情景剧表演

做心理志愿者和青少年一起开展活动

与孩子们共同成长

明明白白你的心

——心理健康与青少年成长

关于心理健康

每个人都希望自己是一个健康的人，常把健康和幸福联系在一起。但说到健康，不少人只关注身体方面的健康状况，认为身体没有疾病就是健康了，忽略了心理也会存在健康问题。在社会快速发展的今天，人们的物质生活虽然越来越好了，但人们的心理问题却越来越多了。

实际上人体本是生理与心理的统一体，健康不仅指生理健康，心理健康也非常重要。就像一个残疾的人身体不灵便，只要心理健康也可以过上幸福的生活；但一个四肢健全的人若整天焦虑烦恼，过度郁闷，不但他自己会生活得痛苦，还会殃及家人、朋友。

世界卫生组织提出，健康是指躯体健康、心理健康、社会适应良好和道德健康等，其中心理健康的意义尤为重要。

我们要做一个心理健康的人，就要了解心理健康的标准。心理健康并没有一个统一的、规范的标准。因为不同的人的心理健康状况可能会以不同的方式表现出来，就是同一个人在不同时期其心理健康的状况也可能是不同的。

目前，人们普遍认可和广泛引用的是美国心理学家马斯洛和米特尔曼提出的十条心理健康标准：① 有足够的自我安全感；② 能充分地了解自己，并能对自己的能力作出适度的评价；③ 生活理想切合实际；④ 不脱离周围现实环境；⑤ 能保持人格的完整与和谐；⑥ 善于从经验中学习；⑦ 能保持良好的人际关系；⑧ 能适度地发泄情绪和控制情绪；⑨ 在符合集体要求的前提下，能有限度地发挥个性；⑩ 在不违背社会规范的前提下，能恰当地满足个人的基本要求。

衡量这些标准时不能绝对化，不是完全达到上述标准的人才算心理健康。所谓心理健康的人，是在一定程度上符合上述大部分的标准，而不是完全符合，况且也不可能完全符合。如果有某些条件轻微不符，但这个人的社会功能和人格特征完好，仍属正常范畴。如果不符合的项目过多，程度也较重，就不再属于心理健康了，甚至有可能是患有心理疾病。

一个心理健康的人有时也会出现一些不良的症状，如注意力不集中、失眠、忧虑、紧张、不自信、内疚、自责等，出现了这些症状不代表他有心理疾病，只有当他同时具有多种症状并且持续时间长、日趋严重，甚至影响了生活时，才可能是患有心理疾病，需要进行心理咨询或治疗。

根据我国青少年身心发展的特点，我国青少年心理健康应具备的条件如下。

① 智力发育正常。指智力发展水平与实际年龄相称。若智力发展水平落后于实际年龄，属于心理发育异常，会伴有适应能力低下、学习困难等。

② 稳定的情绪。心理健康的青少年，他们的情绪体验方面积极乐观、向上进取占优势，虽然也会有失败、挫折、困惑等消极情绪出现，但他们能适度地表达和控制，持续时间不会太久，情绪相对稳定。

③能正确评价自己。对自己有充分的了解，清楚自己存在的价值，对自己感到满意，各方面不断进取，并积极发扬优点，努力完善自己，能自觉克服自己的缺点，对未来有理想，有信心。

④人际关系良好。懂得尊重他人、理解他人，善于学习他人长处，能用友善、宽容的态度与人相处。在集体中威望高，生活充实，被人尊重和信任。

⑤人格稳定协调。人格是一个人整体的精神面貌。心理健康的人有健全的人格，有相对稳定的情绪、坚定的毅力、灵活的应变能力、强烈的责任感和良好的自制力。

⑥热爱生活。心理健康的人能深切地感受生活的美好和乐趣，对未来有美好的憧憬，能充分发挥自己的各方面潜能，遇到挫折和失败也会坚定信心，积极面对，能适应各种不同的社会环境和人际关系。

了解青少年心理健康的标准，可以帮助青少年朋友更好地判断自己哪些方面状态好，哪些方面状态不佳，从而有针对性地进行自我调节，有效地排除内心的干扰和冲突；也可以帮助老师、家长及关注青少年成长的朋友们有针对性地对青少年进行心理健康辅导，呵护他们的心灵成长。

青少年的成长

青少年期的年龄界定。根据世界卫生组织对温带地区青少年的界定，青少年的年龄为 10 ~ 20 岁。一般 10 ~ 15 岁称为少年期，是小学至初中的学习阶段；15 ~ 20 岁称为青年初期，是高中的学习阶段，10 ~ 20 岁可称为青少年期或青春发育期。

青春期到来的早晚没有统一标准的年龄界定，因为每个人的遗传因素、生长环境、接受媒体刺激、营养健康状况等个体差异较大，有时可相差2～4岁。青少年期是人生的一个重要阶段，它就像一座桥梁，是一个人从儿童发展到成人的过渡期。

（一）青少年身心发展的特点

青少年期是人的身体、心理大发展的时期。这个时期，随着青少年生理上逐渐走向成熟，从外表看他们像长成大人了，但稚气未脱的他们在经济、生活、感情等方面还依赖于父母，不能独立；在心理上他们有了独立的意识，这种身心发展的快速不协调性给青少年带来许多困惑，使他们处于变化、不稳定、矛盾、半成熟、半幼稚的状态。由于这种变化和不稳定，这个时期青少年对自身变化的适应、对外界环境的适应都是非常困难的，心理学上说这是困难时期，也是危险时期，是心理上最容易出现问题的时期。在这个过程中青少年会不断斗争，慢慢地变得成熟，形成自己的理想、人格、价值观、能力等，也是人格形成的关键期。

（二）青春期的巨大变化

1. 身体方面的发展

青少年时期是身体发生巨大变化的时期，身体发展变化的幅度仅次于婴儿期。在青春期到来时，青少年的身体和心理呈现快速发展，表现为肌肉、骨骼等组织全面地急剧成长，生殖系统成熟，第二性征逐渐显露。

青少年期出现了性成熟。人刚出生时性别的区别主要靠生殖器，称之为第一性征。到了青春期，由于性激素的分泌，第二性征开始发育，女孩乳房隆起，臀部增厚，身上的脂肪增多，身体变得柔软而富有弹性；男孩开始长胡须，长喉结，身体变得健壮魁梧。这时候出现变声，男孩声音变得粗沉，女孩声音变得清脆。随着身体的发育，青少年必须适应发展中的新自我，同时还应适应别人对于他的新形象所表现出的反应。由于身心方面不一定能平衡发展，他会产生不稳定的现象，在“幼稚”与“成熟”上有大幅度的波动。

2. 心理方面的发展

青春期是智力、思维大发展的时期。智力的核心是思维能力的发展，是从具体形象思维向抽象逻辑思维过渡。思维能力有五个品质，即思维的深度、广度、独立性、批判性、灵活性。跟以前相比，青春期变化最突出的就是思维的独立性。青少年开始有独立的思考，特别愿意发表自己的见解，不愿意受旁人的左右，独立意识增强了。同时他们的批判性也增强了，他们开始用批判的眼光去看周围的一切，不再满意专门听家长和老师的吩咐了。这是一个过程，是开始脱离父母呵护的过程，是青少年成人化、社会化的过程。自然，他们看问题也会有片面性，有偏颇，走极端，需要成人适当地引导。

性心理的萌动期。青春期出现性感情的发育、性心理的萌动，这是青春期青少年最重要的变化。这时候他们开始注意性别方面的差异，开始喜欢异性、欣赏异性，追星、崇拜偶像、暗恋等。女孩有自己的“白马王子”；男孩有自己的“白雪公主”，有性梦、性唤醒。这就是性感情的萌动，这样的发育特征在每个人人生成长路上都是非常有意义的。有生殖器官的不同，他们才可以创造生命，才可以做父母，人类才可以延续。第二性征的发育，让他们有身体外表的变化，有差别就有吸引。这个特征为他们将来吸引异性，在异性中选择配偶而结婚作准备。有了性感情的萌动，有了性心理的发育，才使他们能产生爱情的动力。这样的发育对青少年来说是具有生命意义的，对他们的人生也是有重要价值的。

由于青少年缺乏心理准备和经验，加上生活环境、社会道德的限制，有的青少年不能解决内心的情感冲突，给自己带来了许多的烦恼和痛苦。

情绪情感的发展。由于社会生活的多元化和丰富化，青少年内心感受变得很丰富，但他们内心缺乏和谐感，容易受到各种矛盾冲突的困扰，情绪出现两极化，一方面热情奔放，另一方面又脆弱、易波动，像疾风暴雨般变化无常。尤其是面对他们的身心变化，青少年会感到措手不及、彷徨、焦虑、抑郁。

3. 人际交往的特点

以往青少年多是跟老师、父母的关系密切。青少年时期同伴关系重于和父母、老师的关系。这个时期朋友对他们特别重要，而且互相影响。从穿衣戴帽到追星都互相影响。因为同龄人的关系是极其平等的，走入群体中，他们必须懂得以爱心换爱心、以尊重获得别人对他的尊重。青少年之间做好朋友是没有功利的，只要心心相印，有共同的爱好，你跟我好我才跟你好，你给我一脚我也给你一拳。这种平等的关系让青少年懂得不能自私，不能以自我为中心，懂得要关心别人，懂得要守时守信，要具有乐群性。

异性交往是他们社会化过程中的重要一课，男女青少年只有在互相交往中才能找到各自的感觉。他们之间的交往是知识的互补、能力的互补、性格的互补，是补偿性质的成长，是成长的过程。

人际交往是青少年成长过程中的一种体验。体验是必须要进行的，青少年并不是在说教中长大的，而是在体验中长大的。

4. 青少年的理想和前途

青少年成长的核心问题是理想和前途的问题。性教育的问题不是核心，它只是一个人身心成长的一个方面，而一个人在社会中要成为什么样的人才是最核心的。理想和前途的问题解决得好，青少年就能建立积极的自我和明确的目标，然后朝着这个目标努力前行。

一般情况下，经过一段心理上的困惑和矛盾，青少年会渐渐明确自己要走什么样的路，做什么样的人，这时他们突然变得懂事了，责任心强了，开始努力地学习，变得不浮躁，不追求表面的东西，开始慢慢地修身养性，这是发展顺利的情况。如果青少年成长得不顺利，他们在青春期就是一个混乱的状态，甚至是消极的样子，表现为生活上没有目标，内心惶然，在他们以后的人生道路上，这种混乱状态会始终存在。所以说青少年的核心问题是明确理想和前途的问题。

青少年时期许多的选择、决定及其形成的心理品质、个性倾向对其一生都会产生深远的影响。如果我们能防患于未然，让青少年树立理想，让他们有人生的目标，他们就会有抗拒诱惑的能力。

如图：一个少年站在十字路口，他前面是一条大路，大路尽头有一个发光体在闪亮（想前往的目标）。他旁边有很多的岔路，有电子游戏、金钱、酒杯、桥牌、男女朋友等在诱惑着他，他好像在抉择中。青春期的少年朋友们就如同这个少年一样站在人生的十字路口，他们周围也有很多的诱惑，内心也有众多的需要，怎么去选择呢？如果青少年心中有明确的目标，这时候两边的各种岔路、各种诱惑都不会奏效，他们会直奔目标前行；如果他们心中没有目标，任何一个岔路他们都可能走进去。

青少年心理健康的重要意义

（一）保证个体的智力正常发挥，高效地学习

有研究表明：心理健康的青少年，其大脑皮层神经活动的灵活性、强度和平衡性都比较强，这使青少年在学习过程中有强烈的求知欲和探索的兴趣，呈现出较强的分析和综合问题的能力，在认识活动和实践活动中，他们智力结构的各要素都能积极协调地参与，并正常地发挥作用。同时，健康良好的心态，会让青少年常常感到心情愉快，有充分的安全感，这易于在其大脑皮层中形成优势兴奋中心，有利于增强记忆、活跃思维，充分调动各种潜能全身投入、高效地学习，并意志坚定，积极主动克服在学习中遇到的各种困难和挫折，以取得理想的成绩。

（二）促进个体建立和谐的人际关系，更好地适应生活

心理健康的青少年多是乐于与人交往的人，他们有稳定而广泛的人际关系，有可以交心的朋友，在交往中他们有自知之明，不卑不亢，保持着完整而独立的人格，既能客观地评价自己和别人，取长补短，又宽以待人，乐于助人，良好的心理促进他们建立良好和谐的人际关系。这种良好和谐的人际关系，促使青少年心情舒畅，能够高效地学习。

心理健康的青少年，能与自己所处的社会环境保持良好的接触，他们对学校、社会的现状有比较清晰的正确认识，随着环境的变化，他们能主动地进行自我调节，思想和行为能与时俱进。无论环境怎么变化，他们都能很快地在新环境中找到自己的朋友，建立新的友谊，开拓新的生活空间，产生新的归属感和满足感，更好地适应新的生活。

（三）使人保持良好的情绪，促进身体健康

心理健康的人经常处于轻松、稳定和快乐的状态中，善于适度地表达和控制情绪。具有不良情绪和心理会导致各种身心疾病。比如，经常受紧张、抑郁和焦虑等消极情绪困扰的人，可导致大脑皮层兴奋与抑制功能失调，从而使机体的内分泌功能发生紊乱，免疫功能受到抑制，这样人体内潜伏的恶性细胞会被激发或增生，诱发癌症。青少年中常见的消化性溃疡、紧张性头痛、心律失常、月经不调和神经性皮炎等疾病都与不良情绪有关，拥有良好的心理能缓解压力，预防心理疾病，促进身体健康。

青少年产生不良心理和情绪的主要原因

目前，青少年心理健康状况不容乐观，许多青少年存在不同程度的心理问题。这些不良的心理不仅直接影响着青少年优良品德的形成，影响着青少年对知识的学习和能力的提高，还直接影响着青少年人格的健全发展和潜能的开发。青少年心理健康状况是一个极为复杂的动态过程。影响青少年心理健康的因素主要有以下四方面。

（一）个人因素

青少年正值青春期，是人生中最美好的时期，这个时期的变化、矛盾、不稳定的身心发展特点使青少年极易产生心理困扰。

生理方面，青少年身高、体貌等外形显著变化，发展速度加快，随着第二性征的出现，女孩子长成了亭亭玉立的少女，男孩子长成了挺拔英俊的男子汉；这时期他们的大脑神经系统日趋完善，内脏功能越发健全，青少年的弹跳力、爆发力、协调能力、柔韧性都是最好的时期。可以说，青少年生理发展已经达到了成熟期。

心理方面，青少年的心理滞后于身体的发展，处于半成熟状态。

首先，青少年心理品质发展不平衡。随着青少年身体的成熟，他们产生了大量类似成人的新需要，开始追求独立，希望有自己独立的空间，讨厌别人的干涉、监督。但经济上、心理上他们还必须依赖成人，这就产生了独立与依赖的矛盾。随着青少年成人感、独立感、自我意识日趋增强，他们开始关注自我，很在意别人的评价，自尊心增强，但自制力相对较弱，一帆风顺时，他们有明显的优越感和盲目自信，一旦遇到困难和挫折，又会产生自卑、悲观等消极心理，这种自卑与自负的心理常交替并存。同时，随着知识和视野的拓展、角色的增多，他们缺乏内心的和谐感，易受到矛盾冲突的困扰。生活方式的多样，使他们的心理内容丰富多彩，但他们解决复杂问题的能力和整合多样性的能力不强。

其次，青少年情绪波动较大。青少年情感丰富、多变、激荡，易出现两极性。他们一方面热情奔放，一个微笑可以使其情绪飞扬、彻夜兴奋，另一方面他们的情绪又相当脆弱，他们很渴望别人的关心和理解，又不愿意求助父母，担心有损独立人格，他们不再像儿时那样外露与直率，变得含蓄而内敛，这种心理被称为“闭锁性”。表现在他们开始有了“内心的秘密”，不轻易向别人吐露内心，他们不愿意与父母交流，开始更多地关注同龄的朋友，在知心同伴面前会表现出开放性，但有的时候知心朋友也不是那么好遇的，因而他们常常感到孤独和寂寞。

最后，性的成熟导致青少年性意识觉醒与性冲动出现。青春发育期最突出的矛盾之一是性发育迅速成熟与性心理相对幼稚的矛盾。由于受认识能力和个性发展的限制，特别是在教育引导不及时、不得力的情况下，使得青少年性心理的发展表现出相对的幼稚性，一些青少年对异性的爱慕心理增强，这种心理又常常是主观的、单向的，导致青少年陷入苦恼中不能自拔，进而影响学习和生活，影响身心的成长，这是一个令人关注的问题。

（二）家庭因素

家庭是青少年成长的摇篮，是塑造其性格、意志、情感，形成健康心理的重要场所。父母作为青少年的第一任老师，其言行、心理素质、心理健康状况、育子观念等对青少年的一生有极其重要的影响。

首先，家庭中的环境氛围、夫妻关系、亲子关系的状况对青少年的成长起巨大的作用。如果一个青少年生长在亲情饱满、和睦友爱的家庭中，亲子之间就会保持平等、民主、彼此尊重、宽容的心态，青少年能感受到安全感和幸福感，形成良好的道德品质和行为习惯，最大限度地发挥潜能。如果一个青少年生长在父母长期敌对、争吵等关系紧张的家庭中，他的内心就会产生严重焦虑、多疑、敏感、抑郁、自卑等不良心理，常常心情压抑、情绪不稳定，会严重影响学习和生活，有的还可能导致心理疾病。

其次，家庭的结构与教育方式对青少年的影响巨大。家庭结构的完整与否是影响青少年身心健康的重要因素。如单亲家庭，由于家庭教育功能的缺损，青少年在这样的家庭环境中，容易产生自卑、孤独、恐惧、抑郁等心理；一些单亲家庭为了生计，无暇顾及青少年的感受，导致青少年性格畸形，性情暴躁，心理行为失常。家庭教育方式不当也是影响青少年心理发展的主导因素之一。随着社会人才竞争的日趋激烈，许多家长对青少年期望过高，重视青少年文化知识的学习，而忽视了青少年人格及良好心理品格的培养。教育方式上专制粗暴、强迫压制；或溺爱娇惯、替代；或横向对比；或放任自流等。这些过分干涉、过分保护、过高期望、过严管束，或没有压力的现象，很不利于青少年身心的成长。

最后，家庭中父母的示范作用是很重要的。父母是青少年活生生的教科书，父母的身心健康状况、人格素养、对社会的责任感、待人接物的言行等会潜移默化地影响到青少年。如果父母是勤奋好学的人、尊重别人的人，青少年的品行常常很像他们，追求上进。如果父母是喜欢吃喝玩乐、不学无术，甚至不择手段损人利己的人，青少年也会耳濡目染，从小打上不健康的烙印，难以有积极进取的心理。

（三）学校因素

学校是青少年学生学习、生活的主要场所，学校生活对他们的身心健康影响很大。从学校教育管理方面看，目前相当一部分的学校仍然没有摆脱应试教育的管理模式，仍以分数、升学率作为评价学生、评价老师的主要标准，好多学校分好班和差班，考试排名次，搞题海战术，采取一些违反心理健康原则的管理措施，这会造成青少年学习兴趣下降、学习主动性和创造性被扼杀，一些学生会整天处于智力超负荷的高度紧张状态，会不同程度地出现神经衰弱、失眠、记忆力减退、注意力涣散、考试焦虑、异常的学习行为与品行障碍等，有的学生产生厌学心理，以致由厌学发展到逃学，脱离学校去寻求不正当的刺激，甚至走上犯罪道路。

同时在学校中，师生关系、同伴关系如果处理不当，会使学生的心理压抑，精神紧张、焦虑，如不及时调适，就会造成心理失调，导致心理障碍。如有的教师对学生不理解、不信任而使学生产生对抗心理，造成学生的压抑心理和攻击行为。青少年很希望自己在班级、同学间有被接纳的归属感，如果同学关系不融洽，甚至关系紧张，会使其产生孤独感。

（四）社会因素

社会因素主要包括政治、经济、文化教育、社会关系等，这些因素对人的生存和发展起着决定作用。近年来，随着社会竞争的激烈和生活节奏的加快，一些青少年思想变得动荡，内心产生迷惘和困惑，因为社会生活中的种种不健康的思想、情感和行为，严重地侵害着学生的心灵。特别在当前，人与人之间的交往日益广泛，从众心理、攀比心理、浮躁心理等严重影响着青少年的人格健康。加之传媒和网络的快捷，一些不健康的、低级的文学作品及生活方式也随之涌入，让青少年很容易被诱惑……所有这些现象都会加重学生的心理负担和内心矛盾，影响其身心健康。

上述各种因素对一个人的身心健康是互相影响、综合起作用的。因此，培养青少年心理健康的观念要发挥社会、家庭、学校等多方面的合力。那么，青少年自身应怎样应对不良的情绪和心理呢?

青少年应对不良情绪和心理的方法

（一）树立正确的人生观、世界观，明确人生的意义和目标

首先，一个人主观世界的核心就是他的人生观和世界观。青少年如果有了正确的人生观和世界观，就能对人生、对世界有一个正确的认识，并能正确地观察和分析客观事物，做到冷静地处理事物，明辨是非，自觉抵制不良思想的影响，提高抗挫折能力。同时，青少年有了正确的人生观和世界观，就有了正确的思想方法，就会注意自我心理调节，确保心理的平衡，能胸怀开阔，保持乐观的精神，有利于心理健康。

其次，青少年确定明确的人生意义和目标，也是心理健康的重要指标之一。有了明确的人生目标，青少年就会有明确的人生方向。著名的心理学家毕淑敏曾说：人生本无意义，我们必须为它确定明确的意义。因为人生的价值必须通过目标来体现和衡量，如果青少年能在不同的人生阶段确定明确、具体、恰当的人生目标，行动就有方向、有动力，会积极向上，不断进取。

（二）建立合理的生活秩序

处于身体迅速发育期的青少年，成长需要消耗极大的精力和体力。为了适应这种消耗，保证健康成长，青少年要从学习、饮食、休息、运动、心理健康等方面作出适当的调整，青少年要特别注意生活习惯的养成，要把生活节奏安排得合理，有张有弛。学习时间和内容上要有计划、有条理地进行安排，每天保证饮食正常、睡眠充足，要有适当的户外运动。青少年建立了合理的生活秩序，生活会有条不紊，心态也会积极稳定，有助于发挥潜能，提高学习效率。

（三）做自己情绪的主人

情绪对心理健康至关重要。青少年的情绪易激动，易狂喜暴怒，学会调节和控制自己的情绪，学会做自己情绪的主人才有利于健康和发展。调节情绪主要有以下几种方法。

（1）转移注意力法。当青少年遇到挫折、感到烦恼、情绪处于低谷时，要暂时抛开眼前的麻烦，将注意力转移到较感兴趣的活动和话题中去。多回忆自己感到快乐的事，以冲淡烦恼，从而把消极情绪转化为积极情绪。

（2）转换环境法。如外出散步、旅游参观、听音乐、看书，参加一些文娱活动等，都可以把坏情绪转移或替换掉。

（3）合理宣泄法。对待那些难以排解的情绪应该采用合理发泄的方法，如大声地哭出来。发泄情绪的方法和途径很多，除了哭、喊、诉说外，还可以通过做运动、打骂象征物的方法排解不良情绪。

（4）自我暗示法。经常给自己积极的心理暗示。如考试时可以对自己说“我准备好了，我很放松”。经常对自己进行积极的心理暗示，会让人发生巨大的改变。

（5）换位思考。转变思考问题的角度，站在对方的角度认识问题，从而找出解决问题的方法。

（四）适应环境，做自主自强的人

环境对人的一生有很重要的影响，青少年处于从幼稚向成熟发展的过渡期，是一个独立与依赖、自觉与幼稚并存的时期，生存环境的变迁、时代发展的变化，让青少年无时无刻不受到影响。面对激烈的社会竞争和快节奏的生活，青少年朋友要学会保持良好的适应状态，学会根据客观条件的需要，主动调整自己的言行，学会主动改变自己，保持平衡的心态，以适应社会环境的需要。同时，青少年要学做自主自强的人，要相信无论环境、时代如何变化，只要自立自强，就能立足于社会。

同伴交往是青少年重要的生活内容之一，学会与同伴建立和谐的人际关系也是适应环境的一个重要内容。不善交往会给青少年的心理带来极大的困扰。青少年在广泛的交往中可以感受时代的脉搏、体验友情的美好、懂得协作的重要。学会和同伴和睦相处、真诚合作，可以培养青少年良好的心理素质和交往能力。

（五）寻求心理咨询

任何人在成长中都会遇到苦恼，不可能永远不“感冒”，“心理感冒”有的可能不治而愈，有的必须寻求心理辅导或心理咨询。有人对心理咨询和辅导有误解，以为有心理疾病的人才去做咨询或辅导。其实，我们每个人或多或少都存在一些心理问题。在我们内心力量还不够强大的时候，寻求心理咨询，会让自己的心灵更成熟、更协调。

人生的花季美丽多姿，可成长的烦恼也像雨丝一样缠绵不断。青少年多学习与了解一些调节不良情绪和不良心理的方法，在面对各种心理困扰时，就会给自己增强心理能量，敢于积极主动地应对。

想说爱你不容易

——青少年厌学情绪与心理健康

小的时候我们会有这样的经历，就是把家里的闹钟或半导体等拆得七零八落，把玩具弄得面目全非，想看看里面到底是怎么一回事，里面究竟有什么东西。这个破坏的过程，就是一个学习和探究的过程。那时的我们是那么地快乐和投入，反复操作，乐此不疲。刚上小学，我们考了一百分，甚至是双百，我们会高兴无比。可随着年龄的增长，尤其是上了中学以后，我们的书包越来越沉了，学习的担子越来越重了，老师和父母的要求越来越高了，我们也越来越不爱学习了。这种现象在当今青少年中是非常普遍的，严重者被称为厌学症。

厌学心理是指学生对学习认识上存在偏差，情感上消极对待学习，行为上远离学习。不只是成绩不好的学生厌学，一些在老师和父母眼里成绩非常优秀的好孩子也会有厌学情绪。厌学的学生不仅智力正常，有的甚至智力超常。厌学心理多数是非智力的人为因素导致的。

厌学症的症状表现

所谓“厌学”，顾名思义就是讨厌学习、讨厌考试的结果和对学习的评价，是人为因素造成的学生情绪上的失调状态，具体表现在：

① 把学习当负担，被动地应付学习；

② 不认真听课，不完成作业，怕考试；

③ 责任心不强，自由散漫，经常迟到、旷课；

④ 恨书、恨老师、恨学校，逃学；

⑤ 有的干脆弃学出走或辍学；

⑥ 严重者还表现为一提学习就恶心、头昏、脾气暴躁。

初二学生小娜，学习成绩一向很好，全家对她寄以重望。在家里什么事都不让她做，只让她专心学习。今年春节过后，学校要开始补课了，但她只要一拿起书本，就开始头疼，吃什么药都不管用。去了几家医院，也无法确诊。

后来经过心理咨询，才得知是厌学导致了小娜的一个心理的自动过程，是在寻找一个借口逃避上学。

目前青少年厌学情绪普遍存在。学习是人的天性，一些青少年为什么对学习不感兴趣呢?

厌学的原因分析

(一) 厌学症的内在原因

1. 没有建立正确的学习动机，缺乏内在学习动力

青少年在小的时候，心理上多依赖于父母，学习动力也来自于父母。为了让父母满意，为了得到父母的夸奖而学习。进入青春期以后，他们的自我意识增强，内心有了自己的评价标准，开始感觉为父母而学习的行为是幼稚的，被动学习的方式已经不能满足他们的心理需求了。心理上的成长，让他们开始寻找新的学习动力。这时候如果父母及时正确进行指导和帮助，对激发孩子的学习动力很重要；但如果父母对孩子仍旧以权威说教的方式，会引起他们的反感。这时候父母要告诉孩子：你长大了，你现在的学习是为将来的独立生存做准备，学习是“你自己的责任”。这样会激发孩子主动参与学习的责任感。

2. 青少年的自我认识存在偏差

有的青少年学生对学习存在认识偏差，认为读书无用。这种学生一般不热爱学习，很少把精力放在学习活动之中，不愿做作业，不认真听讲，经常违反课堂纪律，时常迟到、早退、旷课、逃学，有的干脆弃学出走或辍学。

还有的学生学习基础较差，由于种种原因，经过多次努力却只获得一次次的低分和失败，又长期受到社会的偏见、父母的漠视、老师的批评、同学的歧视。他们在学习中无法满足成功的愿望，生活中又无人理解关怀，品尝到的是失败感、乏味感，逐渐形成学习无价值、自己是学不好的“差等生”等观念，这些观念又反馈到学习行为上。如此的恶性循环，他们很快就会患上厌学症。

3. 对所学学科缺乏兴趣

青少年对知识的结构性和系统性缺乏深刻的理解，不懂得全面学习的重要性，加上青少年对很多问题存在认识上的偏颇，所以极易对一些学科产生厌烦情绪，而后又波及到其他学科。如刚开始有些学生对英语学科很感兴趣，但到了初二要记的东西多了，又跟不上其他同学，这些学生对这门学科就失去了兴趣，甚至产生了一种抵触情绪，最终导致在整个学习上的松懈与倦怠。

（二）厌学症的外在原因

1. 期望过高，压力过大

青少年头上有“三座大山”：来自父母的压力、学校的压力、社会的压力。

由于父母多望子成龙，对孩子有过高的期望，他们要么只看重分数，忽视孩子的情感，让孩子产生焦虑、厌学的情绪；要么过分溺爱，让孩子产生依赖，遇到学习上的困难就逃避；要么过度苛求，引起孩子的反抗而厌学。父母的做法有时又会让孩子产生一种感觉：学习是为父母学的。孩子就像是给父母打工一样，他对学习的事从不着急，父母永远比他更着急，这些感觉附着在学习上，把学习这件本该简单、轻松的事情变得既困难又讨厌，还不快乐。

来自学校的压力有学校的课程设置、频繁的考试、填鸭式的教学、老师对学生的态度、班级的学习氛围、同学好友的学习状况等，这些都会对孩子的学习情绪产生影响。为了提高学生的学习成绩，有的学校不断地延长学习时间，学生在校得补课，回家后父母还给安排一些课外的补习班，让青少年没有自己的时间，学业负担太过沉重。

来自教育体制和应试教育的压力：现有的教育观念仍很陈旧，全社会升学和择业竞争激烈，使得应试教育居上峰，青少年成了接受知识的容器，不得不绷紧神经，全力投入学习。同时，教学缺乏艺术性，一味单调死板地照本宣科，课堂教学气氛沉闷压抑，师生缺乏必要的情感交流，这些都使得青少年感受到压力。

2. 家庭教养方式及家庭环境的影响

在家庭中，父母的知识背景和价值取向、父母管理或者学习的能力等对孩子的学习也会有直接的影响。

家庭教养方式不适当，以及家庭环境的问题都会使青少年产生厌学的倾向。一些父母忙于工作，无暇顾及孩子的学习和成长。有些经济尚好的家庭，他们的孩子会养尊处优、庸碌糊涂地生活，不知自己究竟要什么，不知人生价值何在。

一些专制式、溺爱式家庭，孩子要么逆反强烈，要么没有自我约束力，对学习缺乏兴趣和动力，没有明确的学习目标。

父母的学习能力如何呢？现在的父母，有多少能在家里做孩子的榜样呢？有的父母回到家里从来不爱看书，不是看电视就是上网，甚至有的家庭里连书架都没有，家里没有任何存书。家庭教育是一种很有影响力的教育，如果父母喜欢看书，一定会对孩子产生很重要的影响，孩子们会觉得学习是一种享受。

另外，如果夫妻之间关系不和，有严重的家庭问题，也会影响到孩子的学习情绪、状态和学习成绩。

3. 社会媒体舆论的影响

如“读书无用、金钱万能”等思想给青少年带来不良的影响。有些青少年很羡慕那些已辍学上班的社会青年，认为他们自由、有钱花。总想自己能早点出去，这样没人管，自由自在。

以上讲了厌学的几方面原因，那么如何让青少年热爱学习呢？

厌学症状的矫正

青少年厌学症既然是一种社会病理心理状态的产物，就可以从青少年的心理、行为、环境各方面入手予以矫正。

（一）给老师及青少年的建议

1. 矫正青少年的厌学心理

教师要用爱开启僵化的心灵，让厌学的学生重新认识自我价值，形成良好的自我意识，这是变厌学为乐学的重要一环。要认真地发现厌学学生所表现出来的良好、积极的学习态度和行为，从正面予以肯定，并不断强化，让他在前后比较中接受自我，相信自己是一个有能力、有前途、受尊重的人，从而改变青少年无能的观念。而青少年朋友要做的是培养自己的自我价值观念，要认为自己很重要，最好选一个优秀的人物做自己的榜样，高标准要求自己，明确人生的目标和生存的意义。

2. 培养兴趣，树立信心

兴趣是最好的老师。厌学的学生对自我价值有了新的认识后，随即就要开始自我实践，这种尝试结果是他们能否彻底转变自己的关键。在矫治学生因注意力涣散而引起的厌学情绪时，可以运用以下几种方法。

① 运用多种学习方法：如运用视觉，看书；利用动觉，写字；利用听觉，听写。也可以把几门功课的内容交替进行复习，还可以利用讨论的方式和提问的方式进行学习。

② 学习时，若注意力分散，做几次深呼吸或放松训练，让神经放松并重新安下心来学习。

③ 当注意力不能集中时，到室外跑步、做操，可以让头脑清楚，提高注意力。

3. **营造学习环境**

教师在指导学生学习成长过程中，心中时时要装着厌学症学生，为其营造一个能广泛参与学习的机会。备课时要了解厌学学生的知识结构，巧妙地运用表扬和批评的技巧，对厌学学生采用优先提问、优先解疑、优先辅导，要经常指导、鼓励、强化。为厌学学生设计特殊的作业、规定特殊的评比条件等，带动厌学学生逐渐专注于学习中。

青少年朋友要做的是在思想上认定学习很重要。有了这样的思想，青少年朋友们就会产生学习的热情、动力和能量。青少年还要树立能具体实施的目标，想着自己会成功，并以积极的心态、积极的努力去实现目标。

（二）给青少年父母的建议

1. **帮助孩子疏解压力**

首先要帮助孩子把过高的学习目标降下来一些，让孩子能正确地认识和评价自己，家长也要放低自己对孩子的期待值，让孩子有放松的时候。俗话说：磨刀不误砍柴工。家长们不要把自己的孩子与别的孩子比，不要因为孩子学习成绩下降就表现得过于紧张。如果孩子身体不适，应该考虑到这是学习压力的影响。

2. **协助孩子制订切实可行的目标**

青少年自我评价的能力还处于发展中，常常会过高估计自己，容易制订超出自己能力范围的学习目标，这样经历多次失败后，容易产生厌学的情绪。对此，父母应当客观评价孩子的能力，协助孩子把大目标划分成小目标，达到“跳一跳，够得着”。让孩子在每个小目标实现的喜悦中体验成就感，增强自信心，激发孩子学习的动力。

3. **帮助孩子提高学习兴趣**

随着青春期阶段独立性的发展，青少年需要找到与自我发展相适应的学习动力。这时父母要努力地呵护孩子已有的学习兴趣。比如他数学已经学习得特别好，你为了他更快速地提高，又给他增加作业量等，这样有可能把孩子原有的兴趣破坏了。当孩子学习上提不起兴趣时，父母要及时发现是什么原因造成的，有什么不好的习惯需要纠正，引导孩子养成良好的学习习惯，让他从主动的学习中获得学习的兴趣。

同时，每一次在孩子努力学习的时候，对孩子的行为都要表示赞许，利用孩子渴望被父母承认自己是大人的心理，把学习与成人的责任感联系在一起，让孩子懂得学习是为自己而学，这会形成青春期孩子的学习动力，有助于培养孩子主动学习、自我管理的行为习惯。总之，培养孩子学习兴趣的方法很多，只要父母肯用心，一定会找到适合自己孩子的方法。

4. 要全身心地接纳孩子

做父母的要抱着这样一种心态：无论我的孩子学习好还是不好，跟我爱不爱他没有任何关系，我爱的是孩子的全部。所以，父母平时应以尊重、关怀的态度对待孩子，和孩子建立良好的亲子关系。父母要不断学习，要有与时俱进的家教理念，要与孩子建立平等关系，要有充分的交流互动。当孩子出现厌学的情绪时，父母要站在孩子的角度和立场去思考，和他们倾心交谈，要与教师密切配合，认真分析，找出孩子厌学的真正原因，循循善诱，耐心指点。当然，全身心地接纳含有“我不会放弃孩子”这层意思，只要你不放弃，孩子就会更加努力。

5. 体育活动在青少年的生命中不可或缺

每个人的内心中都有一个情绪的仓库，如果里面存放的不良情绪太多，就需要有一个释放的出口，体育锻炼就是一个摆脱掉不良情绪的最佳方式之一。青少年在体育活动中，大脑思维的神经也会得到放松，可以在放松的状态下把失去的学习兴趣找回来一部分。

教育的改革也是必须面对和解决的问题。《中国教育改革发展纲要》指出：“中小学要由应试教育转向全面提高国民素质的轨道。面向全体学生，全面提高学生的思想道德、文化科学、劳动技能、身体和心理素质，促进学生生动活泼地发展。”虽然素质教育被这样提倡，但学校实抓的仍是应试教育。以至于学生出现了厌学情绪，心理素质不高，心理健康状况堪忧。

青少年厌学的原因虽然很多，也很复杂，但厌学并不是无药可救的。要帮助青少年走出厌学的状态，学校不仅要让青少年掌握基础的知识和技能，还要通过知识学习，教青少年学会做人，学会科学地、客观地认识世界、认识自我和完善自我，让其充分发挥潜能，形成良好的道德品质、性格特质和态度，让青少年内心获得和谐的发展。

父母要调整好自己的心态，采取各种有效方式，让孩子明确学习是为自己而学；帮助孩子制订适当的学习目标；要对孩子的成长多一份责任心，多关注孩子心理上的需要；多站在孩子的角度和立场，鼓励和引导孩子，和孩子建立良好的亲子关系，真正全身心地接纳孩子。家校共育，会让孩子走出厌学的误区，重新激发学习兴趣！

让教育焕发生命的活力

——师者修心　愉悦桃李

让教育焕发生命活力，我们的教师是关键。教师的活力焕发了，然后才能引导、感染学生焕发出活力。教师的职业很神圣，它维系着千百万孩子的健康成长，维系着千百万家庭的幸福快乐。谈到学生的心理健康，不能不提及教师的心理健康状况。

教师心理健康的相对标准

（1）对教师的角色有自我认同感，能积极地悦纳自我；

（2）热爱教师的职业，积极地爱学生；

（3）要能从有成效的教育教学中得到成就感；

（4）教师要有良好的教育认知水平；

（5）具有稳定而积极的教育心境，有进取心和创造力；

（6）要能自我控制各种情绪与情感；

（7）教师还要有健全的人格、和谐的教育人际关系；

（8）要能适应当前发展、改革与创新的教育环境，为积极改造不良教育环境、提高教学质量献计献策。

教师的心理健康存在着差异性

地域差异：郊区和山区的教师生活环境差，生活压力比市区教师大。市区的教师，工作竞争力、工作强度比郊区和山区教师大，这些都造成他们的心理压力。

性别差异：女教师的心理健康状况差于男教师。由于特殊的文化背景及生理的原因，女教师在家庭和工作中多数是“挑大梁，诸事劳心”。经常是身心疲惫，影响心理的健康发展。

年龄差异：年轻教师的人际关系不如老教师和谐，在敌对和偏执方面比年老教师严重。老教师在身体健康、强迫行为以及饮食、睡眠方面的不良反应比青年教师严重，中年教师居于中间。

学科差异：担任学校主导科目授课的教师比担任辅助学科的教师心理健康状况差。

班主任与非班主任的差异：班主任的心理健康状况差于非班主任。

教师心理健康产生的原因

社会上有许多人羡慕教师的职业，认为教师在社会上受人尊重，还带薪享受寒暑假期、双休日。而事实上，教师的工作中，心理能量消耗巨大，每天工作看似八小时，但许多工作需要八小时以外来完成，并且心理压力、心理冲突特别大。教师的压力源有以下三个方面。

（一）工作环境

教师工作任务繁重，担负教书育人的双重任务。教师的工作是艰苦的脑力劳动和体力劳动，教师除了上课，还要批改作业，出各种练习题或考试题。如果是班主任还得处理班务，进行个别教育，组织各种活动以及家访等。工作时间远远超过八小时，工作看似有规律其实往往寝食违节，休息失常。

教师的工作环境属于一个相对比较孤立、封闭的群体，与社会的联系少，90% 的工作时间与学生在一起，与社会有一定的隔离感。

（二）社会环境

首先，社会对教师的要求和期望过高。这主要体现在教师培养人才的质量上。学校及全社会多数人都以升学率的高低来评价教师。他们要求教师恪守职业道德，只求奉献，不讲享受，认为教师应该安贫乐道，任何事情都要比一般人做得好。这种种的高期望给教师带来高要求，使教师承受着巨大的心理压力。

其次，社会经济发展过程中，体力劳动和脑力劳动倒挂现象导致教师的心理失衡和心理压力大。超负荷的劳动付出、劳动创造出来的巨大的潜在价值、对社会发展所起的巨大推动作用与教师微薄的工资收入形成了强烈的反差。

再次，社会发展过程中许多不正之风的蔓延及其对学生的影响，使得教师的成就动机难以实现，因而造成教师一定的心理压力。

（三）教师主观原因

第一，教师对自身能力、水平认识不足，过高估计自己，自我期望值过高，经常导致行动失败而引发心理压力。

第二，教师本身的人格缺陷，如名利思想、患得患失、追求完美、意志力差等造成的心理压力。

第三，从自我发展看，现在进行的教育改革也挑战着教师的心理承受力。如职称评定、教师聘用、末位淘汰等，使教师除教育管理、专业知识学习外，还得不断增进人际交往的能力，发展自己的各方面能力。

第四，教师思考问题方式和角度不正确而造成心理压力。

第五，教师也有家庭的压力、环境的压力、经济的压力等，这些压力解决不了，就会产生不良情绪。

教师心理健康的重大意义

首先，教师的心理健康有利于学生的心理健康。

德国哲学家雅斯贝尔斯告诉我们："教育意味着一棵树动摇另一棵树，一朵云推动另一朵云，一个灵魂唤醒另一个灵魂。""师者修心，愉悦桃李。"教师的心理健康不仅是个人的事情，也对学生的心理健康有"感染"的作用，影响着学生个性的发展。当教师发自内心地关爱、理解、尊重学生时，学生的心灵也会受到感染，会被带动着变得阳光和健康。

其次，教师心理健康有助于提高工作效率。

一个具有健康心理的人，对周围环境和人际关系有高效而愉快的适应度，其心理倾向、行为方式与社会现实的关系是协调的，能够不断地矫正认知、改变行为、与现实和谐统一，会是一种平衡的心态，自然有利于提高工作效率。

第三，教师的心理健康有助于提高生活质量，增强机体免疫力。

教师心理健康直接影响师生关系、同事关系、家庭关系，影响着生活的氛围和质量。教师以积极乐观的心态生活，看山是山，看水是水，情绪平稳而愉快，自然生活是有质量、有色彩的。好的心态对教师的生理会起积极的保养作用。

教师心理健康的维护

（一）正确地认识自我

明确了心理压力源，教师就有了努力的方向。面对心理压力，教师不能怨天尤人，而应该用自己的实际行动，积极寻求问题的解决。要加强教育理论学习，加强对职业规律的认识，悦纳职业；加强对学生的了解，用发展的眼光看学生，悦纳学生；加强科学文化知识的学习，全面充实和提高自己。

要正确认识自己，树立正确的自我概念。如今社会上很多人关注教师职业，对教师工作直接或间接的检查、督察和评价。这时候教师不能有从众心理，妄自菲薄，应客观地评价自己，合理地要求自己，悦纳自己，多为自己设置合适的目标，淡泊名利，完善人格。还要不失时机地向社会宣传正确的人才观、科学的教育观及教师劳动的特点等，争取获得社会的理解和支持。

（二）放松情绪，减轻压力感

心理压力一旦产生，必然伴随着情绪上的焦虑和高度紧张，而高度紧张的情绪又作为一种刺激反馈到人的身上，使人产生更强的压力感。教师切忌将生活上的压力、烦恼、不愉快的情绪带到课堂上，迁怒于学生是不可取的。教师可以真实地感受一下情绪，掌握调节情绪的方法，适当地、合理地宣泄不良情绪。

放松情绪对于缓解压力非常有用，情绪的放松方法如下。

（1）放松训练。这是国内外广泛应用的控制紧张情绪的常用方法，主要是通过肌肉、骨骼关节和呼吸的放松以及神经放松等基本动作来降低机体能量的消耗，从而达到控制情绪强度的目的。

（2）转移注意。当教师的情绪激动时，为了使它不致爆发和难以控制，可以有意识地转移注意力，改变注意焦点，分散注意事物，把注意从引起不良情绪反应的情境转移到其他事物或活动上去。可以看看电影，欣赏一下画报，做自己平时感兴趣的事，或者去郊外走一走等。有时候教师正在课堂上，不合理情绪来了，怎么办？遇到这样的情况，可以在心里告诉自己：“再等一分钟”，有时候再等等，远远比努力往前赶要好得多，因为这样可以让教师在一分钟后变得冷静，本不该发的火也就不发了，本不该生的气不生了，学生在教师等一分钟后再处理他时，他可就乖多了。所以，必要时给自己点儿时间，先静静地看看窗外，也是一种转移注意力的方法，情绪冷却后再处理事情。

（三）合理宣泄情绪

采取合理宣泄的方式是一种自我保健的有效措施。这就像水库里的水，如果太多就有冲垮堤坝的危险，此时为了保证大坝的安全，就要通过泄洪道把多余的水释放出去一样。合理的宣泄通常有以下一些方式。

1. 找人倾诉

这是最常用的也是最合理的一种宣泄的方式。人们经常会有这样的体会，当有了烦恼和委屈时，如果没有人可以倾诉，常会使人感到憋得难受。如果能把心里的别扭向朋友倾诉一番，即使不能得到他们的指点，也能使自己感到轻松许多。近年来，一些心理咨询的热线电话十分受人欢迎，就是因为它给那些需要倾诉但又找不到合适听众的人们提供了一个很好的倾诉对象。

2. 写日记

如果找不到合适的倾诉对象，又不打热线电话，也可以选择自我倾诉的方式。即通过写日记的方式来向自己倾诉，这种方式对那些性格内向的人来说确实是一种十分合适的宣泄方法。

3. 自我宣泄

这是指独自一人时可以采用的宣泄方式，包括一些对社会和他人没有危害的行为，如在没人的地方放声大哭，或在空旷的地方大声喊叫，甚至可以对一些废弃物、软一点的垫子进行摔打等，都能起到宣泄的作用。

4. 运动调节

通过参加某些体育运动可以达到释放消极情绪的目的，尤其是一些比较激烈的、带有对抗性的运动项目，像拳击、足球等项目，这种调节作用就更明显。

（四）磨炼意志，增强抗压性

心理压力是人们对外界刺激进行反应时所产生的一种主观体验，它的大小因人而异。同样的事件或刺激情境对不同的人产生的心理压力的大小是不同的。同样的外界刺激到底会给人造成多大的心理压力，实际上是由每个人自身的抗压能力所决定的。抗压力较强的人，对于相同的刺激所感受到的心理压力就较小，抗压力较弱的人感到的心理压力就较大。人的抗压性不是天生的，加强意志品质的培养，磨炼人的意志力是增强抗压性的有效方法，也是减轻心理压力的重要心理基础。

首先，教师要加强意志独立性的培养。教师要明确自己行动的目的性，增强教书育人的责任感和使命感，根据自己的认识和信念独立地采取决定和执行决定，在行动上克服受暗示性，不屈从于周围人的压力，不为别人的言行所左右。

其次，教师要加强意志果断性的锻炼。教师必须全面而深刻地考虑自己行动的目的和方法，懂得所作决定的重要性，明辨是非，当机立断，克服犹豫不决和优柔寡断。在行动中，敢于承担责任，敢作敢为。当然，也要克服轻举妄动和草率行动。

再次，要加强意志坚定性的培养。教师要坚信自己决定的合理性，并保持充沛精力，克服各种不符合目的的内外部困难和干扰，不屈不挠地为实现目的而奋斗，做到在困难面前不退缩，在压力面前不屈服，在诱惑面前不动摇。

最后，教师要注意培养自己的自制性。学会自觉、灵活地控制自己的情绪，克服懒惰、恐惧、紧张、愤怒和失望等不良情绪的干扰。

（五）学会升华

将消极的情绪与头脑中的一些闪光点联系起来，将不良情绪转化为积极而有益的行动，时时清除自己一些消极的想法。不断地给自己一个正确的动力和前行的方向。教师只有不断地认识到自己所处的环境、位置、方向，才能不断地升华自己、提高自己，并且让自己觉得快乐，这才是最重要的。

教师的职业是一种用生命感动生命、用心灵浇灌心灵的职业。孟子说过：“独乐乐，与人乐乐，孰乐。”当然是与人分享更快乐。所以，教师要想成为一个心理健康的人，就要正确认识自己，构建生活的价值和意义；敞开心扉，学会与人分享快乐，分担他人的忧愁，建立和谐的人际关系；合理思考，及时调整，正确行动，开开心心做成功快乐的教师！

平淡应对中高考及就业压力

——青少年中高考及就业心理调适的探索

青少年中高考心理

中考和高考实质是一样的，都是选拔性考试。中高考的时间临近、社会的关注、学校考前异常紧迫的气氛、师生考前紧张的复习、同学间情绪的互相感染、家庭中父母亲朋的期望等，一切的一切都使考生们在心理、生理上、学习和生活方式上产生了一系列的变化，影响着考生的身心健康，影响考生在考场上的正常发挥。

（一）中高考究竟为了什么?

很多人会说，当然是为了考上一个好高中、好大学了。这样理解会有点急功近利，但透过考上好高中、好大学这个目标的背后我们能看到：在中高考的过程中，青少年学生着急过、混乱过、疲惫过，甚至绝望过。他们不断地调整自己，战胜自己，调动了方方面面的力量，利用了各种因素使自己达到目标。这个过程中他们的意志力得到了锻炼，这是一份珍贵的人生体验。

中高考除了考成绩之外，还考察学生的考试策略、身体状态、心理状态等，考的是综合的实力。

中科院心理研究专家认为：考生掌握和运用知识的水平是考试成功的硬件和基础。而考生的心理状态却是考试成功的一个软件，软件和硬件在考试中是同等重要的。在研究影响中高考的二十个因素后他们发现，考试中的心态在中高考中的作用名列第一位，考试前的心态在中高考中的作用名列第二位，学习方法在中高考中的作用名列第三，学习基础在中高考中的作用名列第四。越是临近考试，心态调整越显得关键，可以说调节好心态是考试成功的一半。

根据调查分析，中高考考生存在的心态问题有以下四个方面。

① 焦虑问题：其原因是动机过强而自信心不足。

② 情绪问题：自卑，没信心。

③ 怯场问题：紧张，发挥不正常。

④ 状态问题：过于懈怠，高考来临仍然兴奋不起来，懒得复习。

中高考中青少年怎样才能具备良好的心理状态呢？

心理学家提出这样一个公式：中高考成功 = 实力 + 心态。

（二）考试状态调整

1. 保持充足的睡眠

有些同学为了抓紧时间多学知识，剥夺部分睡眠时间，这是极其不明智的做法。在复习考试阶段，学生必须睡足八小时，不宜打疲劳战，不然精疲力竭，第二天无精打采，这种疲劳烦躁的心情会使人信心减弱。考生若有计划有步骤地安排好作息时间，会提高学习效率，形成生物节奏感与心理节奏感，有利于增强信心。

2. 摄入充足的营养

营养是一个人生长发育和从事各种活动的主要能源。复习考试是一项极其复杂的脑力活动，更需要摄入充足合理的营养供给大脑。可每天喝一杯牛奶或是一杯豆浆；也可摄取诸如洋葱、菜花、菠菜、水果等富含维生素 C 的食品；或少食多餐，也有助于减轻紧张与疲劳；或经常咀嚼花生、腰果等食品，对恢复体能、减轻疲劳都是有一定帮助的。

3. 进行必要的体育锻炼

经过一段时间的学习后，必须进行安静的休息（如睡眠），或者是活动性休息（如体育锻炼），这既可以防止疲劳，又可以消除疲劳，增强人体各大系统的功能，提高反应灵活性，增强学习效率和考试效果。

4. 不断变换学习内容和学习方法

任何单一的活动持续时间过长，都会引起人的厌倦疲劳、注意力分散，从而降低学习效率。避免单科独进，方法单一，使各科内容交替进行，耳眼口手脑并用，听说读写算并进，学习方式多样化，这样高效地利用时间，可以更快更好地获取知识。

5. 考试前一天以休息为主

在放松状态下“随便翻翻”笔记和书本，此时不宜再记不好记的内容或钻研未搞懂的知识了。情绪轻松能使人准确、快速地从事感知、注意、回忆、思维等智力活动。

6. 考试前做好必要的物质准备

如准备好考试时使用的文具及其他有关考试的用品。熟悉和适应考试环境，提前到达考场，免得因准备不足或迟到而惊慌失措，干扰答卷。

7. 轻装上阵，适当降低求胜动机

不管想得到多高的分数，此时的水平就是真实水平。无需忧心忡忡，顾虑考试的成败得失；也不可异想天开，不切实际地提高自己的志向水平。考生所要做的就是顺其自然，发挥出现有的实际水平。

8. 在战略上藐视考试，在战术上重视考试

青少年应该相信自己经过长时间的充分准备，经过多次模拟考试已积累了许多经验，心理也得到了较好的训练，考试并不可怕，这是应试总的策略。不必每分钟都学习，但求每分钟都有收获。遇到会做的题要仔细，遇到不会做的题要冷静，重视每一个细节，尽量不丢一分。得高分的秘诀就是少丢分。有一分的希望，尽百分的努力！“信心”和“细心”保证考生考试取得成功。

（三）考试的策略

一个高三的考生一共经历的考试有两千多次，一个初三的学生，历经的考试也不少，都是“身经千战”。关于考试的策略，笔者总结了四句话。

1. 按时进场，平心静气

按时进场坐好，平心静气。假如考场上不能平心静气，发现手有点抖、心跳加速、身体发僵、有点控制不了自己时，建议做两件事：第一是深呼吸，第二是做良性暗示。心理学家沃顿说过：凡是遇到问题，就要面对它、接受它、处理它、放下它。

2. 通观全卷，按部就班

考生在动笔之前，把试卷从头到尾看一遍，我们国家的高考已经考到了非常完善的地步，一考、二考、三考……考生已经被训练得很会分配时间了。关键是通观全卷，别把最后一卷漏看了。按部就班做法的含义是：平时拼命地向大脑这部计算机里输入，考试的时候能顺利输出就行了，千万不要想在考场上，别出心裁，要创新要突破，不要这样。平时训练怎么做，考试时就怎么做，老马识途，按部就班你就赢了。

3. 查漏补缺，改错纠偏

在考试过程中考生要做到两个“一次准”。审题一次准，尤其是那些关键数字关键句子；计算过程一次准，计算完了之后这个题就过去了，除非考生答完所有题之后有时间，再整体回来检查。改错纠偏方面，除非有充足理由，否则一般不更改第一个答案，相信自己的第一直觉。

4. 不对答案，尽快回家

考完了的东西就跟你无关了，不要再追着别人对答案了，对答案只能平增烦恼。你问的多半是你没有把握的题，除了破坏情绪之外，没有什么更多的好处，所以考一科扔一科，考完以后尽快回家，准备下一科考试。

就业心理问题调适的探索

人生总是要面对一次又一次的生存适应，没有人能在同一种境遇中生存到老。青年学生在大学、中专、高中毕业前若选择开始就业，就业前后的心理适应问题就要摆到突出的位置。

目前，大中专毕业生就业较困难，从宏观看，我国是人口大国，劳动力供大于求。虽然国家鼓励毕业生进行自主创业，但是目前很多大中专学生在传统择业和现代就业形势面前无所适从，呈现出各种心理表现，产生了许多就业心理问题。

（1）焦虑恐惧心理。焦虑是由心理冲突或个人遭受挫折以及可能要遭受挫折而产生的一种紧张、恐惧的情绪状态。过度的焦虑会抑制学生的正常思维，而且使其注意力难以集中，从而影响学生正常的学习和生活。

（2）挫折与失败心理。大中专毕业生经历较简单，未曾经历过多少挫折，心理承受能力和自我调节能力较差，情绪波动大，情感脆弱，缺乏应对挫折的心理准备。一次次就业失败的心理暗示，必然会导致就业挫折心理的产生，进而使毕业生择业行为发生偏差。

（3）自卑心理。自卑是认为自己的某些方面不如其他人的消极的主观体验。部分毕业生只看到了社会的阴暗面和不良因素，面对激烈的竞争压力，悲观地认为自己不如其他同学，埋怨家庭和环境，在求职的时候一味地选择退缩性的自我防御，丧失了很多好的就业机会，结果不能顺利就业，陷入了自卑的泥淖。

对不良就业心理的调适方法如下。

（一）客观定位自己

（1）毕业生首先要正确认识和评价自我，明确自己今后的职业发展方向，从职业发展的角度分析最适合自己的岗位特征和地域范围。

（2）深刻反思自己所接受的学校和家庭教育。比如中职毕业的学生拥有的只是中专文凭和初级技能等级证书，这只能达到劳动准入制度的基本要求（年满18周岁、具有高中以上文凭及专业技能等级证书），适合应聘的工作岗位一般都是一线劳动者的岗位，工作环境相对差一些，劳动强度相对大一些，工薪待遇相对低一些。青少年如果刚从学校毕业，在求职时应该把认识社会、适应社会、锻炼本领、积累工作经验放在首位，不要从兴趣出发，不要过于看重工资待遇或其他条件，客观地认识自己，是进行就业心理自我调适的有效途径之一。

（二）确立就业目标

确立就业目标是维护良好就业心理关键的一步。还拿中职毕业生来说，目前，国家正采取各项优惠政策和措施培育第三产业，毕业生就业的市场范围非常广阔。因此，中职学生要瞄准当前这个发展趋势，大胆出击，去做创业的大文章。确立就业目标要注意正确认识自我，即认真客观地分析自己的兴趣特长、性格气质、能力水平等，检查自己想干什么、能干什么、竞争力如何。然后，正确认识就业形势，即考虑自己的专业和理想职业在社会上的需求量如何、竞争强度如何等。中职毕业生的择业起点不同，但不能停留在美妙的设想上，脑子里不能只有成功而没有失败和挫折。这样确立就业目标，就比较符合实际，可以避免过高的心理预期。

（三）学校支持

在就业心理教育实施方面要强调系统性，通过学校专业的成长教育与心理教育的有机结合，充分整合与优化心理教育的各种途径，包括学校领导和班主任、学校有关部门、心理咨询机构等。积极开展学生就业的心理指导和咨询活动，帮助学生客观认识自己，做到正视现实、敢于竞争、不怕挫折、放眼未来。进行就业教育和择业指导时，应开设心理健康选修课程，进行心理行为训练和团体培训；开展心理健康普查和心理测量，建立大中专毕业生的心理档案；开展职业心理测试，从而帮助他们排除心理困扰，提高心理素养，促进其健康成长和全面发展。

（四）树立自信心，培养竞争意识

自信是对自己的一种积极评价，是一种勇于面对生活的信心和勇气。大中专毕业生在择业求职时必须树立自信心，就是要在正确估量自己的情况下，鼓起勇气去迎接挑战，参与竞争，大胆地推销自己。当然，自信不是自负自傲，自信要有资本和基础，这个资本和基础就是真才实学。因此，毕业生在择业时要自觉培养自己敢于竞争、敢冒风险的心理素质，要敢于向社会挑战，使自己成为社会竞争的强者。

总之，大中专毕业生在校期间，如果能认真学习专业知识，具备高超的技能，培养良好的就业心态，具备适应社会需要的就业本领，那么就业将不再困难。

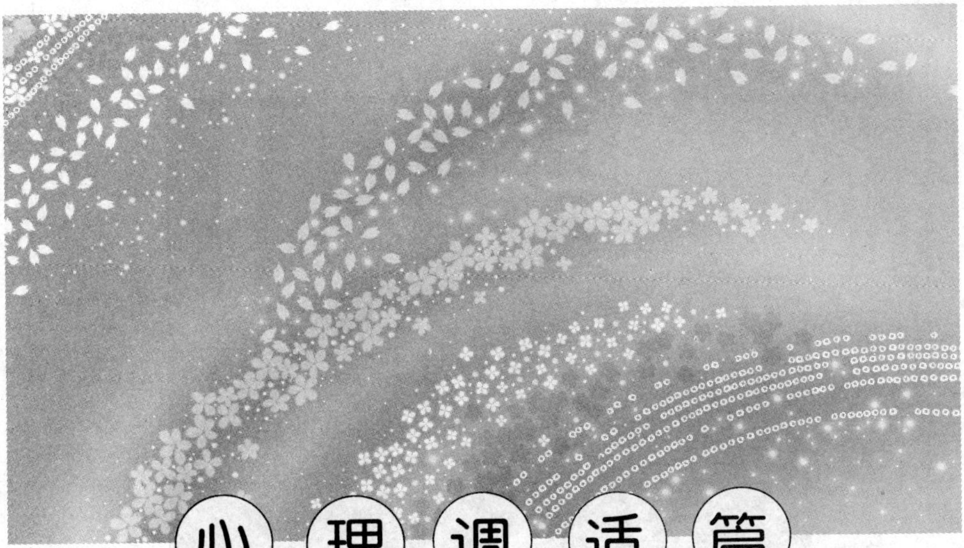

心理调适篇

青少年时期是人的心理变化最剧烈的时期，也是产生心理困惑、心理冲突最多的时期。心理辅导可以帮助学生树立正确的自我认识，保持良好的心理适应，学会自我调节情绪，承受压力，应对挫折，学会协调和建立良好的人际关系。

本篇选取了十个青少年普遍存在的心理困扰问题进行详细的剖析和讲解，通过对呈现案例、成因分析、严重危害、纠正与调适的阐述，使读者对心理困惑的表现与调适方法有更清晰的认识，可从中获得借鉴和参考。

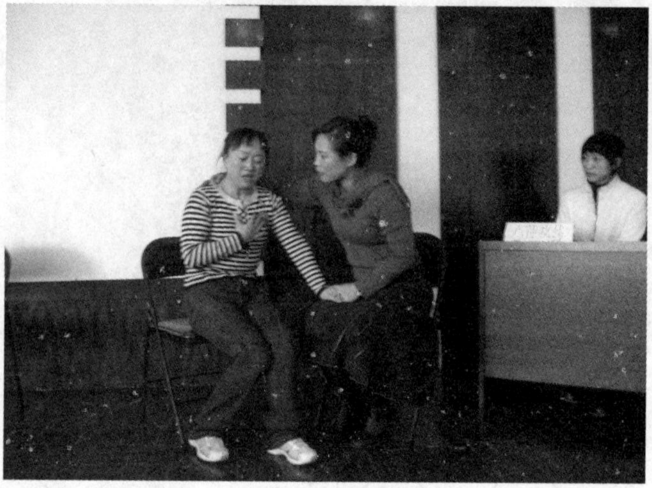

心理情景剧

心理志愿者与学生结对子，定期来校与学生沟通

因为你过得比我好

——青少年忌妒心理及调适

典型案例

白尕，19岁，藏族高三女学生。一天，白尕来到心理咨询室，请求做咨询。

白尕：老师，我该怎么办？现在好多同学不理我了，他们讨厌我。

咨询师：为什么同学们不理你、讨厌你？以前同学们也是这样对你吗？有什么事情发生吗？

白尕（低头犹豫）：就是……我做错事了。前几天，我偷偷地把扎西措毛的藏文笔记给撕了；昨天，我又把她的文综卷子给扔到厕所里了，这些事情让同学和老师知道了。

咨询师：你是说，你做的这些事情被老师和同学们知道了，大家就不理你，讨厌你了？

白尕：是……我现在也很后悔。

原来，玉树地震后，白尕和最要好的朋友扎西措毛随同学被转移到辽宁本溪玉树高中就读。两人分到同班并坐前后桌，又分在同一个寝室，这让她们很开心。一开始两人下课就在一起，吃饭、逛街，只要是结伴的事谁也少不了谁。可是随着时间的推移，白尕发现自己越来越不喜欢扎西措毛了，甚至开始对她不满，讨厌她了。

咨询师：你们本来是很好的朋友，她怎么变得让你讨厌了？

白尕：以前全班藏语课总是我考第一，她考第三或第四名。她的藏文笔记写得很详细，常借给我看。最近这两个月藏文都是她考第一，我考第二或第三名。她还拿卷子跟身边的同学炫耀，说她怎么复习得好，还说如果时间允许她还会多考几分……我心里就有些失落感。当我再跟她借藏文笔记时，她总说借给别人啦！我觉得是她故意不想借给我。

还有她特别爱说笑，下课时，她总愿意和男生疯闹，我看她那样就很烦。

她的家庭条件也很好，在寝室里，她总买零食吃，也分给大家吃，用好吃的笼络人心。看着大家围着她说笑，我就很生气，有时我会故意打碎东西发泄愤怒。现在我经常有意回避和她在一起……

有一次我和另一个同学一起出去洗澡，边洗边聊天。说到扎西措毛时，那个同学说，她不喜欢扎西措毛的自以为是，说她张扬、不稳重。我虽然没跟着评价，但我的心里却暗想“原来你在别人心目中也不是什么好印象噢”。这么一想心里特舒服。

那天，我发现她书桌里的藏文笔记，想到之前她不借给我，我就很生气，就偷偷给撕了。她的文综卷子是她昨天早上背题时自己忘在二楼走廊的窗台上的，我发现后，一看字迹是她的，就给扔厕所里了。不想这次让同学发现了，并且猜出之前藏文笔记也是我撕的了。

今天，大家在教室里议论我，说我不好，指责我。我也不知道怎么处理这事了。

咨询师：刚才你讲了你和扎西措毛之间的一些事情，特别讲了你把她的笔记撕了，还把她的文综卷子扔进厕所里了，这件事被同学们知道后，大家在议论你，说你不好，这让你有什么感觉呢？

白尕：我现在很担心，很紧张，不知道会有什么更坏的结果，同学会不会因此都不再理我了……我知道我做错了，我想弥补……

接着白尕谈了自己想在全班同学面前道歉，想帮扎西措毛复印卷子，想通过这些来弥补自己的错误。

咨询师：这些办法都很可行，只要你的态度是诚恳的，我相信同学们是可以接纳你的。现在我要请你想一个问题：就是你撕扎西措毛的笔记，扔了她的卷子，还对她的一些做法不满，越来越讨厌她，这些行为和想法背后的原因是什么呢？

经过一番交流，白尕认识到：这一切都源于自己的忌妒心理。

白尕说：我怎么也没想到，我会有这么强烈的忌妒心！

感知忌妒心理

这是一例典型的因忌妒导致不良行为的案例。

白尕撕同学笔记，扔同学卷子的行为背后，是忌妒心理在作祟。

忌妒是这样一种情感：看到别人有优势或取得好成绩，自己心里就不愉快，就难受、厌恶，甚至憎恨，希望别人不要比自己好。比如有的学生，同桌数学成绩本来不如他好，后来慢慢地超过他了，他就觉得不舒服；大型活动中，老师表扬了别的同学而没表扬他，他心里就很难受；同学评价他的舞蹈不如另一位同学跳得优美，他心里就不是滋味。忌妒就是这样，怕别人胜过自己，想保持自己的优势，为此极力排斥、贬低比自己优秀的人。

忌妒的对象不仅是名人、有钱人、同学、朋友，还包括父母、兄弟姐妹、亲戚等。只要是自己以外的人获得了某些“好处”，或具有了某些“优点”，哪怕是最好的朋友，都不能幸免。并且，关系越亲密，越容易引起忌妒。

青少年忌妒的对象多是那些比自己聪明能干、爱表现的同学，学习成绩比自己好、能力强、有较高威望的同学，受老师偏爱或常被老师表扬的同学；长相俊俏、衣着华丽、用品时髦的同学，父母是干部或家庭经济富裕的同学。

忌妒不像喜、怒、哀、乐那么容易被他人察觉，只有忌妒者本人最清楚。忌妒中包含有羡慕、愤怒、怨恨、憎恶、猜疑、失望、屈辱、虚荣等多种复杂的情感，它好像一个寄生虫，从不让寄主感受到剧烈的疼痛，却一点一点地消耗着他的能量。人们巧妙地称忌妒为“红眼病”，在名誉、地位、钱财、爱情方面表现得尤其突出。

“忌妒”是人普遍都有的心理体验，忌妒的存在客观上增强了人们竞争的意识，如人们内心可能会对对手产生不同程度的忌妒，但在行动上则表现出符合社会规范的竞争。这种因忌妒采取合理的竞争行动对发展是有促进作用的。青少年充满青春活力，喜欢争强好胜，不服输，不甘落后，这是他们进步的一个动因。但如果忌妒心理过重或自己不善于调节、转化，就会给自己带来极大的心理负担。

成因探究

（一）心理发展不成熟的人容易忌妒

人天生有忌妒心理，心理动力学理论认为，人的忌妒心萌生于婴幼儿期，婴幼儿的忌妒最初是针对自己的兄弟姐妹，如：家中新添的弟弟妹妹，分走、抢占了父母的爱，使其容易产生被剥夺的感觉，继而产生不安、不满以及妒意。心理成熟的人能用比较客观的心态看待自己，接纳自己；而心理发展尚不成熟的人，不能客观认清自己各方面能力的界限，看到比自己强的人或事就会产生忌妒心理。

（二）个性缺陷，修养不足易导致忌妒

虚荣心强的人，看到别人强过自己，便产生忌妒心理；有偏执敌意的人，很难接受别人在某方面优于自己；自我中心和极端自私的人，容易为别人的优点而烦恼，尤其在现今的独生子女身上表现最为明显。表现为缺乏自信心和自卑感强的人，敏感多疑也属忌妒心强的人。

（三）白尕忌妒心理产生的原因

个性敏感和强烈的不自信是白尕滋生忌妒心理的主要原因。白尕对自己的个性是这样解说的：

“有时候，我会觉得周围的同学似乎对我有偏见，好多时候觉得他们故意不关注我。”“我平时和同学相处时，态度很真诚，说话的语气也很平和，而且每次说话都会很谨慎，总怕一不小心就给别人留下什么坏印象，可是到现在我也没处到一个真心实意的好朋友。”

“我家里有个哥哥，爸爸妈妈很偏爱他，哥哥的要求在家里很容易得到满足，而我的需求，常常不能很快得到满足。”

从白尕的话语中不难看出，对人敏感，常和别人比较，不自信，认知偏差，这些都影响着她的行为。

严重危害

忌妒害人害己

一般来说，轻度的忌妒心理有利于学习与生活；过度的忌妒心理，则会严重干扰正常的学习生活。

过度的忌妒会让人产生偏见，会压制和残害人才，会影响人际关系、危害人的身体健康，忌妒也会增添忌妒者自身的痛苦。历史上因忌妒而毁人毁己的事不计其数。

战国时代庞涓忌妒孙膑；三国时的周瑜忌妒诸葛亮，慨叹“既生瑜，何生亮”。莎士比亚的悲剧《奥赛罗》里，奥赛罗因忌妒杀死了自己心爱的女人。

《太平御览》记载：古代有个女子，极好忌妒，有一次，她的丈夫在观赏桃花时说了声“美哉”，她立刻妒意大发，让人把桃树砍掉了。

奥地利著名的作曲家老施特劳斯居然对儿子的成就忌妒得发狂，并因之得病。他的儿子6岁能写高水平的圆舞曲，19岁成立了自己的乐团，且影响巨大，大有与他这个老子分庭抗礼、平分秋色的势头。他觉得儿子的成就将动摇自己“圆舞曲之王”的地位，在病中还耿耿于怀地说：“我但求速死。”

这些信手拈来的例子，足以说明忌妒的力量多么害人。

忌妒会造成个人、团体的分裂和对立，还会使人产生破坏性攻击行为。

当心怀忌妒的人无法用合理竞争战胜对手时，就有可能通过谣言中伤、告密、攻击对方等行为发泄不满。

忌妒危害身体健康

《黄帝内经》上面有这样的话："嫉火中烧，可令人神不守舍，精力耗损，神气涣失，肾气闭寒，郁滞凝结，外邪入侵，精血不足，肾衰阳失，疾病滋生。"美国的医学专家经过调查发现，忌妒程度低的人，在25年中只有2.3%的人患心脏病，死亡率低；而忌妒心强的人，同一时间内竟然有10%以上得过心脏病，易患头痛、高血压、神经衰弱等病症。大部分容易忌妒的人都有身体上的病态，如胃痛、背痛、情绪低落、行为失控、免疫力下降等，时间长了，会引起中枢神经紊乱，导致头疼、失眠，甚至发展为心理变态、精神分裂。

纠正与调适

（一）客观地认识忌妒心理

在我们的文化里，忌妒是消极的、罪恶的。但忌妒作为一种心理现象，它本身应该是中性的。英文中的"忌妒（envy）"还有"羡慕"的意思。我们认为：忌妒的好坏在于处理它的态度，处理不当，它会成为人们心灵的毒瘤，害人害己；处理得法，它又会化为人们奋发前进的动力。

（二）把忌妒作为努力进取的动力

"天外有天，人外有人，强中自有强中手"，最积极的做法就是靠自己的努力超过对方。如果同学的成绩好，我们可以向他学习，通过努力争取赶上去，就是赶不上，也不要放弃，可以一直把他作为自己学习的榜样。对于无法改变的事实，我们不妨适当运用补偿作用，寻找新的自我价值。欣赏他的长处，赞美他，肯定他，为他喝彩。赞美别人就是肯定自己，由衷地表达对别人的欣赏，就是对自己有信心的表现。

（三）淡化忌妒，培养豁达的心境

"大度和乐观，是扑灭忌妒之火最好的灭火器！"心胸豁达的人多是能欣赏他人的人，他们能够尊重他人，包容他人，虚怀若谷，有海纳百川的度量。

19世纪30年代，肖邦从波兰流亡到巴黎。当时匈牙利钢琴家李斯特已蜚声乐坛，而肖邦还是一个默默无闻的小人物。然而李斯特对肖邦的才华却深为赞赏。怎样才能使肖邦在观众面前赢得声誉呢？李斯特想了个妙法：那时候在钢琴演奏时，往往要把剧场的灯熄灭，使剧场一片黑暗，以便观众能够聚精会神地听演奏。李斯特坐在钢琴面前，灯一灭，他就悄悄地让肖邦过来代替自己演奏。观众被美妙的钢琴演奏征服了。演奏完毕，灯亮了。人们既为出现了一位钢琴演奏的新星而高兴，又对李斯特推荐新秀的做法深表钦佩。

（四）正确评价别人

青少年要心平气地和别人对比，看看他为什么会取得优势与成绩。仔细分析，自己为什么会自卑和产生忌妒心，究竟忌妒他什么，自己为他的成就生气有什么好处和坏处。不要把他的优势视为对自己进步的威胁。他取得成就是他自己努力得来的，他取得了成绩不等于自己的失败。

（五）欣赏自己

忌妒心重的人常常不能正确看到别人有缺点，只盯着人家的优点，又过分盯住自己的缺点。正确的做法是要客观地认识自己的优缺点，特别是自己具有哪些优势，同时也要看到别人是有不足的。要欣赏自己，认识到自己是唯一的，不可比拟的，要在心里明确：任何人都不是我，哪怕比我好上千倍，也不是我。我的价值在于我的“独特性”，而不是什么相比之下的“优越性”与“先进性”。

（六）学会心理转移

当忌妒心理萌生时，要积极主动地调整自己的情绪，有意识地去想一些快乐的事情，或者去参加一些有益的集体活动，如唱歌、跳舞等，培养自己的某项特殊才能，以此之长来比他人之短，从而产生优越感，转变自己对别人优势的过分注意，加强对自己的自信，让忌妒心理得到缓解。

（七）树立共赢的心态

忌妒往往来自于与别人的比较，如果看到别人在某个方面比自己强，就会产生忌妒。那么，我们是否可以学会树立共赢的心态呢？一个人要想成功，固然要靠自己的努力，但是，我们发现，除了自己努力之外，还需要与他人的合作。所以，人和人之间应该互相学习，互相帮助，像星星与星星一样互相照耀，扬长避短，携手共赢。

白尕的忌妒心理分析

当白尕知道自己行为背后是忌妒在起作用后，她感到很恐慌，很自责。

白尕：在我的记忆中，忌妒的人好像挺被人讨厌的，没想到自己会这样。

咨询师：你现在有一点忌妒没关系，如果以后经常处在忌妒当中，被忌妒心理所纠结，那就很糟糕了。

在白尕明确了她忌妒产生的原因以及忌妒的危害之后，我们建议她学会用“表扬”、“赞美”和“帮助”代替忌妒。

咨询师：你猜我们会忌妒你吗?

白尕：当然不会。您是老师，怎么会忌妒我呢? 我是学生，有什么可让您忌妒的呢?

咨询师：当我们表扬你时，你感觉怎么样?

白尕：当然很好了!

她不假思索地回答道。

咨询师：在学生心里，老师地位比自己高。受到地位比自己高的人表扬时，人会感觉很好。一般情况下，只有强者表扬弱者，没有弱者表扬强者。同时，只有弱者忌妒强者，没有强者忌妒弱者。你看这话有道理吗?

(白尕点头)

咨询师：忌妒只能使人由强变弱，你肯定不想让自己变弱，那最好的办法就是用表扬、赞美和帮助代替忌妒。你要学会多赞美同学的行为，因为表扬、赞美和帮助能使人由弱变强，由强变得更强。

…………

咨询师给白尕的建议：面对现状，一方面你要接纳自己，能够允许别人在某些方面比你强，给别人一些比你强的机会；看到别人的成绩，学会为他喝彩，满足别人的一些显示欲。另外，要放下对同学们的偏见，打开自己的心扉，去和同学真诚地道歉，只要你是真诚的，相信同学们一定会原谅你的。

两周后的一天，我们看到白尕和扎西措毛手牵着手、满脸欢笑地在操场上散步。看得出来，她们之间的不快已经化解了。

后来我们还收到了白尕用手机发来的短信，她说：老师，我开始学着赞美别人时，总觉得有点不自然，现在时间一久，我反而觉得很快乐，我感到同学们似乎比以前更尊重我了。

白尕的案例中，我们看到了忌妒带来的一些恶果。但是，如果把忌妒心理处理好的话，它会成为成长的动力。所以，首先要正视忌妒的情绪，然后想办法控制它，不让它往坏的方向发展。要让它变成成长的动力，变成生活当中正性的力量。

一个人不可能在任何时候都比别人强，接受自己，客观看待别人的长处，这样才能化忌妒为竞争，才能提高自己。

以美丽的心灵看待世界，以美好的心理正视现实，以羡慕的心理对待他人，学会赞美他人，为他人喝彩，就是肯定自己！

小贴士

忌妒是心灵的毒刺。

古埃及有这么一则寓言。

鸟儿子问："爸爸，人幸福吗？"

鸟爸爸答："没咱们幸福。"

鸟儿子问："为什么？"

鸟爸爸答："因为人心里扎了根刺，这根刺无时不在折磨着他们。"

鸟儿子问："这刺叫什么？"

鸟爸爸答："叫忌妒。"

善不由外来兮　名不可虚作

——青少年虚荣心理及调适

典型案例

梁柯，15 岁，初二男生。小学的时候，他家里条件一般，人也很朴实。上初中后，爸爸妈妈到国外打工了，就把他寄养在奶奶家。

随着爸爸妈妈寄回来的钱多了，他的零花钱也多了。他开始在同学面前表现自己的有钱。除了必穿的校服以外，他穿的多是名牌，最近手机也换成了 iPhone。有几次，他和几个同学相约去水晶宫游泳、去 KTV 唱歌，他都抢着付费，声称自己请客，班上所有的同学都多次得到过他送给的小食品和饮料。由于他的大方和付出，他的人缘特好，同学都很高看他。有的时候，他作业写不完，会有同学主动帮他写，班级值日时，也有人主动帮他打扫卫生。

看到他花钱大手大脚，奶奶很担心地跟他说，“你爸你妈挣钱也不容易，你要节省点，要好好读书”。他会说：“这个社会读书好是没用的，关键是要有钱，有钱才能让人尊重你。我们班上那些家境条件不好的同学，多数是土里土气的，学习好的也让人瞧不起。”

梁柯在同学面前大手大脚地花钱，小恩小惠地吃请，以炫耀自己有钱，来满足自己比别人优越的感觉，弥补学习上的压力和不足。一些同学的迎合、羡慕，更助长了他的虚荣心，让他错误地认为“读书好没有用，有钱才能得到他人的尊重”。

梁柯需要不断加强自身学习，要认识到：人真正的价值在内涵，真正的尊重并不在于是否有钱。如果一个人很有钱，却腹中空空，满口说着无知的话语，行为不端，没有基本的礼仪，也是不会被人看得起的。

不懂装懂的小学生

有一个成人曾写文章描述他在小学三年级发生的一件事：

小学三年级时，一次上自然课时，老师在幻灯片里打出“蓖麻子”的图片，当时还小的我根本不知道“蓖麻子”是什么！就好奇地私下问周围的同学：“这东西能吃吗？”

结果就有一位同学夸口说“我吃过”，还具体描绘了它的味道，说“刚吃的时候觉得苦苦的，舌头麻麻的，但是在口腔里停留久了以后，就发现开始回甜了……总之，吃起来像白族的三道茶一样，一苦，二甜，三回味，味道还不错呢！”

其他同学们听了，又有六七个人表示吃过，并对味道的不同感觉争论起来。

当老师得知他们是为“蓖麻子”的味道而争论时，脸庞上不经察觉地掠过一丝笑容，问道：“请问谁吃过‘蓖麻子’？请站起来吧！”

零零散散地就有六七个人从座位上站起，脸上带着自豪的微笑。

没想到，老师最后说：“其实，‘蓖麻子’是一种工业植物，常用于工厂，一般来说是不能吃的。”站起来的几位同学都尴尬地脸红了。

今天，我又回味起这件童年时发生的趣事，不禁莞尔。

其实，那几位同学之所以会夸下海口，说自己吃过“蓖麻子”，全是因为虚荣心在作祟。

为农村的父母而自卑

在一次心灵成长小组的活动上，孙凤发言说：小时候，家里为了让我接受更好的教育，把我从老家的乡镇转到姐姐工作的城市读书。乍一到城里，看到同学们讲究吃用的样子，我倍感自己的寒酸，慢慢地我也学会了买衣服注重牌子，课上课下吃些零食……

妈妈偶尔来学校给我送东西，看着她穿着土气，长得又瘦又小又一脸的皱纹，不似别人妈妈那样美丽又洋气，我竟感到羞愧，忙让她到离学校较远的地方等我。等她先去了，我自己再慢慢走过去，而且是躲躲闪闪的样子，怕班上的同学看见了……和妈妈急急地说几句话，就催她赶紧回家，她也似乎明白我的苦衷，没有一丝抱怨就悄悄离开了。不知道那个时候，妈妈的内心是不是很痛！为了我的虚荣心，我在深深地伤害着她！

现在我已经是中年人了，不会再因为父母是农村人而自卑，不会因为别人穿了名牌而羡慕。妈妈现在更老了，但我每天看到她很健康的笑容，我就得很幸福！这些品质的内涵是在成长过程中打磨出来的。

上面的三个小例子，是虚荣心理在生活中的真实呈现。虚荣心会让我们注重物质的享受，在生活上奢侈炫耀；让我们不懂装懂，在学习上蒙混过关；在心理上自轻自贱，形成自卑或自负心理。结局会怎样？吃亏的一定是自己。

感知虚荣心理

虚荣心是以不正当的方式保护自尊的一种心理状态，是自尊过强的表现。

它不仅欺骗了自己，也欺骗了别人，甚至伤害了别人。中学生克服虚荣心理的关键是：要悦纳自己，客观地认识自己，努力加强自身的修养，正确对待荣辱得失，靠自己的努力来获取自尊，不做虚荣的奴隶。

从心理学角度看，虚荣心是一种被扭曲了的自尊心，是一种追求虚荣的性格缺陷，是人性的弱点。人人都有虚荣心，只是程度不同而已。

虚荣有双重作用，如果正确利用虚荣心，把它同上进心结合在一起，会调动人的积极性和热情，积极追求进步；如果一味地为了满足自己的虚荣心，被虚荣牵着鼻子走，就会深受其害，造成消极影响。

中学生的虚荣常常表现为：不能正确地评价自己，过高估计自己的能力；处处炫耀自己的特长和成绩，喜欢听表扬，喜欢班门弄斧；将父母或他人的荣耀当成自己的；由于害怕被别人瞧不起，往往不顾经济条件是否允许，在吃穿用上互相攀比，家境贫寒也大手大脚；在知识学问方面，不懂装懂；总是表现出一贯的正确，听不得别人对自己的批评……总之，不是通过实实在在的努力，而是利用撒谎、投机、虚夸等不正当的手段，来获取他人的尊重、关注和羡慕。

成因探究

虚荣心产生的原因有很多，可能源于自负，也可能出于自卑。

自负的人自视清高，认为自己很了不起，别人都不如他，当他达不到目标又不肯认输时，可能采取弄虚作假的方式粉饰自己。自卑的人不相信自己的实力，总怕别人看不起自己，很在乎别人对自己的评价，一旦别人有一点点否定自己的意思便认为是伤了自尊。当他不能正视自己的缺点与不足，无法承受失败时，就可能“打肿脸充胖子”来“保护自己”。

（一）不良的社会风气可导致人虚荣

当周围许多人都在弄虚作假、虚荣浮夸时，本来诚实的人也会抵挡不住诱惑而随波逐流。

近年来，社会上一些人为了找工作、评职称，使用假文凭、假证书浑水摸鱼。拜金主义、形式主义的腐蚀，致使人骄奢淫逸。市场上，假冒品牌商品屡禁不止，因它迎合了消费者少花钱买“品牌”的虚荣。最近社会上有一种被称为“拽人名”的现象，就是一些人在集会时，总喜欢说起一些成功人士，甚至有意透露自己和他们特别熟，来显示自己有背景、有能力、有人脉，希望引起大家的尊重。社会上的这些浮夸风气，在一定程度上诱惑着人们的虚荣心理。

（二）虚荣心也与懒惰有关

有些人有能力，也想取得成绩，但不肯踏实地学习、工作，吃不起苦，只想不择手段地追求荣誉。有的学生不扎实学习，靠抄袭、作弊等获取好的成绩后，还想争得三好学生、学习标兵等荣誉，这些虚荣的做法定会令人不齿。

严重危害

（一）虚荣心是成功的拦路虎

虚荣心使人陶醉在虚假的荣誉里，而不去面对真实的世界，不去做真实的努力，到头来，真相毕露，以失败而告终，反倒给人们留下更大的笑柄。

在汉语中，虚荣往往与虚假、虚伪、撒谎、欺骗、浮躁、出风头、显摆等词联袂出现，是一种不恰当的社会情感。其中，虚荣心应该建立在我们的能力之上，如果我们没有实力，却还强烈想满足自尊，就会寻求一些不正当的手段。这样产生的效果是虚假的，得到的自尊也是不正常的。它不仅会伤害他人，还会伤害自己。甚至有些人会为了满足虚荣去偷盗贪污等，走上违法犯罪的道路，更是不值得的。

（二）虚荣心带来沉重的经济负担

中学生为了虚荣攀比，追求物质享受，会给家庭造成经济负担，尤其对工薪阶层或家境不好的家庭更是如此。

15岁的明明正在上初三，妈妈是一家服装厂的工人，爸爸患有脑血栓，没有工作，一家三口每月靠妈妈挣的1250元度日。妈妈省吃俭用，要维持生活，要给丈夫看病，要供儿子上学。因为家离学校远，每天的中午饭都是妈妈早上做好，然后用饭盒装上由明明带到学校。没想到，自从上了初二以后，明明就再也不愿意带饭了，每天都伸手向妈妈要十五元钱。妈妈让他带饭，他就当场把饭都给倒掉。

“别人都在校门口的餐馆吃，全班就我一个人带饭，会有人笑话！”每次妈妈让他带饭，明明都会这样说。

法国著名的文学家莫泊桑在小说《项链》中，描写了女主人公因虚荣而付出沉重代价的故事：

玛蒂尔德虚荣心十足，她为了在一次聚会上出风头，特意从女友那里借了一条钻石项链。当她戴着项链在宴会上出现的时候，引起全场人的赞叹与奉承，她的虚荣心得到极大的满足。不幸的是，在回家的路上，这条项链丢失了。为了赔偿这条价值近乎四万法郎的项链，她不惜负重债还项链。之后，整整十年，她节衣缩食才还清了债务。而颇具讽刺意味的是，当玛蒂尔德夫人在街上遇见曾经借项链给自己的好友时，对方告诉她那条丢失的项链是假的，只值五百个法郎。

玛蒂尔德通过“打肿脸充胖子”的方式表现自我，虚荣观念的驱动让她“一夜狂欢”，付出了“十年艰辛”，代价实在惨重。

（三）虚荣使人目光短浅甚至走向堕落

有虚荣心的人，生活的关注点往往放在名利、金钱和享受上，很少关注人生的真正价值，因而生活得庸庸碌碌，没有作为。虚荣还是堕落的温床，容易诱发可悲的后果。

重庆市水文局女公务员杨某，为满足自己高档消费的虚荣心，两年多来，她以投资股票等项目有高额回报为诱饵，不仅骗了数名亲友，还利用各种机会物色身边可被骗的人。最终诈骗来近800万元，除其中的300万元用于高档消费外，其余的用来“拆东墙补西墙”。案发后，她主动向渝北警方投案自首。最终她获判有期徒刑15年，并处罚金人民币80万元，被责令退赔各受害人的经济损失。

纠正与调适

中学时代是人生非常关键的时期，既要打好知识基础，又要打好人格基础。如果养成爱慕虚荣的毛病，注定要平庸而无聊。一般来说，多数人的虚荣心属于一般心理现象，不需要治疗，只需要从以下几个方面克服虚荣心理，进行心理调节。

（一）悦纳自己，客观地认识自己

虚荣心强的人，大多缺乏自知之明，不能客观地认识自己。

怎么才能客观认识自己呢？就是要实事求是，既对自己的长处和能力有正确的评价，又对自己的短处有清晰的认识。如果过高估计自己的长处，或过低估计自己的不足，就可能在自己并不擅长的领域奢求荣誉、地位、夸赞或优势，导致许多虚荣的做法。客观认识自己，适时调节自己的心理需求，看看自己的需求哪些是合理的，哪些是不合理的，如“作为学生，主要的任务是学习，过度攀比物质上的享受，就是不合理的”。

其次就是要学会正确进行取舍，在和别人攀比时把握好尺度。如果我们能做到客观，有自知之明，适时调节，悦纳自己，当我们看到自己不如他人，或被人轻视时，我们也能想办法排解，让自己心理平衡，不会用夸张或逃避的方式来维护面子，也不会为家境的贫贱而自卑，为自己的平凡而苦恼了。

（二）正确对待舆论

每个人都生活在群体中，不管做什么、说什么、穿什么、吃什么、用什么，总会有人赞成、有人反对。因此，对待周围人的评价，我们需要有一个正确、客观的态度。听到赞扬夸耀的话，我们不要沾沾自喜，要想想是否“理所应当”；听到批评的话，也别妄自菲薄，要分析是否“言之有理”。总之，不能不加分析地为周围舆论所左右。如果为周围舆论所左右，就可能为取悦他人而自我表现、自我炫耀，或以媚人的方式追求表面上的荣耀，追求虚假的荣誉。

（三）理智对待荣辱

对待荣誉、地位、得失、面子，要有一种理智的态度，过分的虚荣心会使人失去理智。尽管每个人都希望获得荣誉与地位，但是这种追求必须与个人的身份及才能相一致。如果不顾自己的实际条件，过分追求荣誉与地位，势必“打肿脸充胖子”，产生种种不正当的行为动机和不适当的虚假行为。这样不仅会使自己的人格扭曲，而且可能带来非常严重的后果。

（四）树立明确的人生目标

应当树立正确的人生目标、端正自我的价值观。虽然我们还是一个学生，但端正价值观对今后的人生非常关键。自我价值不能脱离社会现实和社会需要，必须把自身价值的认识建立在社会责任感上。“人无远虑，必有近忧”，当一个人追求的目标崇高、远大时，就会在“大”事上倾尽心思，而不会为身边的平庸琐事所困扰。

（五）正确看待失败或挫折

俗话说，“失败是成功之母”，因为失败能更多地给人以教训和教益。如果我们能把失败看作人生道路上的宝贵财富，从失败中总结经验，从挫折中悟出真谛，那以后的人生道路就可能走得更为顺畅。如果只是为了“面子”

而害怕失败，那实际上也是在回避成功，使我们变得患得患失、畏缩不前，不敢面对生活的挑战。如果为了“面子”而掩饰失败，那我们就难以从失败中获得有益的经验，以后还可能遭遇更多、更大的失败。

总之，每一个人都有自尊心，都渴望能够得到社会的认可，这是一种正常的心理需要。然而，真正的自尊应该是真实的，是经过自己努力获得的，而不是投机取巧，用不正当的手段得到的。

屈原的《楚辞·九章》里有一句诗：“善不由外来兮，名不可虚作。”意思是说：高尚的品德不是外界恩赐，美好的名声不靠虚假烘托。踏踏实实地努力，靠自己的付出来赢取自尊，才是可取的！

经历风雨 破茧成蝶

——青少年挫折心理及调适

典型案例

“我女儿蓓蓓一直很优秀，她不但学习好，而且号召力强，很有管理能力。她从小学到初中一直是班长，班级里的大事小情她都给落实得很好，尤其是管理班级，只要有她在，教室里就很静，就像班主任在一样。老师对她特别满意，常夸她是个好帮手。

上了高中以后，出了几件事，让蓓蓓很有挫败感：

一次是军训时，教官训练的要求很严，训练强度也大，走队列时，蓓蓓觉得太累了，动作就稍有偷懒，当时才认识两天的班主任走上前一下子把她和几个同学从队列中拽出来，一顿训斥，还罚他们多练了半小时。这件事让女儿感觉很伤自尊。因为从小到大从来都是被人夸赞，还没有人这么重地批评过她，尤其是当着那么多人的面用很伤自尊的话批评她，还边说边用手指点她。回到家里一说起这事，她就忍不住落泪，过了一个星期都没见她有笑容，只要一说这事她的眼泪就在眼睛里打转。

军训后班级第一次竞选班长，蓓蓓充满自信地参选，结果却落选了，只当了个学习委员。她很受打击，觉得是军训时老师对自己的印象不好造成的。这件事后，班主任所教的英语课她都很讨厌听，本来很好的英语成绩也下降了。

到了高二，文理科分了班，蓓蓓选择学理科，班级又重新组建了，她满心欢喜地再一次参加新班班长的竞选。她做了充分的准备，信心满满的样子，并对家人说“这次一定能选上”。竞选大会上，女儿觉得自己讲得很好，自信又大方，同学的掌声也很热烈，她觉得自己会毫无疑问地当选，没想到，最后结果是一票之差，她落选了，班主任选了一个男生当了班长。虽然后来，班主任征求她意见，想让她当副班长，但她还是拒绝了。这次没被选上，让女儿心里有说不出的难受。她觉得在家人和在同学面前，都不能证明自己有能力了。

一而再、再而三地承受打击，让女儿很受伤，她开始变得不相信人，变得冷默了。落选后一个多月来，她很少再提班级的事，除了学习，对班级的事情毫不关心。出头露脸的活动一概不参加，本来演讲、演出、运动会、主持班会活动等，都是她的长项，可她都不积极，学习成绩也有所下降。我不知道怎么去帮助她，才能让她走出挫败的阴影?”

这是一次我们为社区做家庭教育培训课程时，一位妈妈来咨询的她女儿遇到的挫折问题。

感知挫折心理

挫折俗称“碰钉子”，指一个人从事有目的的活动过程中，遇到障碍或干扰，致使目标不能实现、需要不能满足的情绪反应或内心体验。

蓓蓓很有管理能力，高中之前一直当班长，学习也好，备受老师和同学的夸赞，妈妈也以她为骄傲。上高中后，军训被老师训斥、两次竞选班长都落选，让她有了深深的挫败感。蓓蓓从小生活道路较平坦，得到的夸奖多，一旦自信心受挫，便产生极度的失落，她用不正确的方法对待不顺利的事情，自暴自弃，这种方法是不可取的。

其实挫折是有积极意义的，它的积极作用为：① 挫折能提高人的认识水平。面对挫折和失败，强者会积极总结经验，反思自己，找出不足，及时采取补救措施。② 挫折能增强人的承受力。一个人历经艰辛，遇到的挫折多，他对挫折的承受感也会随之增高，一次次挫折及其应对措施，可以提高他对挫折的耐受力。③ 挫折能激发人的活力。为了摆脱挫折，人们常常被迫为实现目标做更大的努力。

当然挫折也具有很强的消极作用。青少年时期是人生的一个特殊阶段，也是最容易产生挫折的阶段。虽然适度的挫折可以使青少年在挫折中经受磨炼，增强承受力，培养出积极、乐观的坚强意志，但是严重的挫折也会使弱者意志消沉，自暴自弃，甚至一蹶不振。

类似蓓蓓这样的例子其实有很多，青少年经常会遇到的挫折有：学习困难、人际关系不适、情感纠葛、父母期望过高、家庭经济困难、升学的压力等，这些都可能造成他们的挫败感，从而引发一系列心理问题。

成因探究

（一）主客观矛盾是导致青少年挫折心理的主要原因

主观是指自我的需求，客观是指现实的条件。一旦主观和客观发生矛盾，客观现实不能满足主观的需求，人就会产生挫折感。比如：学习兴趣与课程之间的矛盾、能力与期望的矛盾、物质需求与家庭条件有限的矛盾；想学习成绩好与同学竞争的矛盾、人际关系的障碍、学习不适应等，都可能导致挫折心理。

（二）个性不完善也是导致青少年挫折心理的重要原因

青少年时期，人的心理发育还不成熟，常常会情绪不稳定，认识片面，自尊心与好胜心过强，理想主义，容易偏激，世界观不明晰，缺乏扎实的实践基础，耐力不强。如果不能及时得到正向疏导，也容易产生挫折心理。

严重危害

自尊自信、敢于创新、积极进取本是青少年所具有的优秀品质，然而在成长的过程中他们屡遭挫折，有些青少年就会对自己的能力产生怀疑，高估各种困难，对前途失去信心，以至于他们常说“这事太难了，我做不了，我不行”。由于害怕失败，他们可能会变得保守、封闭、自卑，会“习得”无助感，减弱对成功的追求，失去年轻人应有的上进心和锐气。

青少年正处于人格形成的关键时期，如果这时候受到太多的挫折，又不能正确对待的话，就会产生一系列的心理障碍，如自卑、自轻自贱等。会经常处于悲观、冷漠、紧张等消极情绪中，对他人、对社会不信任，难以与人建立和谐的人际关系，有的人还会出现攻击、压抑、退行、轻生等行为。这些消极的情绪和行为会使神经系统特别是大脑功能处于紊乱、失调的状态，无法进行创造性思维活动，严重的挫折甚至会导致弱者精神崩溃。

纠正与调适

（一）正确认识挫折

人生的道路很漫长，遇到挫折是不可避免的。挫折是人生成长的必然过程，只有经历挫折，人才可能慢慢成熟。

有一个小孩在草地上发现了一个蛹。他把蛹捡起来带回家，要看看蛹是怎样羽化为蝴蝶的。过了几天，蛹上出现了一道小裂缝，里面的蝴蝶挣扎了好几个小时，身体似乎被什么东西卡住了，一直出不来。小孩子看着于心不忍，心想：我必须助它一臂之力。于是，他拿起剪刀把蛹剪开，帮助蝴蝶脱蛹而出。可是，这只蝴蝶的身躯臃肿，翅膀干瘪，根本飞不起来，不久就死去了。

蝴蝶为什么会过早死去呢？因为它失去了经历挫折、突破困难的成长过程。

蝴蝶的成长必须在蛹中经过痛苦的挣扎和努力，直到它的翅膀强壮了，才会破茧而出；否则，它很快就会因不适应环境而夭折。

人的成长也像蝴蝶一样，也需要有一个破茧成蝶的过程，挫折就是磨炼我们不断适应社会环境的那个“茧”。

虽然挫折无处不在，时时致人失败，但正因为有挫折，才锻炼了我们的承受能力。它时刻提醒我们，从哪跌倒就从哪爬起来继续前行。而且在挫折中，我们可以学到许多的东西，明白自己的许多不足。所以，既然挫折已成为现实，我们就要承认它，勇敢地面对它，不把它看作一种打击，而要把它看成对自己的一次考验、一个磨砺，看成铺平自己成功道路的一粒沙、一块石，是以后机遇的准备，并大胆地挑战它。

（二）冷静地接受挫折

面对挫折，就要坦然地接受。不妨冷静地分析一下，从客观、主观、目标、环境、条件等方面找出受挫的原因，以便采取有效的补救措施。

对蓓蓓来说，她应该静下心来想想：军训中被训有没有自己的原因？竞选班长的目的是什么？落选的原因又是什么？客观条件如何？……每个班级有那么多学生，班长的位置只有一个，选上了是机遇，选不上也很正常。如果竞选的目的是为了培养自己的能力，更多地为同学服务，那么，当副班长一样可以锻炼自己，提升能力，服务大家。如果只为了满足虚荣心，实在不必要。如果蓓蓓能冷静地接受挫折，并适时调整自己的目标，接纳副班长的工作，发扬优点，弥补不足，相信她就不会有后面的烦恼了。

（三）学习榜样，树立自信心

历史上能够和挫折抗争并取得不朽成就的人有很多。对于青少年，可以多阅读一些这些名人的故事，以激励自己，增加面对挫折的力量。

贝多芬一生遭受到数不清的磨难。贫困，几乎逼得他行乞；失恋，简直使他绝望；双耳失聪，对他的打击更为沉重。他痛苦地把自己关在房子里，不愿与人见面。然而种种不幸、挫折磨砺了他的意志，激发了他的进取精神，最终成为不朽的音乐家。

宁波有一个高中生叫王争，因小时候发生意外而失去双臂，但他乐观开朗，始终坚持一个信念：要成为对社会有用的人。为了自理，他学会了用脚吃饭、洗脸；他英语成绩非常好，但他翻书、放磁带、开录音机都是用嘴咬着铅笔进行的；为了掌握电脑知识，他还练习用脚操作电脑；更令人惊叹的是，他还能用嘴写出漂亮的毛笔字。经过无数次用嘴写字，用脚做事，生活能完全自理，而且他凭自己强烈的求学愿望，还以文科高考600分的成绩，考入了浙江大学。

这样的故事很多，贝多芬、司马迁、史铁生……他们都扼住了命运的咽喉，不向挫折低头，不向困难投降，终于成就了自己灿烂的人生。作为中学生，我们要学习他们这种精神，积极与挫折“作斗争”。

（四）转移注意力，学会自我疏导

遭受挫折后，一般人都会感觉度日如年，心情不畅。这时，我们可以想办法转移注意力，比如适当进行一些健康的娱乐活动，通过做运动、听音乐、与人倾诉等方式，可以调节情绪，升华情感，还可以让自己内心产生一种向上的激情，增强自信心。同时要乐观，学会悦纳自己和他人，学会容忍挫折，学会自我宽慰，学会承受，变通进取。

（五）适当宣泄不良情绪

当我们遭遇挫折以后，内心一定会积压许多不良的情绪，学会适当地宣泄情绪，可以冲淡和缓解因挫折而产生的苦恼。

对于蓓蓓妈妈，我们从家长培训的角度给了她一些建议：认真倾听和真诚地肯定孩子，帮助孩子整理她对事件的想法，引导孩子宣泄不良情绪等。

给蓓蓓妈妈的建议

当蓓蓓回家讲述她遇到的事件时，妈妈要认真听她的讲述。在听的过程中给她一些肯定和支持，如对那次军训，妈妈可以说：“我知道你不是故意偷懒的，也不是故意给班级丢脸。其实你是很喜欢军训的，只是那天你觉得有些累了……”

在孩子讲到具体场景时，可以问：“当时老师是怎么说的？同学是怎么反应的？你自己内心是怎么想的？”这样，蓓蓓内心的情绪会得到一些释放。

在倾听的过程中，妈妈还要同情孩子，如：“这件事情让你感到很委屈吧？”“你看上去很伤心，是吗？”“那个场面太伤自尊心了，是吗？”“你当时怎么想的……”这个过程中如果蓓蓓哭了，就让她哭，哭是最好的发泄方式。当她哭完了，可以问，“那现在你怎么看你的老师呢？”孩子可能会说：“我很恨他，很烦他。希望永远不要见到他。”妈妈只管听着，这阶段就是要分享她内心的想法，不要做任何的教导、批评和指责。然后可以问：“那你怎么看英语课呢”。她可能会说“我再也不想上英语课了”，随便她怎么说，妈妈就只管听。

等孩子的情绪发泄得差不多了，逐渐回到理性的状态，妈妈要整理她的思路，可以说：“我特别理解你，老师那么说你、那么动手拉你的确不对。你要用隔离法，你可以恨他的行为和言语，但他整个人是好的。他还是希望你们所有的同学都表现好，他还是爱同学、爱班集体的，不管老师采取了什么行为，我们要去理解老师的真正用意是什么。”这样孩子就能站在客观的角度想事情，就不会在内心积压太多的不良情绪了。

蓓蓓妈妈很关注孩子的成长，她很用心地记下了我们的建议。

一个月后，当我们第二次给家长做培训时，她回馈我们，蓓蓓的情绪稳定多了，能淡定地看待这些事情了。孩子还在自己的书桌上写了一句话：“是金子早晚都会发光的”。

法国作家巴尔扎克说：“挫折就像一块石头，对于弱者来说是绊脚石，让人却步不前；而对于强者来说却是垫脚石，使人站得更高。”生命似洪水奔流，若一马平川，水势平缓必然会无趣，只有遇到岛屿和暗礁，生命之水才能激起美丽的浪花。

老鹰，是世界上寿命最长的鸟，可以活到70岁。但是在它40岁的时候，会面临一个严峻的挑战，因为它的爪子已经苍老到没法抓东西；它的喙也已经老化得贴近胸口，无法啄食；它的羽毛也钙化到飞翔起来都很艰难，渐渐衰老的老鹰渴望重生。于是，它必须为自己作出一个决定！它把自己苍老的喙向悬崖敲打，每敲一次就疼痛得发出一声惨叫。但它不能停留，必须一直敲打，直到老喙脱尽，露出稚嫩的新喙。这时候，鲜血和新喙一起出来，疼痛剧烈。但老鹰不能休息，它必须忍着剧痛，用稚嫩的喙拔掉自己苍老的指甲，每拔一个就惨叫一声。拔完指甲，老鹰还是不能停留，它必须立刻接着做一件事情，就是拔掉自己钙化的羽毛，一根一根地拔掉，整个过程历时150天。当终于完成了这件事，老鹰发出一声清脆的叫声，从悬崖上飞下来去喝重生后的第一口山泉。当老鹰下定决心要完成这150天的挑战，它就赢得了后30年的美好生活。

老鹰，它勇于面对挫折，实现了重生。

每个人的成功，都是踏着挫折走过来的，挫折并不可怕，可怕的是失去面对挫折的勇气。请相信，挫折只是对意志的考验，只要有坚强的意志，勇于面对，敢于挑战，并善于自我调节，经历了风雨，阳光定会更加灿烂！

经历风雨，破茧成蝶，生命不仅仅是一次重生，更是一次升华！

小园香径独徘徊

——青少年恐惧心理及调适

典型案例

东珠江才，17岁，藏族，是玉树地震后来辽宁异地复课的高一男生（此时距玉树地震已一年多了）。

班主任反映：最近东珠和同学打架之后，出现了一些行为上的反常，如他自己要求把座位调到班级的最后面，每天似乎躲在一个角落里，不太与人说话，很不合群。他经常戴着口罩（藏族人平日有戴口罩的习惯，但到东北之后，大多数人已经不戴了），不敢正视人。班主任找他聊了一次，他同意来做心理咨询。

东珠来到心理咨询室时，显得很拘谨，戴着口罩，一顶深红色的帽子、黑色的夹克上衣、黑色的瘦裤子，黑色鞋，还架着一个黑色框的变色镜，说话时垂着眼，整个人就像装在套子里一样。

我们热情地招呼他坐下，向他简要介绍心理辅导的性质和保密原则，鼓励他畅所欲言。一番沟通之后：

东珠：我很胆小，做事前心理总是有些害怕，瞻前顾后的。

咨询师：你怕的是什么呢？是怕人，还是怕事或物？

东珠：怕人，怕人们闹矛盾、怕打架，特别害怕那些长得很强壮的人，怕招惹到他们，怕他们会和自己过不去，常有一种不安全感。

咨询师：你想一想，从什么时候开始有这样的感觉？

东珠：从小就这样。

然后，他聊起了他小时候的家庭情况和他的一些经历。在他的叙说中，我们了解到：

东珠的家住在玉树扎多的一个牧区，家里很穷，爸爸身体不好，性格懦弱，妈妈性格刚强，较能干。在他的记忆中，小时候，村里有几个不好惹的人，经常欺负爸爸。比如：拖着爸爸去喝酒，然后让爸爸付钱；放牧的时候，拉上爸爸放牧，白出力不给钱等。一次爸爸又被欺负了，妈妈气得找他们评理，结果先是被骂，接着双方在你推我搡中，妈妈被打伤。回家之后，妈妈好个痛哭，这件事给他留下了很深的记忆。

上学后，东珠在学校有时会被同学讥讽，他就很小心地处事，总体上还算开心。

上个月，发生了一件事。东珠作为学生会成员，在检查晚自习纪律时，看到有六个男生还在操场上玩球，就去招呼他们快回教室上自习，这时正赶上值周老师也来了，训斥了玩球的几个人。当晚下自习后，这六个同学把东珠找出去，说东珠给老师打小报告了，合伙把东珠打了一顿。第二天东珠的身上带着伤，眼睛都肿了。事后，那六名学生中，有两名被送回玉树，四名被学校记过、留校察看。

这件事后，东珠就变得很害怕，总感觉以后回到玉树，这些人还会来报复自己，越想越害怕，心情变得不好，人多的地方不想去，有时候想大喊，看到别人说笑自己也觉得不高兴，坐在前面的座位上觉得害怕……

说话过程中，东珠一直低着头，不时用手挠头、捂着脸，咨询中，我们经常看不到他的正脸。

这是一例中学生社交恐惧的案例。

感知恐惧心理

当我们面临真实的或想象的危险，想逃避某种情境时，我们会感觉到一种强烈的无所适从的情绪，这就是恐惧。

当恐惧发生时，我们会表现为心跳加速、毛发竖立、发热、头晕、惊叫；会神经高度紧张，内心充满害怕，注意力无法集中，脑子里一片空白，无力，冒汗，思维不能正确判断；明明知道没必要那么害怕，就是不能自我控制，变得容易冲动等。

恐惧心理分为很多种，较常见的是广场恐惧心理、社交恐惧心理和单纯性恐惧心理。有广场恐惧心理的人，不敢到公众的场合，不敢在开阔的地方停留，不敢上街，不敢购物等；有社交恐惧的人，在人际交往中往往自感害羞、局促不安、尴尬、笨拙、迟钝、怕人耻笑，因而不敢在公开场合讲话、做作业、吃饭等，甚至不能正常与人交往；单纯性恐惧心理是对单一的事物害怕，如怕动物、怕疾病、怕死亡、怕血、怕黑、怕打雷等。

当今社会，青少年面临着激烈的学业压力，心理承受了来自各方面的巨大的压力，由于担心失败，普遍存在着恐惧心理。具体表现在：恐惧考试，因为考试结果不理想会有一系列的不良后果；恐惧失眠，因为失眠让他们心神不宁，而且会恶性循环，影响学习和健康；恐惧陌生的事物，自卑感强的人这种感觉尤为突出；恐惧与人交流，特别是与陌生人交往；恐惧过分努力地学习，担心会损害身体。

东珠的恐惧表现在很多的方面，尤其突出的是在人际交往方面的恐惧。

虽然他经历了玉树地震，但地震对他的影响并不大。咨询中，经过我们和东珠一起回忆、分析讨论，东珠认识到：他的恐惧心理和不安全感，与他小时候的经历有关。妈妈被人打伤，使他幼小的心灵受到了很深的刺激和伤害，爸爸性格的懦弱和经常被欺负的处境又给他一种无依无靠的感觉，让他在心理上感到没有安全感。异地复课后，被同学打的突发事件，勾起了他同父亲一样的懦弱被欺的体验，让他越发否定自己，内心越来越恐惧，行为上变得越来越退缩，恨不得包裹了自己。

成因探究

生活中产生恐惧的情况很多，比如：做了坏事怕被发现，会恐惧；黑夜里走路，总觉着有一个人跟在背后，会头皮发麻，感到恐惧；面对死亡，会更加恐惧……数不尽的恐惧是怎么产生的呢？

（一）与过去和现实的经历有关

俗话说："一朝被蛇咬，十年怕井绳"。如果一个人过去受到过某种物体或情境的恐怖刺激，比如被车祸吓到了，被突然的声音吓到了，在大脑中就会形成一个兴奋点，当他再遇到相似的处境时，就像条件反射一样，过去的经验就会被唤醒，就会产生恐惧感。

幼年的经历、父母要求过高、父母关系不好、与家人沟通不畅、留守儿童、成长过程中在学校学习压力大、与同学关系处理不当、青春期两性关系受挫、转学转校等，都可能在心理留下阴影，种下恐惧的种子。

由于人们对恐惧一直采取回避的态度，使得这种情绪得以强化。恐惧的对象也有可能被泛化，如：被蛇咬过，差一点丧命，蛇的形象就深印脑中，看到井绳，都会把它和蛇联系起来，引发恐惧的情绪。由此，行为主义有一种观点认为，恐惧情绪的出现是由于不良的条件反射习得的。

（二）恐惧心理还与人的性格有关

一般来说，从小就害羞、胆量小，长大以后也不善交际，孤独、内向的人，易产生恐惧感，因为他的内心不够强大。父母的性格也会影响到孩子，如果父母是胆小、易恐惧的人，孩子也会受影响。

（三）重大的危机和灾难性事件会引发恐惧

一些自然灾害或突发性事件，如洪水、地震、空难、车祸、重大传染性疾病、爆炸等，都会不同程度地给人心理上留下创伤，让人出现担心、恐惧等应激性反应。

严重危害

恐惧是人的基本情绪，大多数人一生中的某些阶段都会不同程度受到恐惧情绪的困扰。适当的、轻度的恐惧对人的身心健康没有坏处，正常的恐惧心理，可以让人警觉，可以训练我们应对真正威胁的能力。在危险环境中，恐惧会加快人的反应能力，当情况变得困难时，它会使人的注意力变得敏锐。如演出、公开讲话、跳伞，都是伴有恐惧的活动。

但恐惧的体验超过一定的程度，过度的恐惧、持续地影响到正常生活时，对人的身体是有害的。当恐惧产生时，常伴随一系列的生理变化，如心跳加速或心律不齐、呼吸短促或停顿、血压升高、脸色苍白、嘴唇颤抖、嘴发干、身冒冷汗、四肢无力等。这些生理功能紊乱的现象，往往会导致躯体疾病的发生，如因惊吓甚至会使人猝死。

恐惧会使人的知觉、记忆和思维过程发生障碍，让人失去对当前情景分析、判断的能力，并使行为失调。如楼房失火时，住在里面的人常常显得慌乱、紧张、不知所措，争先恐后往外跑，有的甚至就会跳楼等。

缓解与调适

（一）澄清恐惧什么

恐惧让人觉得没有安全感，让人放大想象，越想越害怕。一般来说，人主要对未知的事情很恐惧。如果我们试着去理清恐惧源，看看自己内心到底是在恐惧什么，为什么恐惧，认清了现实，就能恢复理性，减轻恐惧，就不会陷入无限的不安或违反常态的苦恼中了。

叮咚的故事

叮咚成熟了，掉在了水里头。有一只兔子正在睡梦中，被“叮咚”的声音惊醒，吓得大喊着奔跑，“灾难来了！大灾难来了！世界末日到了！”森林里其他动物听到了惊呼声，都奔跑起来，惊叫声不断地传开，所有的动物都惊恐逃难。这时，一位智者来到森林，他很惊异，逐一追问，是从哪里听来“世界末日到了!”终于追问到兔子。“你怎么知道灾难来了，世界末日到了?”

“我在睡觉时，听到‘叮咚’一声，吓死我了”。

“你能带我们去看看吗?”于是兔子带领大家去看个究竟。结果却发现，原来是树上一个果子掉落到水里了。于是，平复了一场恐惧的逃难。

这个故事中，小兔子莫名地恐惧，并把这种感觉传染给所有的动物，当大家冷静下来寻找究竟怕什么、是什么让他们害怕时，才发现事实并没有那么可怕。

前面案例中，面对东珠的恐惧，我们也引导他仔细地想想自己到底怕什么，并让他在纸上罗列出自己所害怕的事，想想自己为什么害怕。东珠罗列了七条他恐惧的事，其中主要的两条是：

① 怕回玉树后，打架的那些同学报复自己；

② 不敢和同学交往，害怕受到同学的伤害，如被骂、被打、被羞辱耻笑，被瞧不起等。

在他罗列出来之后，我们用认知疗法，引导他看清这些恐惧其实并不可怕。

咨询师：以前你的爸爸妈妈常被人欺负，让你从小就没有安全感。现在不一样了，你已经长大成人了，社会环境也发生了变化。那些和你打架的同学都是年轻气盛，一时性起，才打了架。现在时过境迁，大家也会冷静下来了，不会胡来的。何况，每个人的人身安全都是受法律保护的，你不必因此惴惴不安。

通过沟通，东珠在理智上先明确了：好多的恐惧是他想象出来的，事实没有那么可怕。

（二）增强勇气，去做惧怕的事情

美国总统罗斯福曾说：“世上最让人恐惧的，就是恐惧本身”。

当恐惧心理出现时，我们要做的不是退缩，而是激发自己的热情，通过努力，增强自信心，增加勇气，去面对恐惧，有时甚至要刻意去做让你恐惧的事情。当真正敢于面对的时候，你会发现，这个恐惧也不过如此，也就不怕了。

很久以前，有一个年轻人很不自信，做事总是畏首畏尾，他跑去找了一位大师求解。大师一语道破他身上所存在的短板，那就是他总是抱着一颗恐惧心存活在这个世上。年轻人问他该怎么办，于是，大师将这个年轻人带到了海边。大师带着年轻人走到海水中，然后突然用双手使尽全力将年轻人的头按入水中，年轻人还没反应过来，就已经被冰冷的海水包围，他拼命挣扎，反抗的动作越来越大、越来越猛，直到顶开头上的那双“死神”之手。探出水面，他大口大口地呼吸，冷静了一会之后，有点生气了，他问大师为什么这么做。大师问他：“你刚刚表现出来的，是那种强烈的可以摧毁一切的求生的欲望，你看看：恐惧在它面前还能称之为恐惧吗？”年轻人释然了。

对于东珠，在他认识到自己的确要勇敢面对恐惧时，我们也让他先从调桌位上尝试面对恐惧。

咨询师：你敢不敢让老师把你的座位再调到靠前一些（比较显眼的位置上）？

东珠（沉默一会儿）：为什么调，现在挺好的（此时他是在最后一排）。

咨询师：你想想，坐在前面和坐在后面有什么不同？

经过分析，东珠意识到，坐在前面可以被老师和同学更多地关注，让自己坐在众目睽睽之下，需要足够的勇气和胆量。他表示愿意尝试去面对。

在班主任老师的巧妙配合下，我们运用每三天往前调一桌的方法，渐渐让东珠坐到了最显眼的位置上。他先是很不适应，慢慢地开始适应，最后不再感觉坐在前座是个问题了。

（三）运用积极心理暗示

心理暗示的作用是强大的。运用积极的心理暗示，可以帮助被暗示的人稳定情绪、树立自信心，战胜困难和挫折。我们在给东珠的咨询中也运用了这个方法。

让东珠每天找一段时间，在椅子上或床上安静地放松5分钟，静静地关注呼吸，让身心非常地平静，然后满怀信心地对自己暗示说：“我能够控制住我的情绪，我现在越来越勇敢。我大大方方地与人相处，我很沉着，很自信，我的心情很放松……”让他每天坚持做（暗示的语言可以自己设计，但要求他所用的暗示必须是正性的语言）。持续一段时间后，他反馈说，他每天都坚持这样做，感觉很见效。

（四）运动、放松、宣泄

多做运动也是战胜恐惧的好方法。运动可以让人放松，可以转移对恐惧的关注，也可以让身体动起来，增加快乐感。东珠本是一个喜欢运动的学生，我们听说他喜欢打篮球，还喜欢打羽毛球，就邀请他每周三或周五下午的大课间时间分别和我们两位老师一起打球，他欣然接受了。打羽毛球和打篮球都是要有抬头动作的运动，运动中他会放松，不断地抬头、低头可以训练他更敢于面对我们的目光，我们在和他玩球的过程中，也能进一步沟通和接纳。

放松训练有利于缓解恐惧的情绪。这里主要介绍两种常用的放松方法。

腹式呼吸：恐惧时我们会压抑自己这种情绪，于是能量会在身体上卡住，腹式呼吸法可以把卡住的能量打通。具体的做法：把手放在腹部，缓缓地吸气时，腹部要鼓起来，一直感到腹部挺起，胸部也挺起来，然后再吐出去。有的人呼一会儿气会感到身上有发麻的感觉，这是好的标志，发麻是你身体上的能量在苏醒。这个动作要做得从容舒适，像熟睡之态，它会有安定神经的作用。

深呼吸：吸气时，依次鼓腹、扩张胸部、扩张上胸部，使胸腔和腹腔处于“饱和”状态，然后再逆序呼出气体。

（五）恐惧情绪要适当宣泄

身体和心理是一个互相影响、互相作用的整体。当我们有一种情绪时，这是一种能量，要及时地表达和释放。不充分地表达和释放，情绪就会滞留在我们的心里和身体里。能量像水一样，水淤积久了会发臭。恐惧情绪同样是一种能量，并且是非常有力的能量，需要积极宣泄，把它转化为积极的力量。

宣泄的方法除了运动、放松之外，也可以是记日记、唱歌、找人倾诉等。最好向好朋友、亲人或老师表达自己的感受。在表达中，会得到大家的支持和鼓励。另外，通过主题班会或团体活动的形式，也可以宣泄恐惧情绪。

当东珠把自己的成长经历和内心感觉同我们一一述说后，他内心中的压抑得到了一定的释放，变得安定一些，开始理性面对自己的问题了。

当然，如果恐惧的程度很深，就需要运用心理治疗的一些技术，如系统脱敏疗法、满灌疗法、专项心理训练、心理咨询等。

东珠恐惧的背后，还有一个很强的自卑心理在起作用，对他自卑的调整需要很长的时间。在咨询中，我们运用了多种咨询技术，给他以非常温暖的关爱和陪伴，同时给了给他积极的暗示和鼓励。

在大家的共同努力下，东珠真的有了变化。他不再把自己包裹起来，能积极参加一些运动，和同学相处已经自如了很多，他心理不再有强烈的恐惧感，内心渐入平静。

每个人都会有恐惧的时候，勇敢的人能正视恐惧，能通过努力，寻找恐惧的根源，找到解决问题的办法和资源，积极行动，战胜它，恢复自信、自控和自尊的感觉。

搏击生活靠自己

——青少年依赖心理及调适

典型案例

晓雯，18岁，某中高三女生。她外表文静，一笑有两个很深的酒窝，长得娇小可爱。但她的胆子很小，容易紧张害怕，说话声音有点儿嗲声嗲气。她会拉二胡、弹古筝，身上透着一种古典的艺术气质。

在日常生活中，她凡事都要问妈妈，征求妈妈的意见。晚上家人如果出去一会儿，她自己就不敢在家里待着，至今晚上睡觉还与妈妈同床；写作业遇到难题经常就不往下思考了，然后第二天到学校抄同学的；几乎不做家务；只要遇到不顺心或者被指责、批评时，就会痛哭流涕，同学送她个外号叫“瓷娃娃”。

今年五月，学校组织高三学生去沈师参加高职升学技能面试，同学们都是自己前往，只有她是妈妈陪同前往的。在面试前，填写考生表格时，她将考生号与准考证号填错了，当考务人员指出她的错误时，她立刻紧张、慌乱、不知所措，并不停地哭泣起来。同学及考务人员怎么劝她都无济于事，甚至进考场时她也哭哭啼啼，弄得考官无言以对，面试结果可想而知。

同学及老师对她的评价是：平时遇事大家都认为她是小孩子，不跟她计较。任课教师都对她无可奈何，因为她很多时候听不明白对方表达的意图。她很黏人，做事情总让人陪，让人帮助。她的心理极其不成熟，很多做法、想法单纯而且荒唐，时常被同学取笑。而她自己却不以为然，或浑然不知。

晓雯的最大问题是对人过度的依赖，独立生活能力差，这跟晓雯妈妈的教育方式不当有关。晓雯自己也不够自信，不主动争取独立。

晓雯妈妈对孩子的任何事都不撒手，也不放心，凡事都跟着孩子，不给孩子独立的空间，也不给孩子自己独立处理问题、独立成长的机会。如：她每天晚上给孩子打洗脚水、帮她洗脚，把要吃的水果削好皮等。平时，只要孩子一个电话，妈妈就会马上赶到学校或是赶到孩子的身边，妈妈生活中以孩子为中心，孩子的情绪影响着她的心态和状态。当班主任找妈妈谈话，并指出这样的教育方式对孩子的危害时，她能通情达理地听进去，但就是不肯放手，似乎很享受、很喜欢孩子依赖她的这种感觉，并表示，如果孩子考上大学，就会跟着去孩子大学所在的城市陪读。

（注：晓雯妈妈在原生家庭中也有一些被过分照顾、呵护的特殊经历，晓雯的爸爸长期出差在外，基本上不能照顾到家庭，想必这些都是妈妈对晓雯过度关注的症结所在。）

感知依赖心理

所谓依赖心理，是指一个人对外界的依赖或依靠的心理体验。

美国著名的心理学家马斯洛提出：一个完全健康的人的特征之一就是有充分的自主性和独立性。但有的人遇事总想求助别人、追随别人、依靠别人，没有自己的主见，不相信自己，优柔寡断，事事都想让父母作决定，这就是依赖。

人在婴幼儿阶段，没有基本的生存能力，这是合理的依赖阶段。

但到了有一定独立能力的年龄，如果孩子还过多地依赖父母和亲朋，就属于过度依赖了。尤其青春期阶段是个“心理断乳期”，这一时期青少年感到自己长成大人了，要求按照自己的意志行事，要求离开父母的监护，摆脱成人的束缚，要切断自己与父母在心理上联系的“脐带”，建立自己独立的心理世界，成为一个真正的独立的人。晓雯已经 18 岁了，正处于青春期阶段，却没有明确的要求独立的心理需求，一味地躲在妈妈的“保护伞”下过度地依赖妈妈，这时候的依赖是不正常的。这种过度依赖的孩子，会像“瘸子”一样，离开了父母的“拐杖”就走不了路，会像寄生虫一样，离开了母体就不能生存。

成因探究

依赖心理与家庭教育、学校教育有着密切的关系，过度依赖心理的产生同父母过度保护和过分专制有关。

过度保护的家长，对孩子不放心，不放手，过分宠爱，过分照顾。虽然孩子已经具备了独立做事的能力，但家长还充当贴身保姆，一味包办代替，使得孩子生活上一帆风顺，头脑中没有问题，没有矛盾，不去想解决问题的方法，逐渐丧失独立办事的能力，变得处处依赖。

几年前我们曾看过这样一则新闻：

一名从山西某地到天津报到的准大学生（男），与父母在超市中走散后竟手足无措，连宾馆地点和父母的手机号都忘记了，一时间蹲在路边哭泣。最后还是好心的路人帮忙报警才帮他联系到了家人。

父亲说：孩子从小比较娇宠，从来没有让他自己出过家门。

大学生迷路后居然抱头痛哭，实在让人咋舌。近 20 岁的小伙子已不再是小孩子了，遇到这种事情完全可以从容应对。他的手足无措只能说明其独立性和应急能力相当差，父母没给他机会自己出家门，让他没有迷路的经验，迷路后痛哭的样子也就不足为奇了。

现在类似的事情在媒体上时常可以看到，有的大学生入学后，生活无法自理，甚至连鸡蛋壳都不会剥，不得不打长途电话回家询问；有的孩子从外地寄回家个大包裹，打开一看全是脏衣物——孩子不会洗，只好交给父母处理。

这类报道初看让人哭笑不得，细想来，心情不免沉重。尽管事出在大学生身上，可问题是从他们小时候就埋下的。从小到大，家长几乎包办一切，甚至是饭来张口、衣来伸手，连孩子每天穿什么衣服都给准备好，鞋带都帮着系好。孩子渐渐有了依赖心理，也失去了自己成长的机会。

还有一类家长，他们过度专制，一味地否定孩子，视孩子为私有财产和附属品，操纵着孩子的一切，忽视孩子独立的意识，无视孩子自我选择的需要，有时还要求孩子绝对服从。时间一长，孩子容易形成“父母是对的”的思维模式，走上社会也觉得“别人是对的”，变得对什么事都没有主见。

以上这两种模式都剥夺了子女独立思考、独立行动的机会，妨碍了子女独立性的发展，是促使孩子形成过度依赖心理的罪魁祸首。

再有，在学校教育中，老师们重视学生的分数，忽视其他能力的培养，只要学生学习好，就是德体美劳都差劲，同样会是老师的“宠儿”。久而久之，学生只重视学习能力的提高，自理能力自然被扼杀，也会产生强烈的依赖心理。

自卑及意志力薄弱的人易产生依赖。有些人有较重的自卑心理，认为自己不如别人，如知识不丰、能力不够、笨嘴笨舌、不会表现自己等。因此，在与人交往中不自觉地把自己放在配角位置，心甘情愿地接受别人的支配。一些意志力薄弱、自控力差的人，在家长、老师的包办代替配合下，更是表现出很强的依赖心理。他们在生活上离不开家长的贴身照料，学习上不主动预习，课上只依靠老师的讲解，不深入领会和吸收所学知识，作业只会模仿例题，考试只会做学过的题，题型变换了就不知所措。

过度依赖心理不仅使青少年失去了主体的地位，放弃了学习主动权，而且会养成懒惰习惯，给他们个性和心理发展带来不利影响。

严重危害

（一）依赖让人丧失独立和自理的能力

依赖是人独立生活的障碍。未来社会需要的是创造性和独立性的人才。一个人依赖性太强的话，离开了依赖对象，就会茫然失措，寸步难行。

某报曾报道：有个学生取得了出国留学的机会，但他一想到出国后没人给他洗衣服，没人照顾他的生活就感到恐惧，最后只好放弃。

过度依赖心理让人不再争取独立的机会，不去学习基本的生活技能。有的学生除了学习，不会打理自己的生活，甚至连基本的生活自理能力都没有。

有一个家喻户晓的民间故事：

一对夫妇晚年得子，十分欢喜，把儿子视为掌上明珠，捧在手上怕摔，含在口里怕化，什么事都不让他做，以致儿子长大以后连基本的生活也不能自理。一天，夫妇要出远门，怕儿子饿着，于是想了一个办法，烙了一张大饼，套在儿子的颈上，告诉他想吃时就咬上一口。等他们回到家时，不想儿子已经饿死了。原来，他只知道吃颈前面的饼，不知道把后面的饼转过来吃。

这个故事虽说有些夸张，但现实生活中类似的现象也是存在的。如今的独生子女被父母及爷爷、奶奶、姥姥、姥爷合力关注，日常生活严重依赖亲人，造成长大以后生活自理能力极差。

孩子在18岁之前，如果连基本的生活自理能力都没学到，那会是怎么样呢？末代皇帝溥仪的故事，是最好的回答。

溥仪被关在战犯所里时，连最基本的生活能力都没有。为了更好地锻炼他的生活自理能力，战犯所刻意将溥仪与他家人分开关押。44岁的溥仪第一次和家人分房住，他非常的恐惧。

早晨叠被的时候，别人很快把被子整理好了，像军队那样齐整，溥仪永远是最忙又最落后的一个。他的被子叠不上，衣服穿不上，大家到外面集合去了，他也跟不上；衣服更不会洗，因为之前他根本就没洗过衣服。战犯所组织劳动——糊纸盒子，哪个盒子最次、最难看、最歪，就一定是他糊的。

一天放风，溥仪真是个与众不同，全身上下皱巴巴的，扣子扣斜了，上衣兜外露着，裤子一腿长一腿短，白衬衣洗花了，鞋带也没系住……

溥仪对自己的状况感到尴尬，他曾恨恨地说："是西太后及王公大臣把我变成这样的"。

44岁的溥仪，竟然把生活打理得一团糟。为什么会这样呢？因为之前他的生活完全依赖别人服侍，自己什么都不做，失去了锻炼独立生活能力的机会，境况变了，没有人服侍他了，他就无法应对了。

（二）依赖影响健康成长

依赖别人，意味着放弃对自我的主宰，长此下去会丧失独立生活能力，缺乏责任感，造成人格缺陷。有依赖心理的人，总认为自己难以独立，时常祈求他人的帮助，处事不果断，遇事希望别人为自己做决定。他们喜欢与独立性强的人交朋友，希望能依靠到他们。学习上经常处于被动学习的状态；在家里听从和依赖父母；严重缺乏自信心和责任感。具有依赖性格的孩子，如果得不到及时纠正，发展下去有可能形成依赖型人格障碍。

依赖性过强的人到了需要独立时，可能对正常的生活、工作都感到吃力，内心缺乏安全感，时常感到恐惧、焦虑、担心，很容易产生焦虑和抑郁等情绪反应，影响身心健康，有的人还会因无法适应社会而产生各种精神疾病。

纠正与调适

“乞丐搬砖”的故事：

一个只有一只胳膊的乞丐来到一家门口，向女主人乞讨。空空的袖子晃荡着，让人看了很难受。可是女主人却指着门前的一堆砖对乞丐说：“你帮我把这堆砖搬到屋后去吧。”乞丐生气地说：“我只有一只手，你还忍心叫我搬砖。不愿给就不给，何必刁难我？”

女主人没有生气，俯身搬起砖来。她故意只用一只手搬，搬了一趟才说：“你看，一只手也能干活。我能干，你为什么不能干呢？只有一只胳膊，就必须依赖乞讨生活吗？”

乞丐愣住了，用异样的目光看着女主人，终于俯下身子，用唯一的一只手搬起砖来，一次只能搬两块。他整整搬了两个小时，才把砖搬完。

女主人递给乞丐20元钱。乞丐伸手接过钱，很感激地说：“谢谢你。”

女主人说：“你不用谢我，这是你自己凭力气挣的工钱。”

乞丐说：“我不会忘记你的。”他对女主人深深地鞠了一躬，就上路了。

几年后，一个西装革履、气度不凡的大老板来到女主人的家，他很有气派，但遗憾的是少了一条胳膊。原来，他就是当年的那个乞丐。

他如今是一家公司的董事长，特意来感谢女主人。他说：“当初我只是依赖乞讨过活，是您给了我自力更生的启示，才有了今天。”

以自身残疾为由向别人乞讨的乞丐，因女主人的一番话语和行为，不再一味依赖他人施舍，几经努力，他终于成为气度不凡的大老板。克服依赖心理并不是一件非常困难的事情，一个理念的改变，一次深深的自省，一份坚定的执着，足以使人突破自我，成就辉煌。

（一）学会独立打理生活

了解了过度依赖心理的危害，青少年朋友们便要主动纠正日常生活中自己过度依赖的习惯，学会独立打理自己的生活，尤其要锻炼自己的动手能力，遇到问题要做出自己的选择和判断。比如：在生活中，凡是力所能及的事，穿衣、洗碗、打扫卫生等，都要尽可能自己做。要告诉家人自己已经逐渐长大了，不能再依赖家人了。在一些事情的处理上，要告诉自己："我能行，我会自己处理了，我是独立的人"。通过反复训练，提高独立生活的能力。

（二）增强责任感，培养独立生活能力

有责任感的人，会有积极的行动力。学生在学校中可以主动承担一些班级工作，增强自己的主人翁意识。这样不但可以使自己有更多机会处理问题，锻炼能力，而且可以体验这个过程，增强自己独立的信心。另外，还要多参加集体活动；要多了解父母，体谅他们的艰辛，增加为父母分担的责任感。

（三）交一些学习努力且独立性强的朋友

中学生的同伴关系特别重要。和朋友在一起能更快地学会分享，学会付出。在同伴面前，归属感和爱的需求可以得到满足，也会因此变得处事得体、举止大方。在与同伴的交往中，会受到同伴独立自主、积极动脑、乐于探究等良好心理品质的启发和带动。

（四）树立自信心

自信心是人成才与成功的前提条件，中学生如果有充分的自信心，遇事就不会等别人拿主意，就会自己做决断。在困难面前，也会想到让自己尝试解决一下，认定是正确的东西，就会坚持。即使偶尔受挫，也决不会轻易动摇，直至将事情办成。

（五）家长要改变自身的教育观念

中学生的依赖心理，大部分来自家庭教育模式的影响。可以说，有什么样的家庭就有什么样的孩子。父母过于放纵和宠溺是孩子变得懒惰的罪魁祸首。因此，要想帮助孩子克服依赖心理，家长自身也要改变不良的教育观念。

给晓雯妈妈的建议

妈妈不能剥夺孩子成长的权利，妈妈做得越多，孩子的能力就越退化。作为父母，要让孩子学会独立，学会承担，学会接纳不完美的自己，学会独立处理自己的问题。

孩子的依赖心理多是由父母给养成的。要想孩子改变，父母首先要改变。要想孩子不过度依赖，父母要把爱藏起一部分，不能事事都替孩子做，要给孩子空间，让她自己去成长，哪怕会摔跤，会遇到挫折。孩子只有在经历中，才能学会适应各种环境，学会处理各种问题，孩子的成长是不能替代的。

经过与心理老师的交流，晓雯妈妈表示自己真的要改变了，她会深思，并逐步调整自己的教育方式。

“温室中长不出参天大树”，过度依赖会让人失去独立能力。

为了适应当今社会的发展，青少年朋友们要及时调整自己的心态，为拥有健全的人格和良好的社会适应能力，请自觉地在艰苦环境中磨炼自己，摔打自己，让自己能够独立、勇敢地面对困难和挫折！

化干戈为玉帛

——青少年愤怒情绪及调适

典型案例

刘阳是个16岁的男生，身材高大，他凭着自己的体育特长，被特招进入重点高中。自然，和正常考入的同学相比，他的学习成绩在班级中是倒数的。

家人说：自从刘阳上高中后，脾气变暴躁了，稍有不顺心，脸色就不对劲。他上课迟到，回家后怪妈妈没早点把饭做好；作业没完成，他怪老师留作业多；考试成绩不理想，他说是因为平时体育训练耽误课多了……总之，刘阳爱找各种理由发脾气。一次，他逃课去上网，父亲说了他，他不但顶撞了父亲，还猛地把桌上的台灯摔到地上。还有一次他和家人生气，一拳砸在家里的防盗门上，门上甚至砸下了一个拳头形的坑。做题做得不顺利，他气得一下把试卷撕得粉碎。为此同学给他取了个外号叫“怪兽”。

一次在放学路上，他和几个同学边说边走着，身后一个同学随口喊了他一声“怪兽”，他听到便勃然大怒，突然转身挥动一拳，打在身后那位同学的脸上，那位同学当即倒地。刘阳平时练习打沙袋、举哑铃，他的拳头特有劲，结果是那位同学的鼻梁骨和眼眶被打伤，住院治疗了一个半月才痊愈。

刘阳家人很怕学校开除孩子，为被打同学支付治疗费、赔偿费近7万元。刘阳也深深地为自己的行为后悔、自责。他因此出现了自残的行为，曾用头撞柜子、撞墙，用手抓身体以自罚。他的脸上和手上有多处因自残留下的划伤或抠伤。妈妈很担心他，领他来做心理咨询。

刘阳的突发暴怒，伤害了同学，也深深地伤害了自己的家人，使本来不太和谐的家庭雪上加霜，使经济并不宽裕的家庭负担加重。父母担心刘阳被学校开除，便周旋于这件事情的处理，并不断关照被打孩子的治疗，既花钱又劳神，说尽好话。这一次事件带给他一家人的伤害是刻骨铭心的。

感知愤怒情绪

愤怒是一种很常见的情绪，是客观事物与人的主观愿望相违背，或欲求不能达成时，产生的强烈的情绪反应。

当我们的愿望不能实现，行动受到阻碍，或者我们为了显示强大、勇敢时，常常表现出愤怒的情绪。愤怒虽然只是一种情绪，却具有强大的破坏力。人在愤怒时，意志力会变得薄弱，判断力、理解力都会降低，理智和自制力也容易丧失。

像刘阳这样具有愤怒情绪的学生在生活中大有人在。我们在网上看到，有一所高中对全体学生愤怒情绪的状况进行问卷调查，得出的数据是：

60%的同学不太爱发怒，能及时控制自己的情绪；24%的同学有时会发怒，会因一些事而感到不愉快；16%的同学情绪波动大，比较易怒，常因一些小事而生气很久。

可见，青少年中有愤怒情绪的人不少，我们很有必要对愤怒形成的原因、危害及管理的方法进行了解，以便学会调节和管理愤怒情绪。

成因探究

（一）心理学角度

精神分析家弗洛伊德认为：人的一切情绪经验都来自于人的潜意识，来自于婴儿早期的生活经验。婴儿从出生开始，因为母亲的哺育、温暖的身体接触而有了满足和安全的好的感觉。当母亲不在场时，他又有了饥饿、尿湿和冰冷的不好的感觉。这好和坏的两种感觉形成了婴儿爱与愤怒情绪的基础。

生活中，我们会发现一个现象：有的人常常对最亲的人发怒，而对待外人却很理性。这是为什么呢？心理学上有一个经典的解释，叫“依恋障碍”，是说孩子在两岁前，在与母亲关系中体验被爱的同时，又体验到被伤害的感觉；或者抚养人不断更替，难以形成稳定的依恋关系，孩子会选择一种逆来顺受的方式接受“现实”，表面很乖，内心却潜抑着“婴儿的愤怒”。这种愤怒在青春期和成年后就会爆发，而且常常指向最亲密的人，对外人却能保持理性与克制。

（二）生理因素

对正处于青春期的中学生来说，他们身体正在成长中，身体中负责控制情绪和冲动的神经尚未发育成熟，个人的耐受力也有限，再加上身体激素的高低变化，情绪极易不稳定，冲动在所难免。美国生理学家通过大量研究还发现：一个人脾气的好坏受体内微量化学物质的影响。去甲肾上腺素含量相对高的人，脾气往往急躁；而血清素含量较高的人，脾气多表现得较随和。

（三）心理因素

青少年强烈渴望独立自主，极力要求摆脱管束，但在面对事情时，因为缺乏经验，缺少阅历，逻辑思维尚未发育成熟，常常会表现得有点偏激和不客观。这个时期，他们对自我的关注和认同也会导致愤怒情绪。如：他们感觉自己被冒犯了，尊严被践踏了，别人低估自己了，考试不如意丢了面子，被冤枉，被忽视了。还有学习不适应，学习压力大，精神长期处于高度紧张状态，感到疲惫，甚至遭遇灾难事件等，都容易引发愤怒情绪。

（四）家庭和社会因素

孩子是父母的镜子，一般来说，父母个性中如果有倔强、暴躁、易激惹、执拗的部分，孩子有相同个性的可能性就会增加。不和谐的、缺乏沟通的家庭教养模式，以及特别宠爱孩子的家庭，都可能造成孩子的易怒。

当然，引起愤怒的因素很多。外在的事件可以引发愤怒，个人内心对待事情的看法也可以引发愤怒。如何看待生活中的困难和挑战与愤怒的情绪密切相关。

愤怒的原因很多：刘阳正处于青春期的年龄阶段，正是情绪易冲动的时期。他是被特招进入当地重点高中的，但学习成绩和正常考入的同学相比差距悬殊，重点高中学习的压力很大，教学环境和人际环境也让他深感压抑和不适应。除了参加体育活动之外，他在班级中体会不到优越感，任课老师和班主任多关注学习好的学生，他感觉被忽视，他的性格还有些敏感，他的坏脾气也让同学远离他。父母不和睦，对他要求很严厉，与他的沟通很少，这些都让他的情绪压抑。在童年经历中，他还有一些创伤性的事件，这些积久的压抑情绪让他变得暴躁，动辄发怒。当同学喊他“怪兽”的外号时，他感到同学是在取笑自己，觉得很伤自尊。当这种被冒犯的感觉袭来，他不可遏制的愤怒情绪就突然爆发了。

严重危害

（一）愤怒会威胁身体健康

康德说过：“生气是拿别人的错误惩罚自己”。长期、持续的愤怒，对个体的健康损害是极大的。

一些医学研究已经证实：怒伤脑，发怒会破坏人正常的思维能力，让人难以理智地看待和处理问题，以致做出鲁莽或过激举动。怒伤肝，《内经》上说："怒则气上，则伤脏；脏伤，则病起"。伤肝则闷闷不乐、烦躁易怒、头昏目眩。同时也会诱发高血压、冠心病、胃溃疡等疾病。怒伤神，生气时由于心情不能平静，会导致睡眠不好，致使神志恍惚，无精打采。怒伤肤，经常生怒气会让人颜面憔悴、双眼浮肿、皱纹多生。怒伤内分泌，生闷气可致甲状腺功能亢进。

美国生理学家艾马尔做过一个实验：

将人在不同情绪状态下呼出的气体收集在玻璃试管中，冷却变成水。结果发现，人在心平气和时，呼出的气体冷却后水非常清澈，而在愤怒时呼出的气体冷却后却非常污浊。

科学研究发现，人在生气时，会分泌出有毒性的物质。人生气十分钟所消耗的能量，不亚于参加一次3000米的赛跑。因此，生气的心理反应是十分强烈的，它的分泌物比任何情绪都复杂，都更具有毒性。

（二）愤怒还可以致命

历史上不乏因愤怒、生气丢了性命的例子。

三国时期，周瑜才华出众，机智过人，但其心胸狭窄。诸葛亮就利用他的这个弱点，巧设计谋，气得他断送了年轻的性命。

英国著名的生理学家约翰·亨特就是一个脾气极其暴躁的人，更糟糕的是，他还有严重的心脏病。他经常和周围的人调侃说："谁要是想杀掉我，只需激怒我就可以了。"有好几次，他的妻子就是因为惹怒了他，差点把他送到上帝那里去。当然，他妻子那些都是无意的行为。不过，在一个学术会议上，同行间与他的无意争吵，还是让他断送了性命——愤怒引发冠状动脉栓塞，抢救无效死亡。

仅仅是愤怒，让一个人瞬间命丧黄泉，愤怒有多么危险、多么可怕！

（三）愤怒会影响人际关系

对于青少年来说，愤怒情绪带来的社会影响主要集中在人际关系上。易怒的人很容易因为一件小事发脾气，因为一两句话引发愤怒，跟周围的同学、朋友发生矛盾，进而发生口舌之争，甚至是大打出手。这样的愤怒爆发之后，不仅影响学生的心理平衡和人际发展，甚至会危害到生命。

有一篇新闻，报道了一名中学生用弹簧刀将自己的室友捅成重伤。原因竟是室友个人卫生不好，经常不洗脚等荒唐的原因，在一次口角之后，此中学生一气之下用刀将室友捅伤。

冲动是魔鬼，盛怒之下，人极易丧失理智，导致严重的后果。

（四）愤怒影响学习成绩

愤怒时，人会丧失理智，作出错误的判断。处于愤怒状态的学生，无法集中精力学习，思维也无法处于缜密的状态下，不论是学习还是思考，都无法与平时正常状态下的学习效率相比。而长期易怒的学生，性格极易情绪化，他的学习成绩肯定也是忽高忽低不稳定。

（五）愤怒具有破坏性

当碰到一些触及底线的事情时，你是否会控制自己的情绪努力不发火呢？当压抑了很久的糟糕情绪时，你是否会合理宣泄或者想办法解决呢？上学路上，公交车拥堵，你是否会烦躁不安？遇到令人生气、怒不可遏的事情，你还会有较好的修养吗？你是否也曾经气急败坏、大发雷霆呢？生活中太多的事情可以使人生气、愠怒，甚至暴跳如雷。愤怒，像炸弹一样具有破坏力，当人发怒时，很难用理智看待和处理问题。

一个老板早上出门前因小事和太太吵架了，心里很不好受。刚到公司看到员工小王正在冲咖啡，他就气不打一处来，把小王训了一顿。小王一大早被训了一整天都觉得不顺，回到家和妻子说话因语气不对也大吵一架。妻子觉得很窝火，正好儿子回家晚了，她“啪”地给了儿子一记耳光。儿子捂着脸，看见自家的猫在身边，不分青红皂白，就狠狠地给猫一脚。那可怜的猫不知所措，转身就跑，冲到外面的街上，恰巧街上有一辆车迎面驶来，司机为了避让猫，竟把旁边的一个小孩撞死了。

这就是心理学上著名的“踢猫效应”。愤怒情绪就会像“踢猫效应”一样，不断向外传染，不断膨胀，汇集成外在的攻击行为，攻击的对象依次传递给更弱小者，这样的情绪无疑会影响自己和他人的生活。

还有一个故事：

一个爸爸和一个儿子比赛，要一起来培养好习惯。两人商量：每一次发脾气的时候，就咚咚往木桩上钉钉子，因为男孩子喜欢这样。一个月后再看，木桩像刺猬一样。爸爸说，木头一定挺痛的，我们把钉子拔出来。当他们把钉子拔出来时，木桩上坑坑洼洼地有很多的洞，木皮已经烂了，用手摸很粗糙。

爸爸说：你的感觉好不好？为什么这个木头变成了这个样子？

孩子很认真地说：因为我发脾气了？

爸爸：脾气以后不发了，会不会没事啊？

孩子：不会，因为木头已经烂了。

原来，我们发脾气就是在我们的心里“钉钉子”。发完脾气之后尽管我们道歉、舒缓了情绪，拿出“钉子”，但内心可能已经伤痕累累，布满血迹。

青少年在日常生活和学习中遇到不开心的事情，要尽量控制自己的情绪，不理性的愤怒只会让问题变得更糟，让我们的情绪更低落。它破坏人际关系、损害身体健康，甚至造成更严重的后果，我们要学会管理愤怒情绪。

管理与调适

（一）运用正确的愤怒情绪

每一种情绪都有它存在的意义，少了任何一种情绪，我们今天的生活状态都会受到很大的影响。所以，情绪本身并无绝对的好坏之分，只有效果的不同、程度的不同。愤怒是一种常见的情绪，它的表达不全是坏的。那么，我们如何更好地运用愤怒情绪呢？

在适当的时候，对适当的人运用正确的愤怒情绪，会达到预期的效果。有效地表达愤怒，有时会提高我们的自尊感、权威感。运用愤怒情绪关键要看是对谁愤怒，在什么时候、什么样的环境下，用什么样的方式使用愤怒的情绪。有一则资料：

日本的本田公司，准备在公司上下实行5S质量管理计划。可是，底下的员工一直只是在大、中、小会上听说公司要实行5S质量管理计划了，工作中并没有真正地去实施。有一次，董事长本田中一郎带着很多的中高层管理人员，下到车间去视察，视察中在车间主要的通道的侧边，看到一些半成品和次品堆散在那里。很明显，这违背了5S质量管理计划中最基本的一些条例。本田中一郎只是看着这些废料，看了能有2秒钟，然后任何话也没有说，只是伸出他的右脚，咣一声把那些废料给踢飞了。在几秒钟之后，全厂上下所有的人包括领导者、管理者、工人都得到了一个事实。是什么？董事长发怒了。尤其是领导者得到了这样的信息，回去之后立刻召开各级会议，指出：5S质量管理计划要赶快实施，董事长已经发怒了。在这之后一个星期，5S质量管理制度终于在全公司上下实施起来，而且效果非常好。

这个资料中，董事长的一次愤怒带来的是全公司工作效率的提升。

很多时候，运用愤怒是来告诉别人：什么是我的边界，什么是我的原则。愤怒之后，别人会了解到：对你来说，什么是你最重要的价值，他们才会在和你的合作中遵守相应的规范。这样的愤怒是为了表明立场，虽然也很激进，但能收到一定的效果。不过，这样情绪化的表达方法不能常用，应尽量少用，而且一定要在对方发生了明显的严重过错时使用，否则会适得其反。

能自如地运用愤怒情绪，才能管理愤怒情绪。这和让情绪带动你应激地反应、被动地发怒是不一样的。所以，愤怒情绪的正确运用，主要是指我们自己可以对情绪有所选择。只有知道自己在面对什么样的情况下，可以选择什么样的情绪去配合，才是我们管理愤怒情绪最终要达到的目的。

（二）觉察愤怒情绪

1. 管理和调节愤怒情绪

调节愤怒情绪首先要对愤怒情绪有所觉察，觉察情绪是情绪管理的根本。如果连自己处于什么样的情绪状况都不知道，那怎么去管理它呢？很多人都是在发了脾气之后，才回过头来想：噢，昨天我好像不应该那样发脾气。可那件事情已经发生了，有时候是不能挽回的。

2. 时时提醒自己注意情绪

我现在的情绪是什么？我到底处于一种怎样的情绪状态？情绪察觉是需要一点独处的时间的。当有过度情绪时，一定要停下来静静地想一想为什么会有这种过度的反应。比如我们很生气时，要问自己三个问题：我为什么要生气？我生气是否能解决问题？如果不能解决问题，我应该选择什么方法来解决问题？平时还要留心观察，自己在哪种情况下容易发火。以后一旦遇到这种情况，就应引起注意，并想办法使怒气得到控制和合理的宣泄。

3. 写情绪日记

这是一个很棒的方法。这样的记录会使人对自己的情绪有更多的察觉。譬如，可记下最近发脾气的时间，导火索是什么，感觉如何，之后感到轻松还是压抑或羞耻，其他人是否察觉你有这些情绪，你有跟任何人谈起这件事吗……情绪其实就像洋葱一样一层一层的，外层不剥开，就看不到里层。只有觉察了自己的情绪，才能更好地调节它。

（三）学会调节愤怒情绪

1. 找到愤怒的源头，及时表达感受

好的愤怒，针对的必须是导致愤怒的那些人或事，你对这个人或事愤怒，才能捍卫自己的空间，愤怒的表达才能有效果。如果你不敢对惹你的人发怒，把怒气转嫁到他人身上，即使发泄得再厉害，对象错了，愤怒也没意义了。

比如：遭遇到不公平对待，可以马上提出来；被人伤害后，直接告诉对方自己很生气，要求赔礼道歉。这些都有助于平息激烈的情绪。

2. 将愤怒暂时搁置

当感到要发脾气时，可以让舌头在口腔内绕十圈。或者先试试“数数法”，数的时候不是按顺序数，而是按一定的规律数，如：1，4，7，10……这样一来，理性思考能力就能够渐渐恢复了。

此外还有如“数颜色法”，开始环顾周围的景物，并设法逐一去辨识其颜色，例如：“1—这个桌子是黄色的，2—他穿的上衣是红色的……数 10 ~ 12 项物体的颜色，之后你会发现自己冷静了很多。

还可以暂时离开要引发愤怒的环境，去做自己喜欢的事，如听音乐、阅读文学作品、散步、打篮球、找人聊天等，使注意力转移到其他事情上，让情绪转移到平稳积极的状态中，这些方法都可以将愤怒暂时搁置。

3. 意念控制法

在要发火时，我们可以在心中不断默念：要宽容，没有必要拿别人的错误来惩罚自己。同时，不断地在心里念一些暗示自己的话，如：“我在面对批评时，不会轻易地受伤”，“不论如何，我都要平静地说，慢慢地说”等。还可写上制怒的字条，贴在能看到的地方，随时看看。

林则徐曾在自己的厅堂之上高悬“制怒”大匾，每当他欲怒时，就会抬头看看这两个字，从而自我控制，避免发火。

4. 拓展心理空间 培养平和心境

那些不为琐碎小事轻易动怒的人往往是心理空间较大的人，俗话说“宰相肚里能撑船”，就是形容那些宽宏大量的人。我们平时可以通过不断提高自己的修养，通过练书法、绘画等爱好调养心态，拓展心理空间。这里还要和大家分享一个发人深省的小故事。

一位高僧喜爱兰花，在寺庙里摆了满满两架子兰花，每天悉心照料。一次出去云游，特地嘱咐小和尚好好照顾兰花。不料，小和尚一日浇水时不小心将架子打翻，所有兰花都摔碎了。小和尚知道高僧对兰花的喜爱，心中怕得要命，高僧一回来就主动去承认错误，准备承受高僧的怒火。谁料高僧却说：“没事，我原谅你了。兰花都已经碎了，我再责怪你有什么用呢？我养兰花是为了快乐，也用来美化寺中的环境，而不是为了生气的。”

我们不得不对高僧的修养感到敬佩，同时也应提高自己的修养。青少年树立高远的生活目标，习惯从大局出发，不拘泥琐碎小事，要具有同情心，要善于理解人，要能接受他人劝告，一旦遇到矛盾，要能站在对方角度思考。

进行心理咨询

如果感觉愤怒的情绪积压很深，难以排解，还可以通过心理咨询的途径来缓解。

一般，愤怒情绪的表达有两个出口：对内愤怒的表达和对外愤怒的表达。在前面的案例中，刘阳对内愤怒的表达体现在他的自残（伤己）行为，对外愤怒的表达体现在他的攻击性（伤人）行为。为了缓解刘阳的愤怒情况，让他从自残阴影中走出来，我们为其做了六次心理咨询。

在建立了信任的咨询关系后，我们首先用沙盘游戏治疗的方法。沙盘游戏治疗是一种投射性治疗方法，让来访者在一个箱子里摆放玩具，用玩具创造出一个来访者“心里头想着的”世界。来访者可以较好地通过摆放玩具进行情感表达和宣泄，激发其内在发展潜力，恢复自我治愈力。

我们引导刘阳摆了五次心理沙盘。在他第一次的沙盘中，呈现了动物的撕咬、两军作战，具有明显的分裂和冲突的状态，让我们看到了他愤怒情绪的呈现。动物的撕咬也呈现了他自残的状态。到第五次沙盘，他摆放的画面由分裂状态逐渐走向整合，表明他的心理能量越来越强大了，并且这些能量都在有序地流动起来，说明他对内心已经有了很好的整合，情绪也很稳定，具有了一定的自我心理调节的能量。

剖析刘阳愤怒的原因

在咨询中，我们引导刘阳分析自己愤怒时的行为、当时的感受、可能引发愤怒的原因。

刘阳：当时我气得要命，感觉是有拳头在捶打我的胸口，全身的肌肉紧张，血往上涌……在气头上，我无法控制……后来想一想，自己太不冷静、太冲动了，感到很后悔。

在咨询中，刘阳还给我们讲了童年时的一个创伤性经历。

咨询师：能不能给我们讲一个你记忆深刻的情绪激烈的事情？

刘阳：我想起了奶奶的去世，我小的时候是奶奶带大的，6岁前，在我心中奶奶比妈妈还重要。我还记得那次奶奶有病被人从家里抬出去，之后就没回来（去世了）。家人怕我知道了受不了，就编造谎言，说奶奶病好了，去南方的姑姑家了，回来时会给我带我喜欢的玩具车和好吃的东西。我信以为真，天天盼奶奶回来，想着奶奶，找着奶奶。时间长了家人一再编各种谎言，编来编去，就出现漏洞，引起我不断地追问。后来家人不耐烦了，不能自圆其说了，就只好告诉了我真相。我知道奶奶去世的那一瞬间，情绪一下子有点失控，哭着往外跑，家人拦都拦不住。

说的时候刘阳情绪很激动。家长善意的谎言，某种程度上给他造成了心理影响，虽然当时他只是一个6岁的孩子，但他完全可以记住令他印象深刻的事，尤其是与他感情深厚的人的事。当时他没有被骗的感觉，只是记得情绪非常的激烈。其实一种“别人是不可信的，别人对我不公正”的信念已经深藏在他的内心，压抑到意识深层。以致长大以后，他对人不容易相信，别人只要给他一些不公平的待遇，或者自己遇到一点压力，就会莫名的愤怒。

考虑到童年的这段经历，加上前面我们曾分析的刘阳愤怒的原因，愤怒情绪在他身上频发就不难理解了。

给刘阳的建议

第一，要清醒地意识到，他的愤怒里头有一部分不属于别人带来的，他要把由于自身原因勾起来的愤怒分离掉，这样遇事时自己的情绪反应才不会过度。

第二，要适当地表达自己的情绪。当跟别人表达或交流的时候，愤怒就会得到一定的缓解。

第三，阅读有关的书籍，了解和掌握一些调控情绪的方法。

经过心理咨询和辅导，刘阳的情绪变得稳定多了，没再发生过明显的愤怒情绪，也没有再发生过自残的行为，遇事能冷静思考，和同学、老师间的关系也变得融洽了。

一次，刘阳所在的15班和来自9班的同学一起打篮球，同班的王聪同学和9班的张闯同学发生口角，大家各自偏向自己班的同学，眼看一场群架就要打起来了。这时，刘阳很冷静地站出来，说：大家都是一个学校的，这点小事值得打吗？打起架来对我们有什么好处啊……

刘阳这样一说，大家也冷静下来，一场将要爆发的战火被及时避免了。

从刘阳的案例中，我们看到愤怒情绪带来的恶果，伤人害己。但我们也会发现，愤怒也是一次学习的机会。愤怒总是由某一事件或想法引发。同样一件事情，由于人们对它的解释、评价、看法不同，引发的情绪就截然不同。通过了解愤怒的来源、危害，我们学习管理愤怒情绪的方法，可以学会把愤怒的能量转化为建设性的动力！

人的一生中，是带着怒气和不满生活，还是心态平和乐观地生活，完全取决于你如何看待这个世界，取决于你能否管理好自己的情绪。学会管理愤怒情绪的方法，当愤怒来袭时，就能灵活控制，让心态维持在宁静而喜悦的最佳状态中！

自信地度过每一天

——青少年自卑心理及调适

典型案例

钟燕，一名长得清秀、学习成绩较好的高一女学生。她在给我们的信中写道：

我总觉得同学们看不起我。有时，一走进宿舍，室友们正在说笑，我会认为她们是在嘲笑我；每次走楼梯，遇到认识的人，甚至见到老师，我也不敢多说话，就一直低着头走；以前，我听课不认真时，还跟同学偷偷唠嗑，现在什么都不想聊了，只想睡觉，课间除了上厕所我几乎不离开座位……

中午下课，同学们都急着冲向食堂，好朋友叫我去吃饭，我总要说：等一会儿，大家都走完再去吧！我知道她们很饿，很想快点吃饭，但我又不敢去面对外面那么多人，为此，中午我经常就不去吃饭了。

晚上在宿舍，室友们都很开心，可我不开心，却还得假装微笑，因为怕她们以为我不在乎她们，就躺在床上，一直无语地笑。有时笑着笑着就睡着了。

在公众场合，我会感觉总有人盯着我看；和人说话时，我不敢正视对方的眼睛。当同学看我时，我会脸红、害怕，有时我会说"别看我"（我不是说他们因为我有多好看才看我，而是觉得他们是故意在看我）。有人就说我"自恋"，并在我身后面说："你以为你是校花吗？连看都不能看……自恋，傲气什么！"

被他们认为是自恋、骄傲，我好伤心，好难过，我没法解释，想过去说清楚，又怕越解释越糊涂，越让他们误会我……

就这样，渐渐地我发现朋友们不太喜欢我了，尤其一起从家乡来的很要好的男同学都不跟我说话了。这让我更伤心难过了，变得越来越不像以前那么开朗了，我还总胡思乱想，总想是自己的错，想自己哪里不对，处处都小心着……

其实我是很自卑的，我觉得自己什么都不好，什么长处也没有……

我该怎么办呢？

钟燕所遇到的事情好多人都会遇到，总觉得别人看不起自己，不敢面对同学间的正常交往，这源于她有很强的自卑感。

感知自卑心理

我们通常所说的自卑感，就是缺乏自信。

自卑感是过多地与他人进行不科学的比较，产生的自我否定、自惭形秽的情绪体验。在生活中，许多人原本有着一定的天资或才能，只是他们缺少自信，自我评价很低，总认为自己不行，自己瞧不起自己，自己无法赶上别人，遇事退缩，在这种负性心态暗示下，错失了很多原本可以成功的机会。

著名的精神分析学家阿德勒曾提出了“自卑与超越”理论，谈到了自卑是每个正常人都有的情感。他认为，人一生下来就带有不同程度的自卑感，自卑是与生俱来的。这可以从每个婴儿的柔弱和无能为力中找到根据。婴儿出生后，最初的生存必须依靠成人，他会发现，自己不会走路，不会吃饭，不会穿衣服，和成人相比他体验着自己的孱弱，体验着自卑感。

阿德勒认为，自卑感并非完全是坏的情感，相反，它是每个人在追求更加优越的地位和完美的人生过程中必然要出现的心理反应。

面对自卑感，不同的人可能有不同的选择。

第一种人，自惭形秽，被自卑所压倒，在消沉中萎靡不振，在忧郁的情绪中越陷越深而不能自拔，形成恶性的“自卑情结”。

第二种人，由于刺激产生了相当强烈的反抗心理，急于改变自卑的地位，不顾他人的利益，极端地自私，形成专注于自我的狂热的“优越情结”。

第三种人，上述两者的中间型。他能正视自己的自卑，注重克服和超越。他因为有了自卑感，才会努力学习自己不会做的事情，从而发展自己，完善自己，超越自己。

钟燕的自卑感不是成长过程中有动力作用和积极意义的自卑感，而是一种病态的自卑，我们称之为“自卑情结”。

自卑和自卑情结是不同的。自卑是一种常态，可以理解成没有安全感，有不满足感、欠缺感，总觉得自己比别人差，这种感觉是造成人奋发向上的动力，是意识层面的一种常态。

自卑情结是长时间形成的，被根植在潜意识里。当外界出现一些事件和自己这种自卑情节相吻合时，这种自卑情节就显现出来了。尤其当人的能力、缺陷受到周围人的轻视和嘲辱时，自卑心理会大大加强，会以畸形的形式如暴怒、忌妒、自欺欺人、极端封闭等方式表现出来，从而上升为自卑情结。

它会影响人的创造力，阻碍人向前发展。

成因探究

造成自卑情结的原因很多，青春期生理突变、学业压力、能力不足、家庭环境状况以及人际关系等都会引发青少年产生自卑情结。

身体有先天不足、残疾或智能低下的人极易自卑。如：好端端的脸上长了一块乌青的胎记、身材又瘦又小、五官不够端正、肤色不如意、过胖或过瘦、有口吃、有身体疾病或智能低下等。这些症状本身不是造成自卑的主要原因，对这些症状的认识是人形成自卑情结的主要原因。

从小受到过分的斥责、打击、缺乏爱的人极易自卑。在过分严厉、缺乏关爱、专制、缺乏民主的家庭里长大的孩子，自卑感比较重。这种家庭父母对孩子管教过于严厉，经常的批评、挑剔或过于情绪化，高兴时对孩子万事宽容，不开心就挑剔孩子的过错发泄情绪，处罚多于肯定和赞赏。孩子因此就会不断地反省自己的“错误”，按父母的要求追求着“完美”，时间长了，他就无法看见自己的长处，认定自己不好，甚至认为自己的优点都是弱项。所以，父母的指责、谩骂无法培养孩子喜欢自己、悦纳自我的情感体验。

还有的家庭，父母太忙，或全然把孩子托付给保姆或老师，孩子感受不到父母的爱，会觉得自己是不被重视的，逐渐变得自卑。

在生活中突然遭受重大打击的学生容易走向自卑。如父母离异、单亲家庭、考试失利等，这些打击造成学生心理受挫且难以化解，内部归因为自己的无能，进而产生自卑。再有家庭出身农村，经济条件差的学生也容易自卑。

自卑还取决于个性的完善程度。有的学生谨小慎微、胆小、内向、敏感、孤僻、悲观、偏见、完美主义等，这些性格里面就含有自卑的情结。

严重危害

（一）自卑会导致不自信

有人经常会说：“我行吗？我可以吗？让我试试再说吧！”这样的语言是很自卑的，是不相信自己实力的表现。其实，现实生活中他的能力很强，他手巧，字写得好，朗诵好……很多方面都比别人好，成绩也不错，但他为什么一再说自己不行呢？其实，是他驾驭能力的那个观念出了问题，是他缺乏自信心，从而感到自己事事不如人，产生了悲观失望、消极、逃避、退缩、认同别人的心理。

（二）自卑会让人变得孤单、离群

自卑的人不爱往人群里去，社交被动，总要别人拽着他，他才去，别人主动跟他打招呼，他才会说话。如果一个人什么事情都不主动，那会失去多少机会呀！又会有多少机会与他擦肩而过呢！钟燕就是因为总觉得别人看不起自己，经常用消极的防御形式来保护自己。时间久了，别的同学就会因为她的过度敏感而避开她。

（三）自卑会造成中学生瞧不起自己，甚至自贬

别人有时会贬低我们，我们还要自己贬低自己吗？自己瞧不起自己，产生自我怀疑和自我压抑的情绪，导致自我消沉和自我埋没，自卑就会出现。自卑心理的本质就是自己看不起自己，看不到自己的优点和价值，不能悦纳自己的缺点和不足。

（四）自卑会造成中学生唯我独尊，自我中心

自卑会导致自负，前面说的面对自卑的选择的第二种人——具有“优越情结”的人，他们的思想核心是：我应该成为人人羡慕的人；我可不能在别人面前出丑；如果让别人知道我有所不能，就会有失自尊；我不应该被人看不起；哪怕我知道自己实际上不能做某些事，也不能当着他人的面承认它……

有一位高中生，他有一个习惯，就是愿意与人争辩，很小的事情也常争论一番，常见他口若悬河、滔滔不绝。与之相处会让人觉得透不过气，别人与他稍有不同观点，便见他挽起胳膊，声音放大，语速加快，机关枪似的与人争辩，哪怕争到面红耳赤，对手不示弱他都不会罢休。这种自负的行为背后多是内在的极度自卑。

自负的人有时非常自信，认为自己什么都行，结果由于对自己期望太高而导致失败，经常的失败会加重他们的自卑。

（五）自卑会危及人的身心健康

过度的自卑容易让人心事重，甚至失眠，导致神经衰弱，持续下去还可能导致抑郁症等。尤其青春期的孩子是自我认同的关键期，这时期他的自我认同本来就脆弱，好或不好的评价都会在这时期固化下来。

有时，自卑还会危及人的生命。大家熟知的2004年云南大学杀死室友的

“马加爵事件”已经有力地告诉我们，过于自卑的人还可能产生极度自尊心理，甚至在遇到外界刺激时，会产生敌对和仇视情绪，危害他人和社会。

缓解与调适

（一）承认自卑情绪人皆有之

一个人并非在每个方面都能出类拔萃，天外有天，人外有人。所以，在某些时候有不如意的感觉，出现自卑也是正常的，不必以此为耻，不要自暴自弃，更犯不着用狂妄自大去掩饰，那只是自欺欺人。自卑者要承认自己有一些心理问题，要允许自己带着一点心理症状去学习、生活，不急不躁，在学习中提高自我。

（二）积极悦纳自己

尺有所短，寸有所长。每个人都有自己的短处和长处。有的人可能学习不好，但体育很棒；有的人也许有点口吃，但文章写得非常出色；有的人数学学得不好，但英语可能是一流的。每一个人的能力都是有限的，不可能随心所欲。我们不可能什么都比别人好，比别人强。要接受自己有局限性的事实，放弃完美主义的观念。

自卑的人往往过分地与他人比较，在他们的观念中，常认为只有自己比他人好的才算优点，这是不合理的想法。比如：

在考试中，你从60分考到了70分，但同班多数同学在90分以上，合理的比较是，你在看到自己与他们差距的同时，也要看到自己跟自己比是进步的。如果你只跟同学比，不跟自己比，看不到自己的进步，就忽视了自己的优点。所以，我们不仅能如实地看到自己的短处，也能恰如其分地看到自己的长处，切不可因自己的短处而看不到自己的过人之处。

（三）经常进行积极的自我暗示

人的自我评价就是人对自我的一种暗示。自卑的时候，要反复告诉自己“我能做好，保持自信”。

法国心理学家曾做过一个实验：他们把一块长10米、宽30厘米的厚木板放在地上，让人从上面走过去，人们轻松做到了。但是如果把这块木板放到五六层楼高的地方，让人从上面通过，好多人连一米都迈不过去。为什么在地面可以轻松做到的事情，到十几米高的地方就使人为难了呢？就是因为

“可能会掉下去”的心理暗示束缚了他们。

我们在做事情的时候，应不断地积极暗示自己，经常用正向的语言去鼓励自己，如“别人能做的我也一定能做好！我是最棒的，我很自信!”“他行，我也行!”这种积极的自我暗示会让人具备一个良好的心态。其实很多时候，我们只是缺一个机会，有时当你觉得遇到了过不去的坎儿，实际并没有你想的那么困难，积极的自我暗示会帮你渡过难关。

（四）设法正确地补偿自己

“盲人尤聪，聋者尤明”，这是生理上的补偿。人的心理也同样具有补偿能力。为了克服自卑心理，可以采用两种积极的补偿：其一是勤能补拙。知道自己在某些方面有缺陷，以最大的决心和最顽强的毅力去克服这些缺陷，这是积极的、有效的补偿。其二是扬长避短，“失之东隅，收之桑榆”。心理学家阿德勒就是一个鲜活的例子。

阿德勒自幼患病，4 岁才会走路，个子矮，相貌丑，5 岁患肺炎几乎死去，上学后成绩很差，而他的哥哥在各方面都是一个“完美”的人。他的老师曾经跟他父亲说，阿德勒将来只能当鞋匠学徒。幼年的经历给阿德勒造成了极大的自卑感，但这却促使他决心通过努力补偿自己的身体缺陷。到中学时代，阿德勒学业优秀，成年后成为著名的心理学家。阿德勒认为，每个个体都有天生的为争取优越而奋斗的精神，这是个体与生俱来的内在动力，为了战胜自卑和不安全感而活动，迫使个体力图获得更大的成就，使自己表现得更完美，从而克服自卑感。

（五）积极与他人交往

心理学家认为：当人独处时，心理活动就会转向内部，朝向自己。心理活动的范围、内容都受到一定的局限，加之认识的局限，往往使心理活动走向极端。

钟燕就是因为总觉得别人看不起自己，敏感多疑，远离人际。久而久之，别的同学就会因为她的过度敏感而避开她，让她无法得到大家的欢迎和认可。

（六）持续地阅读

我们对自身的认知常有巨大的偏差，见识少导致境界低，这可以通过阅读来改变。当你自卑的时候，你可能只会想到只有自己是这样的，过分关注自我了。你意识不到有千千万万的人像你一样，阅读会帮你明白，无论你为什么自卑，其实你并不孤独。通过阅读你会发现世界比你见识到的更丰富多彩，阅读让你在增长知识和技能的同时，转移你对自我的高度关注。

进行心理咨询

有人对心理咨询有误解，以为有心理疾病的人才去做咨询。其实，我们每个人或多或少都存在一些心理问题。在我们内心力量还不够强大、有压力的时候，会出现一些心理困惑。寻求心理咨询，会让自己的心灵更成熟、更协调。钟燕的自卑心理就是通过做心理咨询来得到治疗的。

在心理咨询中，有一个疗法叫沙盘游戏治疗。具体方法是：心理咨询师和来访者在建立了良好的咨询关系后，通过让咨询者在一个特定的箱子里、按照一定的规则摆放玩具，呈现与来访者的内心相对应的世界。沙盘中的玩具都被赋予了一定的心理意义，沙盘摆完后，心理师和来访者通过共同讨论、体验和分享，对生活事件重新赋义，使来访者的情感得到释放，达到自我整理、自我疗愈、自我成长，进而使心理问题得到解决。沙盘游戏疗法既可以用于个人咨询，也可以用于团体咨询。

一次，我们邀请了五名同学来体验团体沙盘，钟燕就是其中之一，她就是在这个团体沙盘体验中呈现了自卑的心理状态。在团体沙盘摆放中，钟燕一直很小心地为他人考虑，摆放的玩具都是能量很小的沙具，又多是为别人做陪衬的，代表着她内心力量的弱小。她还在沙箱中摆放了一个小人，远离人群，很孤独的样子。我们问她："为什么这个小人离人群那么远？"她说："喜欢这样，我不讨人喜欢，这样摆放可以不被人说坏话。"钟燕摆放的沙盘，明显地呈现了她内在的自卑感。

这次团体沙盘之后，她主动给我们写了开头的那封信，要求做心理咨询。

第一次咨询中，我们主要和她建立良好的咨询关系，引导她倾诉。我们了解到：钟燕生活在一个小县城，父母都是工人，父亲平时话很少，脾气暴躁，母亲性格很懦弱。她是家中的长女，身下还有一个小她两岁的弟弟。记忆中父母感情不是太好，经常吵架，吵架时妈妈只会哭，父亲就会拿她和弟弟出气，还常说养你们这些女孩子。平时在家，她看父亲的脸色不对，就极力地好好表现来讨好他。她常认为自己是不招人喜欢的，父母不喜欢自己。由此看出，钟燕的自卑心理与她成长的家庭环境及父母的教养方式密切相关。

在咨询谈话中，她常常刻意低着头，对自己的评价多是负面的。她说：

"我本来很活泼，小时候我生活得还算开心。上初中后，父母常吵架，我的心情变得不好了。并且，我有一个同桌，她总是跟别人说我傻、说我笨，我俩在一起的时候，她也总取笑我。她很会交际，讨人喜欢，和她相比，我显得很不会说话。渐渐地，我变得很少和人接触，因为他们不会喜欢我的。”

在咨询中，我们引导她分析自己自卑的原因：她体察到，由于自己看不起自己，常常发现自己的不足，常看到的是自己比不上别人的地方，很在意别人对她的评价，过于敏感。

心理学上有一个法则叫“习得性失助”，这里的失助是指人由于处在无可逃避的不愉快的情境中，会产生的一种习得性状态。在自卑心理的作用下，钟燕总有一种“我不讨人喜欢，别人都看不起我”的感觉，于是就渐渐学会了逃避，这样的状态时间一长，就变成了某种习惯，成了心理定式。针对她的认知，我们和她有这样一番对话：

咨询师：你真的认为自己很笨吗？

钟燕：就是很笨。

咨询师：为什么会这样想呢？你有什么根据吗？

钟燕：初中的时候有几个同学这么说。

这说明钟燕对自己的认知来源于外界，来源于他人的评价。

咨询师：那么别人说的一切话都很重要吗？他们的话都是对的吗？

钟燕：也不一定。

咨询师：是不是所有的人都说你傻，说你笨呢？

钟燕：不是的，只是有一些人。

咨询师：一些人是几个人呢？

钟燕：主要就一个人，她对别人说我傻，说我不会说话。

咨询师：一个人必须会说话，才会受人欢迎吗？我们每个人都应该“聪明”、会说话才会有朋友吗？

钟燕：不是每个人都会这样。

咨询师：如果是一个没有涵养、没有思想、品质恶劣但却夸夸其谈的人会被人喜欢吗？”

钟燕：不会吧，谁都不愿意和这样的人交往的。

咨询师：一个可爱又善良的女孩，会仅仅因为自己不是很善说就会被人看不起吗？就会没有朋友吗？”

钟燕：不会……

咨询师接下来又提出了一些问题，如：

一个人是否被人喜欢，仅仅取决于他是否会交际吗？

一个人是不是要所有人都喜欢才是最好呢？

你是不是非得要所有的人都喜欢你呢？

你不善于说话是怕说错话，如果你说错了话，会有什么样的后果呢？

我们通过最坏可能性的假设，让她认识到：情况就是到了最坏的程度，也不过像现在这样，不会比现在更糟。通过共同的讨论，我们引导她得出新的认知："别人的意见、评价我们可以听取，但不必完全听取""一个人是否有能力，并不完全取决于和别人的比较"。没有人能限制她，只有她自己。

同时，我们针对自卑的问题的普遍性，还有针对性地在钟燕所在班级举办了两次主题班会活动。通过小品、角色扮演等形式让同学们形象地了解自卑心理的表现和危害，让他们谈自己在学习上、人际交往中碰到的类似的情况，讲一些关于提升自信的故事，明确一些解除自卑的方法等。通过活动，每个同学都有不同程度的受益。

经过半年多的心理咨询，钟燕的情绪状态有了明显的变化，脸上少了无助的茫然，紧绷的表情舒展了，多了自信的光彩，走路也轻快自在了。在回馈给我们的便条中，她写道：

"太过敏感，太容易受伤的我，这回真的变了。

第一次做心理咨询，第一次跟老师说心里话，第一次做心理沙盘，第一次那么投入地做一件事……每个第一次都带给我全新的感觉，让我变得自信。现在我可以在大家面前自如地说话，不再感觉别人总看不起我，别人总盯着我看了。我发现以前不自信的一切都是我自己的感觉。放下了这些想法，我感到轻松多了，我没有理由自卑，我要乐观地面对人生。"

自卑并不可怕，可怕的是沉浸在自卑当中，丧失追求成功、追求快乐的勇气。克服自卑需要我们客观、全面地认识自己；需要我们以积极的心态，从生活的每个细节中锻炼自己的自信；需要我们善于发现自己和他人的优点，接纳自己，欣赏自己。

每个人都是一道风景，我们的风景也许很平凡，也许很靓丽。无论怎样，克服自卑是一个长期努力的过程。"信心比黄金更重要"，让我们充分发挥自信，不断进步，最大限度地展示自己，以神采飞扬的状态自信地度过每一天！

征服心灵的沼泽

——缓解青少年的焦虑情绪

典型案例

党英英，高三女学生，19岁，是一名家在外省的住宿生。她来到心理咨询室请求帮助，她说：还有一个月就要高考了，现在我的心理特别乱，情绪紧张，很着急，很想多学点东西，可上课却老是走神，看书做题不能专注，看到同学们都在专注地学习，我心里就更急了……

这次模拟考试我的成绩下降了，这让我更加担心高考也会考不好。

有时候上课，我的脑子里老想一些不必要的事：想爸爸妈妈、哥哥嫂嫂都在家里做什么，想家里的情景……每次放假回家，左邻右舍围在一起聊天，都夸我在重点高中读书，将来一定有出息……他们都对我抱以很大的希望，我要是考砸了怎么面对他们，要是考不上大学，我以后的前途就全完了。

前一阵子，学校各科卷子海量下发，我做题做得多了，感觉还算得心应手。可是最近几天看题有些紧张，做题突然觉得无从下手了，而且记忆力也下降了，要背的内容背了好多次也记不住，以前背会的现在也忘了。知识储备就像被格式化了一样，什么概念、知识点、理论都记不起来了，怎么办？我好害怕到考场上脑袋会一片空白。就是现在也是这样，根本就静不下心来，想复习可是又不会，好迷茫。我该怎么办呢？

这是一例典型的考试焦虑的案例。

所谓的考试焦虑，是一种对考试情境习惯性的紧张状态，是由于担心考试失败或渴望获得更好的成绩而产生的一种担心、紧张、忧虑、不安的心理状态。考试焦虑在迎考及考试期间，随着考试日期的临近而日益加重。症状表现除紧张不安、担心考砸、记忆力减退、注意力不集中外，还伴有失眠、消化机能减退、全身不适等。

考试焦虑可分为两大类：一类是在考试来临前的一段时间内持续存在的焦虑，通常发生于考试前的1~2个月，甚至发生于重大考试前一年；一类是在考试过程中产生的焦虑，如怯场、晕场等。

感知焦虑心理

焦虑是一种模糊的、不愉快的情绪状态，具有紧张、忧虑、担心和恐惧等特点。当遇到某些事情、挑战、困难或危险时，我们常常会出现焦虑情绪。如面临一次重要的考试、适应一个新环境、作业没有及时完成、人际关系不和谐、处理突发事件等，都会给我们带来焦虑情绪。

适度的焦虑是有好处的。适当的焦虑可以使人进步，让人保持进取的警觉性，调动人身体的能量，激发人的积极性，促使人蓄积力量应付将发生的事情。

但如果有太多的焦虑，就会诱发焦虑症，会起相反的作用，会妨碍我们去应付、处理面前的危机，影响我们的正常生活。

每个人都会有焦虑情绪，焦虑的情境涉及生活的方方面面。青少年考试的焦虑最为普遍。

成因探究

（一）心理学对焦虑情绪形成的解释

从心理学角度解释焦虑情绪的形成主要是依据人格的三个层面。心理学家弗洛伊德提到人格有三个层面：本我、自我、超我。本我以原始的冲动和欲望为主，遵循“快乐原则”，满足欲望、获得快乐是本我的最大目标。超我是社会道德层面，追求“道德原则”，追求崇高的信念与高尚的行为。而自我则介于本我和超我之间，负责协调二者之间的关系。本我要求快乐，超我要求道德，自我从中协调，自我要让本我的冲动在超我允许的范围内，尽可能地得到满足。当自我不能很好地协调与本我、超我的关系时，就会导致人格核心部分受损而失衡，就会产生明显的焦虑情绪。

（二）考试焦虑的成因

考试焦虑是多种因素相互作用而形成的，既有学生自身的内部因素，同时又受学习、生活环境等因素的制约。

社会因素：社会的价值取向、国家的政策体制会影响到学校、家庭的教育方式，影响到学生对考试的态度和认知水平，从而影响到考试焦虑的强弱。

学校因素：如果学校片面追求升学率，老师不断给学生施压，搞题海战术，或以成绩为唯一标准评价同学，或同学间的竞争激烈，都会引发焦虑情绪。

家庭因素：如果家长对孩子期待水平过高，“望子成龙、望女成凤”，或者家庭中父母对孩子施行不恰当的教育方式，此外过于严肃的家庭气氛，高焦虑的父母，都是孩子产生高焦虑的温床。

（三）分析党英英考试焦虑的原因

一方面，她对考试有过高的期望，希望考出好成绩，让爸爸妈妈、哥哥嫂嫂满意，让自己和家人在左邻右舍面前有脸面，所以只想成功，不愿失败。同时她父母以及邻居对她的期望也很高，反过来也会让她有压力。因此，过高的期望是引发她焦虑情绪的原因之一。另一方面，她对高考还有一个不合理的认知，那就是：“要是考不上大学，我以后的前途就完了”，把考试看作成功的独木桥。还有模考成绩下降、过分苛求集中注意力、缺乏自信、竞争的压力等也是诱发她焦虑的原因。

严重危害

（一）对学习的影响

焦虑过高会使考试发挥失常。在心理学上，有一个耶克斯－多德森定律，它描述了焦虑程度与备考效果的关系，它认为不够焦虑和过度焦虑都不能很好的发挥，适度焦虑才能有效学习。

（二）焦虑对其他方面的影响

情绪。考试焦虑使学生的情绪焦躁不安，精神萎靡不振，好冲动。

人格。重度考试焦虑会使学生的意识范围变得狭窄，认知评价能力无法正常发挥，对自我的评价极低，常以自卑的形式出现。

人际。考试焦虑会使学生心理反应过于敏感，经常猜疑、挑剔，不能与同学、老师友好相处，导致人际关系紧张。

健康。长期的重度焦虑对心血管及消化系统等都有不良影响，容易造成冠心病、胃溃疡、哮喘病等疾病，严重危害身体健康。此外，重度考试焦虑，特别是持续时间较长的，可导致大脑神经活动兴奋与抑制功能的失调，从而形成各种神经症，如神经衰弱、强迫症、抑郁症、焦虑症、自杀、犯罪等。

缓解与调适

（一）调整心态

中科院心理研究所教授王极盛曾做过一项研究，认为考生的知识水平是考试成功的硬件，而考生的心理状态是考试成功的软件，软件和硬件在考试中是同等重要的。越是临近考试，心态调整越显得关键。如何调整心态呢？

1. 接纳考试焦虑

考试焦虑是一种正常的情绪状态，考试焦虑人人都有，只是程度不同而已。70%的同学比你还紧张呢！焦虑其实是人面临险境或应激时的保护性反应，因为只有这样，我们才能调动身心潜能投入到所关注的事件中。心理学家研究表明：中等程度的焦虑可以使人的学习和应考能力发挥到最高的水平。一点都不焦虑或过度焦虑都会对学习和应考产生一定的负面影响。

所以，当焦虑来临时，我们就接纳它："不是只有我焦虑，大多数人都焦虑，很正常。"我们接纳了它，我们不和它"较劲儿"，等于不给它能量，慢慢它就会缓解下来。这里，我们特别提醒那些个性要强、学习较好的考生，一定要有接纳焦虑以及焦虑带来的学习效率有所下降的胸怀。拒绝接纳，不停的自责，只会使情况变得更为严重。

2. 积极暗示，培养自信心

如果一个人总暗示自己："我可能考不好，如果失利了怎么办？"那结果会怎么样呢？

美国有两个心理医生对一个死囚做了一个实验。

他们拿了五个抽血用的空瓶子对死囚说，今天我们用抽血的方式对你实施死刑。在把死囚的眼睛蒙上之后，在他的手臂上扎了一下针。过了一段时间，一个医生假装说五个瓶子不够，再拿两个。过了一段时间，这个死囚真的就死了。

实际上，心理学家对死囚一滴血也没有抽，只是用抽血的针对死囚扎了一下。那么，这个死囚为什么死了呢？他死的原因是什么呢？原来，是他自己在不断地暗示自己：我快要死了。在这种心理暗示下，他活活被吓死了。

如果总用消极的心态暗示自己，就会不自信，造成考试失利。有句名言说："如果一个人感觉到自己不自信，那是因为你跪着，如果你站起来，你会和巨人一样高。"焦虑情绪的产生往往是对自己的能力持有怀疑态度，夸大自己的失利且不自信。所以，要树立自信心，相信自己，减低自卑感。每增加一份自信，就可以使焦虑情绪降低一份。

3. 以积极愉快的心情备考

心理学家曾把水平相当的三个班的学生聚到一起，进行了一次相同的测验。

在考试前，他们对第一个班的学生说：这个试卷太难了，我想这题你们多数人根本就不会做，你们做题前要好好地想想！

他们对第二个班的同学什么也没有说。

对第三个班的同学说：我了解你们，这个试题与你们的水平相当，我相信你们通过努力会做完试卷。你们的成绩一直都很好，我想这个考试对你们来说是没有什么问题的。

也就是这么简单的几句话，结果测验结束后，让心理学家大吃一惊。他们发现测验的结果三个班的及格率分别是：30%，50%，80%。

而这三个班在平时，他们的水平是差不多的。

也就是说，受到了老师的鼓励，带着无比愉悦心情参加测试的第三个班，比带着沉重心情的第一个班的及格率高了很多。这说明心情愉快有利于智力的发挥，而心情不佳也会扼制智力水平的发挥。所以在考试中，心态确实对考试成绩有着重要的影响。

4. 以平常心面对高考，降低期望

我们要以一颗平常心看待考试，付出一分努力，不要希望会有五分收获。不要对考试成绩抱有过高期望。每个人由于能力水平和基础不一样，成绩也是不一样的，因此，应该根据自己的实际情况，为自己树立一个切实可行的期望目标。否则，期望目标过高，超出了自己的能力范围，与自己的现实形成强烈的落差，压力就不可避免，也极易形成考试焦虑。

在考试前，认真制订并执行复习计划，平常要做到锻炼适当、睡眠充足、饮食正常，生活有规律，高效地度过每一天。重视应考学习的过程，淡化考试的结果。最好做到能把平时的作业当成考试，把最后的高考当成一次认真的作业。如果有了这种平常的心态，考试怎么会焦虑呢？

瓦伦达心态

瓦伦达是20世纪50年代美国一个走钢丝的演员，一辈子走下来都很成功，但最后一次却从钢丝上掉下来摔死了。为什么最后一次失败了呢？因为他以前走钢丝，从不思前想后，只专注于脚下的每一步。而最后一次，全场都是美国知名的人物，这一次成功不仅仅将奠定自己在演技界的地位，还会给演技团带来前所未有的支持和利益。因而他从前一天开始就一直在仔细琢磨，每一个动作、每一个细节都想了无数次。他总在想：这是最后一次，千万不能失败。结果反而丢掉了性命。

后人把专注做好眼前每件事，而不患得患失的心态称为“瓦伦达心态”，就是平常心。

瓦伦达的失败，其实是败给了自己。仔细观察，我们会发现，在现实生活中像瓦伦达一样失败的人无处不在：过分在意名次的运动员往往失利，过分在意表现的演员容易失常，而过分在意分数的学生同样会惧怕考试，结果不能令人满意。

（二）学会放松

焦虑的身体会时刻紧绷，它需要休息和放松。放松的技巧很多，这里略介绍两种。其他的如音乐放松、运动放松、唱歌等等也都很适用。

1. 放松呼吸

紧张焦虑会导致呼吸不由自主地加快，从而导致“过度呼吸”。急促的过度呼吸会引起一些生理变化，如心跳频率和强度增加、肾上腺素分泌增加、唾液分泌减少、恶心呕吐、肌肉抽搐等。这些变化都是来自自我调节的神经系统的反应，也就是说，人无法通过意识直接控制这些生理变化。所以，当焦虑紧张时，想通过意志让自己不冒汗、不心慌是十分困难的。能做的一种最简单、最有效的努力就是控制呼吸，通过呼吸缓解焦虑。

具体做法是：保持坐姿，身体向后靠并挺直，松开束腰的皮带或衣物，将双掌轻轻放在肚脐上，要求五指并拢，掌心向下。先用鼻子慢慢地吸足一口气，大约数四个节拍。然后慢慢吐气，也用四个节拍，每次连续做 4 ~ 10 分钟即可。

2. 牧羊法放松

具体做法是：两手平放双腿上，身体自然直立，闭上眼睛，在心里感觉自己就像在草原上，看到很多羊群。吸一口气，停留 2 秒钟，再慢慢地吐出来，再吸一口气，再慢慢地吐出来。你的心好像随着那羊在走，在吃草，在尽情地享受那种意境，这就叫作牧羊法放松。反复 6 次，一般非常非常大的压力，就会在这 6 次中化解。

（三）掌握五大技巧

1. 反复默念自己的名字，并让自己听到

进入考场之前我们会很紧张。很紧张怎么办呢？

首先要做到的一件事情就是让脑袋“空掉”。脑袋“空掉”的一个方法就是反复重复一件事情或者是念一句话。

反复默念自己的名字，有节奏地念，并让自己听到。

这是一位心理大师试验了七年的好方法，非常管用。他说这是最好的休息方法，进入考场前这样做可以让大脑充分休息。

平时缓解紧张情绪的时候就可以这样尝试着做，让大脑放空。

还可以反复重复一句话：“王某某，1，2，3……太好了，我能行，我帮你!”

人在反复说自己习惯的内容的时候，脑袋是不思考的。就这样一直说到进入考场。

2. 清点工具

进入考场，坐下以后，要做第二件事——清点工具。坐在考场里了，大脑不是太紧张了，有的人身体可能还有点紧张。运用清点工具的方法，拿出每样工具，逐一清点，并念出来，让自己听到。这是钢笔，这是橡皮，这是尺子，这是准考证……就这样手要动起来，嘴要念出来，把工具一个个放在右侧。手一动，人感觉就从大脑里转到身体上了。这是运动肢体，转移情绪，这样做会有效缓解紧张。一个人情绪化的时候，智商是下降的，我们让他的身体运动起来，让大脑的感觉转移到身体的某一部分，这样就不紧张了。

3. 笑他人稳自己

第三招是笑他人稳自己。这是什么意思?

就是借他人力量，稳定自己的信心。

清点完工具，考试还没有开始，这时我们要大胆张望：看前面一个人，脚都发抖；左边的女孩，大汗直冒……用这样的观察结果，告诉自己要有信心。人在紧张的时候，肌肉是僵硬的，因此一定要大幅度地张望，缓解紧张。

4. 调节呼吸，其目的在于保证足够供血

记住呼吸口诀是“吸—停—吸—呼”。现在我们有目的地把呼吸分成两部分。如果呼吸的过程用10分的刻度来表示的话，那吸到7分时，停住，默念名字，但继续吸气，至10分，接着呼出。因为人体的血液并没有完全参与循环，这样做的目的是让所有血液参与循环，这样的呼吸运动，一直做到发下试卷。

5. 积极地暗示自己

拿到试卷，先不要写名字、考号，用自己能听到的声音说七次：“所有人都有做不了的题，我比他们好多了。”为什么要七次呢？因为重复才能产生力量。说的时候，脑袋在思考，身体和脑子都在运动，这都是要在考前让身体动起来，以应对焦虑情绪。

对党英英焦虑情绪的调节

我们主要是改变她的不合理认知，缓解她的焦虑情绪。

咨询师：以前你有过类似的情况吗？

英英：有过，每一次大考，比如期末考试前，我都会感到焦虑。

咨询师：我很理解你的感受，我也有过类似的体验。任何人在面临一个大的考试时都会有焦虑，有时适度的焦虑会促使我们好好复习。差一个月要高考了，如果每天还很轻松，一点也不着急，不紧张，那复习效果会好吗？

英英：一点不紧张肯定不行。

咨询师：当然过度焦虑是要调节的。我想知道，你心中确定了想上哪一所大学了吗？

英英：我想上××大学，我哥哥就是从那里毕业的。

咨询师：要是没考好或没考上大学，你会怎么想？

英英：要是考不上大学，以后的前途就全完了。家里人都盼着我能上一所好大学，虽然我家里不是太富裕，但家人供我出来念书，全力满足我的要求。如果考不上，会对不起他们的付出，爸爸妈妈会在邻居面前觉得丢人，没面子。

咨询师：考不上大学，以后的前途真的就全完了吗？你的家人真的就没面子了吗？请带着这两个问题，我们来做一个放松冥想。

在充分放松之后，咨询师让她闭着眼睛想象“如果这次高考，你真的考砸了，想象一下会是怎样的情境，你和家人会怎么样？”

她开始进入情境中：“爸爸妈妈不会太抱怨我，但是他们脸上会没有笑容了。哥哥嫂嫂会说：‘你咋弄的呀？’邻居们会说老党家的姑娘平时不是学得挺好吗？这次怎么没考好？爸爸妈妈怕被人笑话，吃完晚饭也不出去和人家聊天了。我自己没考好也不出门了，会闷在家里心情很不好……她开始紧张起来。

咨询师：让自己留在这种感觉里，尽量体验这种感觉，这种感觉越清晰越好。

半小时之后，我们让她睁开眼睛，“能说说你刚才的感觉吗？”

“刚开始很紧张，很害怕，但到后来就慢慢地平静下来了。”

“这让你有什么感受呢？”

英英：（沉思）觉得自己高考就是失败了，也不一定以后就没前途了。以后我凭着自己的实力也能成就一番事业，也会让父亲骄傲的，只是会走得比较曲折。这么一想，就不觉得那么紧张了。

我们还教给她一些调整心态、放松身心的技巧。经过咨询，她增强了自信，焦虑情绪明显缓解，脸上有了轻松的笑容。

高考成绩一出来，她兴奋地打来电话，说自己可以稳稳地进入预想的大学了。

公元前47年，罗马著名的将军恺撒率兵出征叙利亚，去平定叛乱。恺撒大军气吞山河，势不可挡，小亚细亚的土地在他的征战下瑟瑟发抖。5天之后，罗马人就结束了全部的战斗。在给罗马元老院的战报中，志得意满的恺撒仅用了三个词来描述叙利亚的这场胜利："我来了！我看到了！我征服了！"

历经两千余年，人们依然记得这位伟大的征服者简短而骄傲的宣言，它携带着主人灵魂的热度在全球流传，把生生不息的激情和力量传递给每一个年轻的生命，鼓舞着我们热爱自己，发现世界，创造辉煌，也以胜利者的姿态宣告世界："我来了！我看到了！我征服了！"

焦虑情绪无疑是一片心灵的沼泽，需要同学们自信地走出来。希望同学们带着轻松和愉快的心情，去迎接面临的每一次考试，把它们看作人生的机遇和人生的一次挑战，去勇敢地面对。当你经历之后，你也会大声地宣告说："我来了！我看到了！我征服了！"

放松身心　拥抱阳光

——青少年紧张情绪及调适

典型案例

张林，男，21岁，大学二年级学生。他是个很听话的孩子，家人很宠爱他。妈妈很强势，也很能干，平时张林的学习和生活被妈妈安排得井井有条，什么都不用他操心。上大学后，爸爸妈妈经常跟他说，在大学，你不用以学习为主了，你要好好地培养一下自己各方面的能力，争取当个系里或学生会干部，这样锻炼的机会多一点。入学后，张林果真积极报名成了学生会的一个成员，学生会的工作很多，但张林为人很勤快，踏实，上下跑腿的工作从不打怵，因他的工作做得很出色，他被任命为系生活部长。

但他遇到了一个问题，就是每次学生会开会或在其他人多场合，轮到自己发言时，他就非常的紧张。一走上台，脑子里一片空白，话也说得语无伦次。本来在底下想好的话，一上台全忘了。他说："当时的窘态呀，那真是恨不得有个地缝钻进去。"

看到其他同学表达很顺畅、很自然，他非常的羡慕。

最近，他打电话给妈妈，说还有一周大一新生就要入校了，系里让他负责安排新生的相关工作。这需要开会给同学布置工作，可是一想到会上得发言，他就紧张得不得了，怕自己出丑，怕说不好让同学认为是自己能力不够，让同学笑话。现在每天一想这事就很烦恼，有时还会有身体的紧张反应。

感知紧张心理

人在应付外界刺激和困难时，会有一种精神高度准备的状态，这种情绪状态就是紧张。紧张是一种正常的生理现象，当人紧张的时候，一定是对要做的事不能保证做得最好，或对面临的处境没把握。其实，紧张在提醒你去做更充分的准备，有了准备便可产生强大的力量，因此紧张并不全是坏事。

心理学研究表明，适度的心理紧张可以激励我们的行动。比如：人们在考试、竞赛、评比、竞争、压力大等条件下，心理就会处于紧张状态。这种紧张可以促进学习，提高工作效率，因而我们提倡人要有点“精神压力”，有点“紧迫感”。但是，持续的紧张状态，会严重扰乱机体内部的平衡，影响人的身心健康，甚至导致疾病。

青少年的紧张情绪主要来自学习压力（如考虑）、参加重大活动（如演唱）、重大比赛（如演讲）、人际交往等。

成因探究

（一）产生紧张的情绪有主观和客观两方面的原因

客观方面：环境突变、意外事件、重要事件、外界压力都会让人情绪紧张。

一个人若处在安全的环境中，情绪不会有大的起伏；当环境突然发生了变化，如：突然要爆发战争、突然流行瘟疫、突然要发生强烈地震等，人的情绪就会从轻快、平和变为紧张。当意料不到的事件发生时，会让人情绪高度紧张，如信心十足的考生，考试中突遇不曾见过的难题，汽车驾驶员突然发现刹车失灵，等等。面临重要事件，也会让人情绪高度紧张，如学生的高考，成人的晋升、评优，第一次上台讲演、第一次表演、第一次上公开课等。强大的外界压力也让人变得紧张，如一个考试成绩不理想的学生，如果家长横眉冷对，严厉斥责，也会使其紧张，考试更加不理想。社会大环境的竞争态势，让人的心气浮躁，处于紧张的压力中。

主观方面：目标过高、认识片面、缺乏经验、不自信等会让人情绪紧张。

（二）目标设定过高让人紧张

如果设定的目标是“跳一跳，够得到”，目标定的难度适中，通过努力，就可以实现，这种情况下，人的情绪是轻松的、愉快的。若目标定得过高，有较高的期望值，拼尽全力也难达到，情绪就会紧张，会为自己不能达到目标而苦恼。

（三）认识片面也会让人情绪紧张

人在活动时，由于人对事物认识的片面性，也能引起情绪紧张。如有些学生把考大学当作生活的唯一出路，考上了就有前途，考不上就没有希望，因此一面临考试就万分紧张，想考好但偏偏考不好。

（四）缺乏经验让人紧张

人在参与活动中，如果能经常锻炼，并摸索出一套活动技巧，那么无论在什么场合，都可以使情绪保持平静。例如，经验丰富的外交家，无论形势多么复杂，他都保持平静的态度，用冷静的头脑和锐利的目光来观察形势，寻找合适的应变对策，让形势朝着有利于自己的方面发展。再如，经常上台演讲，时间久了也会历练出台前演讲的技巧，就不会紧张了。

（五）不自信的人容易紧张

有的人对自己很不自信，如参加活动，还没有开始，他就先有担心和恐惧，似乎失败就在等待着自己。这样，不但不能增强战胜困难的信心，反而让自己更紧张。

严重危害

正如前面所说，适度的紧张情绪是有好处的。一方面，它可以使我们的思想高度集中，能够调动全身的能量，产生一种增力作用，从而使生活和学习更加顺利；另一方面，情绪适度的紧张，能更好地调动人的智慧，加速思维的进行，能提高思维效能，使人创造性地解决问题，我们常说的“急中生智”就是这个道理。

但是，过度的情绪紧张是很不利的。

情绪紧张，会让人的记忆、思维、动作的准确性随着紧张程度的增加而降低，从而造成思路堵塞，出现“晕场”或“怯场”现象。

情绪过度紧张时，也严重妨碍了人与人之间的正常交往。

情绪过度紧张，还会造成事故上升，如由于驾驶员情绪高度紧张，一时手忙脚乱忘了刹车，引发车祸。

人如果长期、反复地处于超生理强度的紧张状态中，就容易急躁、激动、恼怒，出现头痛、心悸、腹背疼痛、疲累等症状，严重者会大脑神经功能紊乱，更重者出现精神疾病。

缓解与调适

（一）坦然面对和接纳紧张情绪

生活中有好多紧张的情绪是正常的，比如考试紧张、讲话紧张等。紧张的时候，我们要去体验它、接纳它，不要与这种紧张的情绪对抗，可能好多人面对考试比你更紧张呢！紧张时，我们也要问问自己：“我为什么这样紧张？我所担心的最坏可能是什么？”

案例中的张林，总担心自己上台讲话时紧张，会让同学笑话并认为自己没能力。如果他接纳这种紧张，可能会认识到“不管别人怎样看我，我还是我，可能发言我不如某些人讲得好，但并不代表我就是个一无是处的人”。这样，把最坏的情况想到了，紧张的程度也会降下来。

（二）降低期望和增加把握性

比如面对一次考试，期望越高越容易紧张，越没有把握越容易紧张，所以，降低期望值和增加把握性可以缓解紧张。

我们应该对自己有一个客观的评价，正确分析自己的优势和不足，提出适合自己的期望，想事事完美、事事成功是不可能的。如果能够了解自己实际的能力和精力，从长远和整体考虑，不过分在乎一时的得失，不过分在乎别人对自己的看法和评价，降低期望，就会增加一些把握，紧张也会随之减弱。

张林的期望是能像别的同学那样自如流畅的在公开场合讲话。和同学比，这个期望有点高，可以降低要求，先和自己纵向比，如果自己这一次的发言比上一次表现得好就是成功。

（三）对自己说“我行”

我们做任何事情都不要怕失败，因为只有自信才会让我们走向成功。

每个人身上都有无限潜能，我们要善于发现和激发自身的潜能。认准的事就要坚持去做，大胆地说“我行”。自信的人会比自卑的人少很多精神负担。当然这里所说的自信，不是指自以为是、狂妄自大，而是真正内心的强大，它来自于对将要做的事情的充分准备，对所需的技能有充分训练和尝试。当一个人准备得胸有成竹，紧张心理当然不战自败了。

（四）倾诉法

和好朋友以及周围的同学聊聊天，说说自己的压力，可以让紧张情绪得到一定的释放。同时你会发现：或许别人有类似的烦恼，或者别人经历过这种情况，有办法帮助你，说一说也轻松许多。

对张林的心理支持

张林在人多的场合讲话紧张，源于他的不自信和缺少锻炼的机会。

上大学之前，他从来没当过班干部，平时家人太多的呵护，使他很少有机会锻炼自己，很少有机会独立处理事情。

因为不方便跟张林联系，我们是在网上通过邮件的形式和张林沟通的。我们给张林的回复：

张林你好：

听说你当了学生会干部了，最近刚开学，你正在学校里忙着做一些事情呢！通过和你妈妈的交流，我觉得你真的好棒啊！你长大了，成长了，是个积极上进的大学生啦！

当学生会干部，除了身体力行地要为学校多做事情外，还有好多场合得面对公众发言，或布置工作，或发表观点等，这要有一定的口语表达能力和自信的状态，这让你感到了前所未有的挑战吧？

其实这是很正常的，因为每个人在成长中都有遇到挑战的时候！

我曾经看到美国的一项权威调查，调查表明：在人群中，95%的人当众说话会紧张，剩下的5%并不是不紧张，而是紧张得从来不敢当众讲话。

所以，我想告诉你：没有人天生特别会讲话，没有人天生表达能力就强。表达能力好是需要有一个自我训练的过程的，那些你认为很会表达的同学或老师，只不过他们训练得早些，他们一定有过从不适应到适应的过程。你现在已经开始关注并想要提高自己的表达能力了，这就是好的迹象！

这里我先粗略地给你提供几个方法：

1. 每次表达都跟自己比，不跟别人比（这次比上次说得好，就是进步了）。

2. 多对自己做积极的心理暗示，比如每次发言之前，要对自己说："我已经准备好了，我能说清楚""我可以说得很好""大家都非常喜欢我"等。这样会给你自己内心注入一种积极的心理能量，让你更自信。

3. 不要对自己的发言要求太高，只要能正确表达自己，而且发言符合当时的场合和自己的身份就可以了。

因为时间的关系，不能见面聊，用这种方式和你交流，希望对你有点帮助。如果你还有什么具体的问题，可以给我留言！

最后，请你牢牢记住这句话：敢比会更重要（敢说比会说更重要）。

在我的感觉中，你是一个悟性很好的孩子，相信经过你自己的一番努力，一定会收获更多的成功！

张林的回复：

老师好：

收到你发的邮件了，看了很受益。

我按你说的办法，把想说的事情写出来，练了好几天，每天都积极暗示自己："这次我一定能成功""我准备好了，不用紧张"。前天，我第一次给新生开会，可能是准备得充分吧，我的发言还真挺顺利，没有卡壳，别人都以为我不紧张呢，其实我内心还是很紧张。还有我平时很喜欢和别人说话，但必须是建立在熟人的前提下，碰到不熟的人就很少说话。我想问：以后我还要怎么努力才能像其他同学那样不打怵公开发言，自如地表达，不再紧张呢？

我们给张林的第二次回复：

张林你好：

看到了你的留言，给你的建议如下。

1. 不要跟自己说"不用紧张"，暗示自己要用正性积极的词语。

每次发言前你要跟自己说："我已经准备好了，我很放松，我很自信。"

这样就会给你的大脑注入积极的心理暗示。语言是有能量的，当你说"不用紧张"时，大脑记住的却是"紧张"这个词。人的大脑对你所说的词语的好坏是不能分辨的，"紧张"是负性的词，你越说"不用紧张"，其实传递到大脑中的感觉却是更"紧张"了。如果你说"我很放松"，"放松"是正性的、积极的词汇，大脑就会传递给你身体积极正性的能量，你得到的感觉就是放松的。也就是说：在给自己心理暗示的时候，一定要用正性、积极的词语。

在人多的场合讲话紧张是很正常的，我也经常遇到这样的情况。我小的时候由于被家庭忽视，很自卑，在念高中之前，我很少主动和人说话，任何时候、任何事都不出头，在学校、在人群中总是一个默默的、不被人关注的人。

自从上了大学以后，生活上一切事情都得靠自己，有的事情必须自己出头了，在各种锻炼中，我变得越来越自信了。

记得我当老师的第一次试讲，非常的紧张，我进入课堂先面向同学喊了一声"起立，同学们好！"之后，我回身就开始在黑板上板书课题，嘴上还在说"这节课我们来学习张洁的《挖荠菜》……"。写完回过头来一看，下面的学生还在站着呢，我竟没让他们坐下。这不就是紧张的嘛。我这个人很要强，为了克服这个毛病，就利用早上或晚上时间，走到当时我家前面的玉米地里，练习大声地讲课。反正也没有人听见，就自己讲，不厌其烦地练。再上课的时候，心里就有了底，就越来越镇定了。再后来，我工作越来越出色，开始当班主任，当教研室主任，开始上公开课、演讲，开始在全体老师面前介绍工作经验，到市里发言。现在要经常给学生做讲座，经常外出讲课或给一些家长朋友们做讲座，在公众面前讲话再也不紧张了，而且还非常的自信，这些经历也成了我的财富！

不知道我的现身说法能不能给你一点启示：任何人都不是生来就自信满满、表达顺畅的。一定要有一个主动锻炼的过程。每个过程的第一次经历都是激动而又紧张的，但又是会越来越自信、不断成长的！

张林你现在的起点已经比我当年高多了，你比当年的我不知要强多少倍呢。所以你要自信，你要告诉自己：紧张是正常的，自己会越来越好的。

2. 尝试主动跟陌生人讲话。

你说自己很喜欢和别人说话，但是是建立在熟人的前提下，碰到不熟的人就很少说话了。你自己对这一点有清楚的认识，这很好，那以后就多找机会跟不熟悉的人说话。比如：随意创设几个场景或几个问题，如向不认识的校友打听一件事，如问一件电脑操作的问题，打听一个人，等等。哪怕只说几句话，只要多说，你说会发现和人交往没有什么可怕的。主动出击会让你越来越有胆量。

3. 多学习一些在公众面前讲话的技巧。

因为不放松，所以才会在公众面前讲话时“一张嘴，大脑就开始空白，说话也不由自主地发颤……”，你可以多学一些在公众面前讲话的技巧。

（1）多学习一些放松训练的技巧（在网上有很多，你可查阅一下）。

（2）增强自信。

（3）当你在公众面前讲话时，主要关注的是自己讲什么，怎么讲，不要关注听众的状态。先自信走上台，定睛看听众（站定后在心里数三个数）。说话不要急。如果怕说话忘词，可在事先充分准备。而且可以设计一些提问，用提问听众的形式可以让自己放松。

你第一次给新生开会表现得好就是一个好的开始，每次讲话前先不要对自己期望太高，最初只要自己能顺利完成要说的内容就好，不要求说得最好。一点点有经验了，你自己就是最棒的了。还有，每次要在公众讲话前，你也可以先做个冥想：想象你成功的状态，想象着自己是怎么进行的，如何成功的，心情如何地好，这种想象也是积极的心理暗示。

以上仅供你参考，相信：你会表现得越来越好！

在后来张林妈妈打给我们的电话中，我们听到了她欣喜的声音，她说：

“真怪哎，这孩子真的出息了，现在上台讲话感觉好多了，已经不用特意准备稿子，可以随机发挥了。虽然也会紧张，但只是小紧张，不影响表达。”

除了像张林这样在公开场合讲话紧张、在应对具体事件紧张之外，在生活中有时快节奏的生活和激烈的社会竞争也会让人感到紧张。

中国的经济这些年发展得很快。这种快的变迁带来了我们生活节奏的加快，让我们的身体每天都在快速运转。所以我们要多给自己一些时间。

掌控生活节奏，学会一些缓解紧张情绪的方法，适度地放松身心，坦然地接受自己的情绪，用积极的心态自信地面对生活，让心灵充满阳光！

接受现实　坦然面对

——青少年不满情绪及调适

典型案例

最近我的情绪波动很厉害，特别是对周围的人和事，总是有意无意存在不满情绪。其实我也在有意地控制自己的情绪，可总是处理不好，估计我给别人也造成了心里的不快。我经常静下来反省自己，知道是最近我的学习压力太大了，但也觉得很多事情真的很气人。

例如：每天一回到家里，妈妈总是问我表现怎么样，学习如何，作业多不多。妈妈一上来问我，我的不满情绪就会爆发出来，忍不住就会跟妈妈吵嘴。有两次都把妈妈气哭了。过后我也知道妈妈是为我好。我妈妈没多少文化，很希望我能出人头地，可是我就是烦。我感觉念书真没什么意思，最近成绩下降了，感觉整天学的这些东西也没什么用，从早坐到晚，做无数的练习题。父母整天督促我这督促我那，告诉我这好那不对的，感觉都是一些废话，我真的不想让他们管着了。

最近学校检查发型，我的头发其实也不算太长，学生会的值周生却把我的名字记了下来，让我明天必须剪发，不然学生科长将亲自强制给我们理发。本来这周末我自己也打算要去理发了，他们一强制，我内心就很愤恨。

这是高一男生樊逸来咨询室时一口气表达的内容，整个叙述中他表达了一种不满的情绪。

感知不满情绪

人都有七情六欲，时而会抱怨，时而会羡慕。

我们常常不满，不满足生活中的单调与乏味，不满足当下自己的所得与拥有，不满足自己的状况与处境……“不满”是一种正常的情绪，是每个人都有的情绪。

适度的不满可以使消极情绪得以宣泄，达到缓解内心压力的目的，在一定程度上维持心理健康，而且不满情绪有时还会起到积极的助推作用。如：

旧社会百姓对政府不满，促动了新中国的成立；鲁迅对看客不满，开始以笔为枪，痛斥当时社会的丑弊；现代社会一些人不满自己的学习或工作现状，努力进取获得成功。这些都是积极意义上的不满。

过度的、消极的不满则更多的是一种抱怨，是一种牢骚，是整天怨天尤人，自怨自艾，逃避现实，刻意强求终生都无法得到的东西，这种不满情绪的危害极大，我们在后面会具体说到。

青少年的不满情绪最主要表现为：不满学校的严格管理，不满家长的监督，当学习及人际关系上产生挫折时也易产生不满情绪。

成因探究

青少年的情感强烈而不稳定，特别容易产生不满情绪，主要原因是：

（一）要求和愿望得不到满足

青少年强烈要求独立，特别渴望获得社会的认可。他们并没有建立起成熟的价值体系，却又渴望参与社会生活中。当他们合理的要求没有完全获得认可时，便会通过对身边不合理事件的肆意夸大，用不满权威、不满社会现状、类似“愤青”的方式来宣告自身的成熟。

我们曾在网上看到这样一则新闻：

湖南湘潭中学学生强烈不满学校无休止的补课，在一次晚自习停电时，学生集体烧书、丢书、撕书，整个教学楼狼藉一片。通过这种形式，学生把心里积累了很久的怨恨都发泄了出来。

这种不满虽然过激，倒也能引发教育相关部门的思考，并采取措施遏止补课之风。

我们还看到有一个学生，他在作文中表达了现今中学生的种种不满情绪，以及他对这种情绪的评价：

“我们总是不满学校食堂的饭菜，说他们的菜洗不净、口味不好、总不换样，等等，似乎食堂的一举一动都令人作呕。其实，常言道‘大锅饭，小锅菜’。‘大锅菜’的确不如自己家精心烹饪的好，但与周围的小餐馆比，学校食堂可能已是卫生条件最好的了。平心而论，学校食堂的饭菜还算经济实惠，那么，为什么仍会引起我们强烈不满呢？

或许，学校的食堂已成了我们潜意识里的‘权威，霸权，专政’的代名词，向它宣泄不满，是一种向权威发起挑战的心理，推而广之，不仅是学校食堂，我们对学校的浮夸‘不满’，我们对学校的粉饰太平‘不满’，我们对领导讲话拿腔作势‘不满’。进而言之，我们对这个社会虚假成风不满，我们对这个国家官僚体制不满，我们对言论受限不满，我们对这个世界霸权主义横行不满。太多的不满，造成了一批批“愤青”…… 但，我们是不是只是看到了问题的一方面？如：只看见学校不尽如人意的饭菜，却忽视了它整洁的后厨……”

学生们的要求和愿望有的是合理的，有的是不成熟的。当他们的要求和愿望不能得到满足或实现时，就会产生苦闷、不满情绪，甚至产生愤怒和对抗情绪。这是由于青年人看待社会事物容易以偏概全，由于评价的片面性，往往看不到生活中占主导地位的光明面，久而久之，就形成了不满情绪。

（二）过分追求完美

过分追求完美便是不完美。青少年由于对社会认识不够，常常理想化地看待世界。他们或希望一切都一帆风顺，或以完美无缺的标准要求别人，以理想代替现实，一旦碰壁，就会大失所望，产生不满情绪。

我们发现，有一个奇怪的现象：越是成绩好的同学，在考试之后越对自己的发挥不满意，但成绩出来后，依然很好，这就是一种完美主义心理在作怪。

珍妮是位女教师，她对自己的脸不满意，找到医生，希望可以改变自己的容貌，医生却认为没有必要。在医生的再三劝导下，珍妮终于吐露心事：每天她到学校去时，都像戴着面具，表现出最好的一面，把所有感情都隐藏起来，只留下她认为“正确”的一部分。三年的教学生活，孩子们总在嘲笑她。

医生说：“身为一名老师，并不一定非要表现得十全十美，偶尔也可以表现得愚蠢点，拿掉你的面具，学生仍会尊重你。”

珍妮摘下“面具”的一刹那，便是人生最惬意的时刻。如果过分追求完美，人生会失去很多的快乐。

（三）受挫折时把不如意化作怨气

现代青少年生活条件优越，父母对他们宠爱有加，使得他们缺少磨炼易受打击，心理脆弱。一旦受挫，易把不如意都化作怨气。如：有的学生考试成绩下降，他不找自己的原因，却抱怨老师讲课太快，或题出得太难。

（四）感到没被尊重产生不满情绪

青少年时期，是人生一个重要转折点，是迈向“成人”的关键时刻。生理的成熟，会让中学生渴望心理上也能够独立，渴望得到更多的尊重和认同，因此这个时期的他们反抗权威，反抗家长的束缚。如果学校的一些规章制度，家长的一些管束让他们觉得压抑，他们会有强烈的不满情绪，并表现出一定的逆反。

严重危害

巴甫洛夫说："忧愁抱怨能损坏身体，从而为各种疾病打开方便之门。"

当不满情绪成为一种习惯，遇到任何人、任何事都想抱怨，就会使人的情绪变得糟糕，影响身体健康。

因为不满会消耗倾听者的能量，因此人们往往都会避开，使人际关系变得紧张。

在学习和生活中，有了不满就会敷衍了事，严重阻碍自身的发展。

过度的不满还可能导致亡国丢命：商纣王不满足于当帝王的荣华富贵，建造酒池肉林来填补内心的贪婪，而到最后却亲手断送了自己的大好河山。

纠正与调节

（一）接受现实，承认生活确实是不公平的

世界总是不公平的，没有必要去抱怨。我们要接受现实，尽自己所能去改善生活。有人说过，这世界上只有三件事："别人的事、我的事和老天的事"，这三者中只有"我的事"是我们可以掌控的。而大多数人在抱怨别人的事和老天的事，如某人品行不好、社会腐败、物价太高……结果发现，抱怨根本就于事无补，什么也改变不了。那就承认生活确实是不公平的，它可以激励我们不再自我伤感。

当我们不再伤感时，会尽己所能去改善生活，积极地面对生活，这就是正确的选择。

（二）从实际出发理性地考虑问题

我们要把不满情绪化为理性的思考，静下心来想一想：我们提出的需求和愿望是否切合实际，是否合乎情理。把自己放到对方的位置去换位思考，如果对方是我，我能让他满意吗？我们希望扫清社会不正之风，希望这个社会可以更透明些、更人性化一些，这些愿望是好的，但由于国家的经济发展水平、文明程度或其他条件所限，有许多事情暂时是办不到的，若不从实际出发，就会陷入强烈的不满中，看不到阳光的一面。因此，把需求和愿望寄托在别人身上，不如调整好自己的心态，用充满阳光的笑脸去温暖那些阴暗

的角落。

（三）放下完美主义的包袱

完美总是相对的，不可能有十全十美的事情，像前面提到的珍妮仅仅因为一点瑕疵，就苛求别人，苛求自己，人生因此失去很多的快乐。

面对这种对于自身的不满，我们要敢于正视，并努力改正自己的缺点。有缺点不可怕，但若百般掩饰又怨天尤人就是个愚蠢的做法。

完美主义者不乏成功人士，但他们内心的孤单与寂寞又不是我们常人能体会到的。真正的生活，其实是一个适度追求完美的过程。一个达观而智慧的人，成功时会优雅接受别人羡慕，同时他也做好了失败的充分准备。

所以，放下完美主义的包袱，无论是做一个虽有缺陷却快乐的青年人，还是做一个承认世界不完美的达观的人，不完美也许就是种完美。世界本不完美，唯有心情放松才能拥有更美好的明天。

（四）培养对挫折的忍受力

现代青少年，常被指责为“温室的花朵”，经不起打击；稍微受到了点挫折，便高呼“伤不起”；情感脆弱，面对挫折不敢斗争。我们真的就躲在“伤不起”的旋涡里永远不满下去吗？这里我们要说：走向成熟，是青少年的必经之路。在生活中必须学会经得起挫折的考验，对挫折要有忍受力。

青少年在追求进步的过程中，总会遇到困难和挫折，如果我们怀着不放弃、积极努力的强烈愿望，困难和挫折是会被克服的。即使失败了，我们也可以总结经验，对一些令人不快的事，要从光明的一面去看，去发现它的价值或积极意义。只要对目标追求的信心在，前行的动力就在。

（五）拥有一颗平常心

人生活在世界上，不可能一帆风顺。经历过后，回头想想，其实人生中遇到的事，没必要太强调谁对谁错，谁好谁坏；对人生的得失，也没必要去斤斤计较。善于对自己进行估量，了解自己的长处和短处，办什么事，就会量力而行，不好高骛远。量力而行，也会心安理得，自我满足，以一颗平常心看待世界。

分析樊逸的不满情绪

樊逸的不满情绪来自他的过于情绪化、学习的压力、错误的认知、青春期的要求独立和自尊的需求。

学习下降了让他有挫败感，继而认为学习没有用；他反感妈妈的监督，反感学校的管束，渴望被人尊重，渴望有自己的心灵空间。

给樊逸的建议

我们在樊逸的周记本上留下了这样的话：

你的妈妈没有太多的文化，却希望你能学习好，有前途。如果你能主动地让妈妈了解你的学习情况，可以打消妈妈的担忧。同时你和妈妈要多交流，让她多了解你。有了对你的真实了解和信任，妈妈就会在一定程度上尊重你的愿望，多给你空间。你也要体会妈妈对你的关爱和期待，理解了妈妈，你的不满情绪会随之缓解。

至于学校强行要求你理发一事：你渴望独一无二，渴望被人认同，个性的发型只是一种表达方式。学校在处理这件事情上采取的方式可能不妥，但最终是为了整体学生的管理。如果看到积极的一面，你的内心会平和下来。

如果经常情绪化，可以学习一些缓解不良情绪的方法，学会管理自己的情绪……

相信樊逸会从中悟到一些东西。

有一本书叫《不再抱怨的世界》，书里告诉我们：如果我们想改变自己不满意的现状或不如意的生活状况，就要从不抱怨开始，等你能做到二十一天不抱怨，那么你的生活也就会跟着改变，奇迹也就这样来到了你的身边。

人生在世，时间很短暂。正确利用自己的不满，寻找机会，抓住机遇，就会让不满成为成功的助推器！

心理咨询篇

走进心理咨询室，是青少年朋友遇到心理困惑时的正确选择。

心理咨询是按照科学的心理学理论和原则，运用一定的方法帮助求助者认识自己、分析问题发展的趋势，帮助求助者在各种可能性面前做出决策，心理咨询其实就是咨询师协助求助者解决各类心理问题的过程。

我们经常把学校开设的心理咨询室称作“心理驿站”，心理咨询老师就像这里的侍者，精心地呵护着每一名疲惫的学生，给他们足够温暖的支持和陪伴。当青少年学生们补足给养，焕发斗志再踏上旅途时，老师们由衷地欣喜！

这里我们精选了三个典型的沙盘游戏治疗的个案，细致地呈现了咨询过程中咨助双方的语言、行为、感受及沙盘制作的过程，便于读者朋友们了解心理咨询及其过程，从而对求助者具体的心理现象及其变化的过程一目了然，对心理咨询方法及过程有更深刻的认识。

人生就是一个探索的过程，遇到了困惑，请到“驿站”稍作休息，补足给养、增强自信，然后再勇敢地迈步向前！

咨询访谈中

团体沙盘交流中

“和谐”与“埃及之旅”

——一例家庭沙盘游戏治疗案例

咨询缘起

前面在《化干戈为玉帛——青少年愤怒情绪及调适》一节中，我们呈现了刘阳的案例：刘阳是特招进入重点高中的学生，因为学习压力、学习和人际环境适应不良，加之父母管教严厉、童年奶奶去世的创伤性记忆等成长过程中复杂因素的“干扰”，使他一度情绪变得暴躁、愤怒，甚至出现了伤人、自残的行为。他的妈妈担心他，领他来学校的心理咨询室做了咨询。

我们和他建立了彼此信任的咨询关系，并成功地运用沙盘游戏治疗的方式缓解了刘阳愤怒的情绪，激发了他内在的潜力，增强了他的心理能量。咨询后，刘阳开始能应对生活和学习中的各种困扰，变得阳光自信了。

没想到的是，三年后的一天，已经在大学一年级就读的刘阳突然来学校看望我们，他一直很感恩在高中阶段我们给他做心理咨询的经历，感恩心理咨询带给他的积极改变，他和我们聊了很多他内心成长的感受。谈话中他说道，现在自己内心已经整合得很好了，可是他和父母之间仍然偶有对抗，仍会有沟通不顺畅，父母关系不是很和睦，他在家庭中感到很压抑，询问我们能否给他的父母做做沙盘游戏治疗。

我们告诉他说：可以给他们做，前提是必须征得他父母的同意，他的父母必须是主动自愿地来做心理咨询才会有效果，而且我们提议说可以让他们一家三口一起来做家庭沙盘游戏治疗。刘阳同意回家劝说父母前来。

刘阳母亲来访

刘阳走后的第二天上午，他的妈妈果真来到了学校咨询室，她说话的声音有些颤抖，且语速较快。她说刘阳回家和她及丈夫说起了做沙盘游戏治疗的事，她自己很赞同，丈夫先是不认同，后来经儿子和她的劝说也同意配合。她先来这里约定咨询时间，要求按正规的心理咨询程序进行。

刘阳母亲自述

我们夫妻俩是大学同学，恋爱时他主动追求我，很坚持、不懈地追求，几经波折，我们才走进了婚姻的殿堂。婚礼结束一周后我们就因工作两地分居，期间彼此沟通很少，直到儿子出生后才正式一同生活。

两年的分居生活，使丈夫染上了打麻将的恶习，贪玩、输钱，脾气也变得暴躁。那时我们租房住，白手起家，生活本来就拮据，仅有的生活费还时常被丈夫输掉，为此，我们之间吵架不断。孩子上小学时，丈夫单位集资分了一套单室楼房，总算居有定所，冲突相对少了一些。

孩子小学阶段，生活方面的照顾完全由我承担，丈夫很少过问。

孩子中学上了丈夫所在的学校，因为在自己工作的学校，孩子只要有一点事儿做得不好，丈夫就觉得给自己丢脸了，就打骂孩子，有时甚至当着老师和学生的面斥责孩子。孩子的学习成绩原来排在班里前十名，后来退步了二十多名，人也变得逆反，甚至逃学、上网、打架，曾把班里的孩子打伤，家里为此赔了被打同学五千多元。

我多次劝说丈夫改变对孩子的教育方式，却始终没能奏效，我只好选择沉默。

孩子是自费上的重点高中，花掉了家里三万元钱，和同事的孩子不花钱考上公费高中的比起来，丈夫的心里有些不平衡，不顺心时会指责孩子以前的过失，孩子听得不顺耳了就会顶撞父亲。家庭的矛盾不断升级，发展到三口人只要一说话，就火药味十足，三人每天都是板着脸不说话，即便是吃饭时也没有交流。

高一下半年的一天，儿子班里的一个同学喊他的外号，儿子认为是辱骂自己，便火冒三丈，只一拳就将同学的鼻梁骨和眼眶打伤，治疗费、赔偿费花了七万多元。这样一来，父子的关系更加恶化了，平时父子两人几乎不说话，只要说话就是对抗，严重时会动起手来打架，然后儿子就出走，几天都不回家。

孩子上大学是通过体育特长生加分的方式考上的，各种费用非常高。在短短的两年间，因为儿子花了家里十多万元。对此，丈夫心里很不甘，内心一度很痛恨这个儿子。

儿子上大学走了，父子的对抗关系没有了，我们之间的矛盾增加了。

我性格温和，看重事业，我们身边的人都说我比丈夫强，丈夫听到了就有自卑心理，对我控制很严，经常限制我参加正常的社会活动。在家里，丈夫有洁癖，常因为生活细节与我发生争执，我每天都感到身心疲惫。

现在即便是孩子放假回家，我们三口人也很少沟通。每天三个人是各自为政，孩子在自己屋里上网，我在房间里上网查看资料，丈夫在客厅里看电视。

这种日子我过得好累，丈夫也不满这种生活，我们想改善这种状态，却苦于没有好的办法。

我们详细了解了她家庭的现状后，看到她求助的愿望强烈，丈夫又同意配合她来咨询，就和她约定晚上六点为她家三口人做正式的心理咨询。

咨询档案

母亲：48 岁，中学教师。

父亲：51 岁，中学教师。

儿子：20 岁，大一学生。

我：48 岁，本案例的心理咨询师。

第一次咨询

咨询关系的建立

晚上六点，刘阳一家三口如约来到我们的咨询室。我热情地将他们迎进了接待室，并给他们送上了热茶。

寒暄了几句后，咨询开始。我介绍说："之前妈妈和儿子已经对我有所了解，我是 2008 年考取国家二级心理咨询师，至今已有七年的时间了，很感谢你们一家对我的信任。这个沙盘心理室是一个让人放松、自由且受保护的空间，咨询中大家所表达的一切我们均给予保密……接下来也请三个人分别介绍一下自己。"以下就是这次咨询的实录。

母亲说："我是一名老师。我这个人很要强，做事情要求完美。工作很忙，常身心疲惫，他俩对我很不理解，每次沟通起来都很难，我因此很苦恼。"

父亲："我也是老师，在事业上我没有太大的追求，'比上不足，比下有余'就可以了，平时爱玩，我媳妇就是不理解我，常为琐事与我争吵。"

我问："爱玩什么？琐事又指什么？"

父亲："我偶尔爱打个小麻将。平时我这个人有点洁癖，在生活的细节上，也要求媳妇像我一样刻板地打扫，达不到我的标准我会责怪她，时间长了，我们的矛盾增多了，彼此交流也变少了。"

儿子："我今年 20 岁，从小父母管我就很严格，总要我好好学习，稍不如意就训斥我，他们常用他们的思维模式要求我，我都长大了，我做的事他们也不放心，总管着我。这些年我的确给他们惹了不少事，也花了家里不少钱（沉默一会儿）。其实他们说我也白说，我听不进去，更不愿意与他们交流，因为他们不理解我。”

我：“三个人刚才的介绍，让我对你们家庭的现状有了一些了解。随着咨询的进行，我会更多地了解你们，你们彼此之间也会有新的了解。”

按照咨询流程，我将一份《知情同意书》交给了他们，这样也可以让他们了解咨询师与来访者的权利与义务，了解咨询师对来访者有哪些保护。

他们彼此传递着，看着。

我问：“你们夫妻以前没有接受过心理咨询，你们想象的咨询是如何进行的?”

母亲用探寻的口吻说：“我想象是我们把问题告诉你，你给我们一些意见，指点和告诉我们怎么做就行了吧?”

“这是你对咨询的一种理解方式。其实心理咨询不像你想象的那样，咨询是一个过程，它需要进行一段时间，时间长短随你们要解决的问题的难易程度而定，咨询并不是你把问题呈现出来，我给你一个解决办法就行了，而是需要我们之间的努力和配合，我们双方都要投入，这样才能帮助你们解决问题……

“咨询过程中，我的责任是利用我的专业知识来帮助你们，你们的责任是把你们的感受告诉我，并且愿意采取行动，去实现你们确定的咨询目标。”

母亲：“哦，我有些明白了。”

“根据你们刚才介绍的情况，我们将咨询目标确定为让家庭成员间的沟通更好，可以吗?”

母亲：“可以，我们今天来的目的就是想解决这个问题。”父子两人也点头同意。

介绍箱庭

“我们这里有一个你们意想不到的方法，可以帮助你们家庭更好地改善关系。我将带你们到沙盘世界里，看看沙盘制作过程能为你们带来什么。”

“那太好了!”他们一同回应。从他们的表情中，我看得出每个人都有这种愿望，愿意共同进行家庭沙盘游戏治疗。

咨询师观察

三口人好奇地看着沙箱及周围琳琅满目的玩具，开始观看、欣赏。母亲有些沉稳、安静，站在那里细心观赏。父亲却在不停地来回走动，看看这儿，看看那儿，还不停地自语着。刘阳的好奇心远远大于父母。他一会拿个卡通人看看，一会儿拿个小房子瞧瞧，看到船和鱼的时候，他开始停下来静静地欣赏，我感觉那些是吸引他的玩具。总之，三人各自为政，没有交流，没有沟通，也很少有目光的接触。

当我让他们自己选好位置准备沙盘制作时，我观察到：母亲端坐在那里，目光望着我，似乎等待着咨询的开始，看起来挺放松的；父亲坐在椅子的三分之一处，双手抱夹，似在思考什么，左腿在不停地抖动；儿子低头双手合十，在不停地搓着自己的手。

和来访者的第一次会见对我来说非常重要，在这个时段，我很少说话，只是观察，我努力的用本能和直觉去捕捉掩藏在他们家庭背后的故事。

评估

沙盘制作前，我们就这个家庭沟通难度做了个评估，我问：“如果用1～10来表示沟通的程度，1是低分，10是高分，你们现在的程度应该是几分？”

母亲说是9分；父亲说8分；儿子说7分吧。

“好，我清楚了，现在我们开始沙盘游戏治疗。”

制作规则的介绍

简单介绍一下沙盘游戏制作的规则：

（1）摆放玩具的顺序是按照抽签或猜拳来决定的，奉行“弱势优先”的原则，即抽到最后的一个人或猜拳输了的人，为第一个摆放玩具的人，以保证制作顺序上的公平。

（2）每人每次动作只能放一件玩具或同类玩具中的几个，挖一条河或堆一座山算一次动作。每轮摆放完成后，再进行下一轮，同时咨询师将对每一轮沙盘场景进行拍照。

（3）在制作过程中，家庭成员间不允许交流，但可以与咨询师互动。

（4）不能将其他人已摆放的玩具拿走或放回玩具架，但可以移动自己或他人摆放的玩具，移动后，在这一轮里不能再摆放任何玩具。

（5）在制作过程中，你可以选择在某一轮放弃，什么东西都不摆。

（6）最后一轮中的最后一个人摆放完玩具后，可以对整个作品进行一些调整，但不能添加玩具。

（7）每次制作的时间，没有严格规定，一般在50～60分钟左右，也可视沙盘摆放情况而定，剩最后一轮时，我会予以提醒。

当我介绍完沙盘制作原则后，他们三口人不约而同地站了起来，开始猜拳。猜拳的结果原本是母亲第一，不知何因母亲却把第一的位置让给了儿子，自己排在最后。最后摆放玩具的顺序是：儿子1号、父亲2号、母亲3号。

抚沙

我在给这个家庭治疗时，没有让他们直接进入沙盘的制作，而是先让他们用双手来抚触沙子，体验一下沙子给他们一家人带来的感受。

“请你们三口人，将手放在沙箱里，体验一下沙子的感觉，你可以抓，可以揉，还可以推。”在我的引导下，他们三人同时将双手放在沙箱里，低着头，看着自己的双手，静静地体会着，看得出他们每个人都很用心。此时我感到：我与他们一家及沙箱构成了一个场，彼此之间挨得很近。

大约两分钟左右，儿子开始用双手轻轻地捧起沙子，先是慢慢地撒在母亲的手背上，接着又捧起了沙子，用同样的方式撒在了父亲的手背上，此时有股热流在我心中涌动。

这时，我看到了母亲投给儿子的目光，那是充满爱的目光。

抚沙过后我问：“能谈谈抚沙过程的感受吗？”

儿子说：“沙子很温暖，也很细腻，像母亲一样，很包容，还可以创造成不同的形态。”

接着儿子的话，我继续问：“我刚才观察到你用双手捧沙，轻轻撒在父母的手背上，你当时的感受是什么？”

“我觉得这样做我们可以互相帮助，我们没有语言的交流，可以用手互动，我这样做是希望父母将手埋在沙里，去更深地体会沙子给我们带来的真实感受。”

也许儿子的话触动了妈妈，这时妈妈眼含热泪对我说：“没想到我的儿子长大了，懂事了，他的那个动作仿佛给我传递了理解与爱的信息，以前我真的没有用心地去体会孩子，不理解孩子。”

父亲也有些感动，他说：“儿子真的长大了，懂得理解父母了，这是我刚刚感悟到的，我真的很欣慰。”

沟通从儿子开始……从抚沙过程，我感受到了这次咨询将给这三口之家带来的积极的改变。

引入箱庭

我说：“请你们用架子上的玩具，在沙箱里随便做个什么，想怎么做就怎么做，没有时间限制。看看架子上的玩具，当看到哪个跟你有缘的时候，你就把它摆放到沙箱里”。

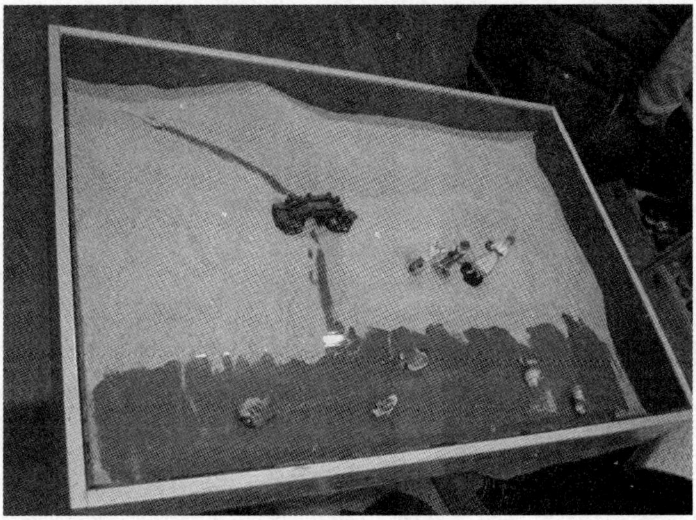

第一轮　来访者角度

第一轮

刘阳自语道，要造一片大海，他开始用双手在沙箱的底部把下边的沙子往上推，形成了一片蓝色的大海，接着他细心地将海底清理得干干净净。自语道："露出蓝色的海水看着就舒服"。随后拿来海豚、燕鱼、金鱼放在了大海里。这时的大海有了生机和活力。

有了大海，父亲便从左上角引出一条河，河水顺流而下，注入了大海。自语道："河流从源头流入了海里。"接着拿了一座漂亮的桥，架在了河上，说是有"小桥流水人家"的感觉。

母亲在沙架上寻找了好久，最后选择了一个读书的女人、抱胸的男人和一个运动的男孩放在了海边的沙滩上，像是一家三口在看海。

如图：三个人仿佛在一个和谐的世界里，相对独立地经营着自己的世界。

第二轮

儿子先拿了一个类似寺庙的建筑，犹豫着，觉着不妥，送回了玩具架，又拿起一个角楼，又送了回去，最后拿了一座房子，放在了沙盘右上角。

父亲在沙盘左侧中上部位似沙丘的地方摆了一套桌椅。

母亲拿了一个具有田园风情的房子放在了左侧的海边上，房子的连体侧面带有一个红色的风车。由于和大海连接，显得此处动力十足。

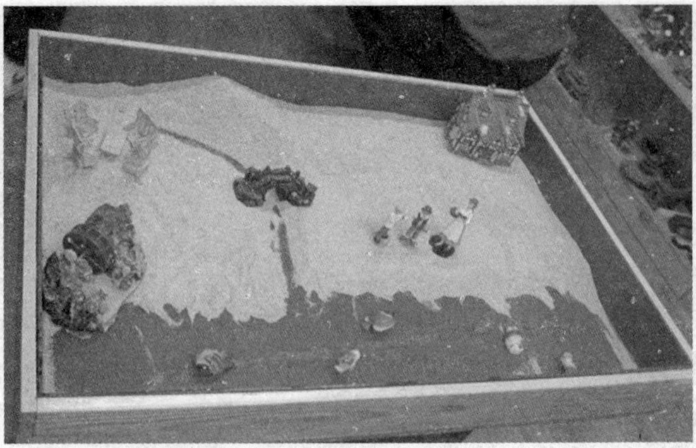

第二轮　来访者角度

第三轮

第三轮　来访者右侧的角度

儿子拿了一个帆船放在了大海的中心地带，航船驶向了未来的方向，预示着一帆风顺，儿子一直在经营着自己的大海。

父亲拿了一棵竹子、一束花和一枝玫瑰，竹子和花放在了自己摆放的桌椅后边，一支玫瑰花放在了儿子摆放的房子侧面，为这个世界增添了色彩和生命的气息。

母亲觉得儿子拿的房子前有堆积的沙，觉得有点堵，希望前方的路更平坦一些，于是推平房前的沙，至海滨开了一条路，在路上放了一辆红色的轿车。

有车、有树、有房、有海，这个世界有了动力支撑，我也觉得挺舒服的。

第四轮

第四轮　来访者角度

儿子拿了一个振翅欲飞的雄鹰，放在了海边。

父亲换了一套比原来大了一些的餐具，并摆在了茶桌上，又拿了一辆警车（不同类玩具，违背摆放规则），放在了自己摆放的桥对岸的桌椅边上。

母亲每次选择沙具都很认真，精挑细选，这次拿了一些草丛，分别放在了两处房子的边上。

这一轮，一家三口，有了明显的互动与交流。

第五轮

第五轮　来访者角度

儿子很快从架子上拿了一个小瓷狗，放在了母亲拿的三个人的后边。

父亲寻找了好一会，才找到了两个塔，一个如灯塔，放在了大海里，另一似文昌塔放在了沙滩上。

母亲见父亲拿的椅子上没有人，便拿了三个小人放在了椅子上。作为咨询师，我觉得制作可以进入尾声了，于是我提醒她们“还有最后一轮”。

第六轮

第六轮　来访者角度（栅栏已调整）

来访者的西面

儿子拿了一个橘黄色的篮球，放在了沙滩上的那束玫瑰花下。

父亲拿了个栅栏放在了儿子拿的房子前面（右上）。

母亲拿了三个精美的海螺、贝壳放在了海边。这一轮时间稍长，我观察到他们每一个人，拿玩具的时候都很认真，有珍惜最后一次机会的感觉。

按照规则，排在最后一名的家庭成员有一次修整沙画的机会。只见母亲不加思考地拿起父亲放在儿子房前的栅栏，放到了沙滩上的一块空地上。

这次沙盘制作用了60分钟。

我让他们先仔细地欣赏一番自己创作的世界，然后给他们共同制作的沙盘作品取个主题。

经过一段思考后，父亲抢先说："就叫《海岛风光》吧"。

母亲思考后说："叫《看海》吧!"

这时我们都将目光转向了刘阳，等待儿子的答案。

刘阳看看父亲，又看看母亲，然后转向我，说了一句："我看这幅沙画整体挺和谐的，就叫《和谐》吧。"

经他们讨论，结果是尊重儿子的意见，同意箱庭共同的主题为《和谐》。

我说："这个沙盘作品是你们共同用心创造的，希望你们用一些时间，不仅仅用眼睛，更重要的是用心去品味、理解，感觉这个作品给你们带来的一切感受。"

几分钟过后，我说："你们是愿意分享关于这个沙盘作品的故事，还是只想静静地欣赏而暂时不谈论它?"三口人都愿意一同分享他们的作品。于是，我们围坐在沙箱周围，共同分享感受。

刘阳说："真的太好了，当我将手放到沙箱里体会沙子的时候，我的心一下子就静了下来，大脑一片空白，只有眼前这个沙的世界。当我与父母互动的时候，我的心有一丝酸楚。看到了沙，我想到了我的妈妈；堆起沙，我又想到了我的爸爸；大海的出现，我感受到了父母对我的培养与包容，一种愧对父母的感觉涌上了我的心头，我平时真的很少与他们交流，此刻我就想到了用沙与他们沟通。当我得到父母的赞赏时，我感到我们的心是相通的、相融的。

我平时就喜欢大海，在往沙箱摆放玩具时，我首先推出了一片海，紧接着又在海里放了几条鱼，有水有鱼，海就有了生机和活力。我又在海里放了船，好似生命有了动力，也希望我们的生活和将来的事业能一帆风顺。在这样美丽的海边，我希望我们有一座房子，于是就拿了一个漂亮的房子，感觉这就是我们的家。虽说这个房子很豪华，是我们目前没有的，但它是我的追求，我要实现这个梦想。我是篮球运动员，从小就喜欢运动，我拿那个篮球放在我的房子边上，是提醒我做自己喜欢做的事，健康是最幸福的。我拿那个小狗放在妈妈拿的三个人的身边，一方面是我喜欢狗的忠诚与憨厚，同时也希望父母像喜欢宠物那样宠我、爱我、理解我。有了这些，我觉得生活就非常有意义。”

父亲：“沙盘游戏我是第一次接触，开始挺怀疑，用这种方法怎么能解决我们的问题，待用心体会后，真的给了我一个惊喜，从中我看到了儿子的成长、变化，知道了自己做父亲的失职；再是对妻子也有了进一步的了解，平时我们彼此不交流、不沟通，虽然在一起生活了那么多年，但真的没有走进彼此的内心，因不理解彼此在互相伤害，想起来都有些后怕，今天是我们一个良好的开端。

“说实话，在抚沙的那个环节，我的心还没有平静下来，脑子还在胡思乱想。等到制作沙盘的时候，我的脑子开始空了，专注于吸引我的玩具，我看儿子推出一片海，心里就挺亮堂的。我觉得海要有源头，于是在左上角像山的地方挖出了一条河，将河水引入大海。我见河流将沙滩分为两部分，于是就拿了一座桥，因为桥能起到沟通和连接作用。有山有水，这样的风景要有人来欣赏，于是我就在海边一个较高的地方放了一个休闲茶座，我想在海边品茶、观景，这很惬意！我看到整幅沙画缺少花草，于是，我就在茶座边上放了绿树和花草，这样沙滩上呈现出了鲜花盛开、绿草如茵、生机盎然的景象。我很喜欢塔，塔能给人一种坚毅、向上的感觉，塔还能让人登高望远，海上的灯塔还能给远航归来的人们指明方向，我就拿了两个塔，一个放在岸上，一个放在海里。现在，车已成为家庭的代步工具，我觉得我们家也应该有一辆车。于是，就拿了一辆车放在了妻子摆放的房子边。我觉得儿子的房前有些空，就拿了一个美丽的栅栏放在了门前，我觉得家是我们的独立空间，房门前有个栅栏能给人一种安全感。

“在制作结束时，妻子挪走了我的栅栏，我开始觉得挺不舒服，后来听了母子俩的解释后，还是欣然接受。这就像是我们日常生活中有矛盾、有摩擦，把它说出来，才懂得对方的想法，这样我们的关系才会更加融洽！”

母亲：“走进沙盘室的时候，我就静静地体会，我觉得这里就是一个世界，我希望在这个世界里找到一份宁静，让我的心真真正正的有个归属。在抚沙中，我什么也不想做，只想安静地体会感悟，想让自己的内心能量流动起来，传递给丈夫和儿子，让我们三颗心聚在一起，一同交融，一同跳动。或许是我的意念使然，也或许是母子一体，儿子似乎收到了我的信息。当儿子用手轻轻地往我的手背上撒沙子时，我眼前呈现的是血脉相通的景象。儿子的感受给了我力量，也给了我希望。以前贴在我心里‘不懂事孩子’的标签一下就撕开了，一个懂事、有理想、有目标的孩子，真的呈现在我面前了。我忍不住流泪了，对儿子的夸奖，是我发自内心的话。

“在制作沙盘时，我喜欢大海，大海能解除我的烦忧，儿子恰恰就用双手推出来一片大海，当时我的心里舒服极了，于是我就拿了三个人放在了海边，我想那就是我们一家三口人。当我想拿房子时，儿子已将房子摆上了，我见儿子的房前不太平坦，就在房前开了一条路，让它通向大海。接着拿了一辆红色的轿车，作为我们代步与休闲度假的工具。拿水车是为了与海衔接，水车边的房子是为孩子结婚准备的。看丈夫拿的树太大，为了配合他就在房前屋后种了些草，给沙滩增加些生机和活力。见丈夫拿的茶桌椅子上没有人，我就拿了三个人放在椅子上，意味着一家三口在海边品茶、观海、聊天。用贝壳点缀海的时候，我仿佛找到了三个人在海边戏水的感觉。当丈夫在儿子房前摆放栅栏时，我心里就感觉有些堵。利用最后调整的机会我把栅栏给挪走了，我觉得那个栅栏在整个作品中有些不协调，它是一种束缚、一种控制。因为不能移出去，我就把它放在了河流与沙滩边上。”

母亲的话音刚落，刘阳就抢话说：“我看那个栅栏心里也很堵，如果妈妈不拿走，我也会拿走。”

这时父亲开始不停地解释栅栏的用途，显得很烦躁，有点控制不住自己的情绪。

各自都说完感受后，我问刘阳：“在整个箱庭世界中，你最满意的地方在哪里？”

刘阳说：“是那片大海，它真的给了我‘海阔凭鱼跃，天高任鸟飞’的感觉。”

我又问道：“那你不满意的地方在哪里？”

刘阳说：“父亲的那两个塔，他破坏了我的整个作品的意境。”

就“塔”的问题，父亲解释说：“海上的那个是灯塔，在很远的地方，是给人指明方向的；沙滩上的塔，是文化的积淀，我是希望儿子能做一个有文化、有智慧的人。”

听了父亲的解释，儿子表示接受。

我问父亲：“你对箱庭作品最满意的地方是什么？”

父亲：“最满意我自己做的观景茶座。那是让人赏心悦目的地方，生活就应该这样，一家人团聚和谐地过日子。最不满意的地方，他指着儿子摆放的篮球说，摆在那个位子有点不伦不类的。”

刘阳接着父亲的话题，解释了自己放篮球的意义。他说自己从小喜欢运动，自己又是篮球运动员，放篮球是健康的标志。听了儿子的解释后，父亲欣然接受了。

通过对话的方式，父子的“结”算是打开了。于是我将话题转向了母亲。母亲说她最喜欢的地方是儿子挖的那一片海，大海给人一种包容的感觉。不喜欢的地方就是那个栅栏，她感觉那是束缚，也是控制。现在她给挪走了，觉得整个沙画看起来挺舒服的。

这时我说：“我们共同欣赏和分享完作品后，我感觉到你们三口之家，从问题的呈现到彼此的争论，到最后走向和谐，这是你们共同配合的结果。”

为了让他们今后能够营造一个更加和谐的交流空间，我让他们彼此间做了面对面的交流，彼此向对方谈感受。

我问刘阳：“此时你最想向父母说的话是什么？”

他说：“妈妈爸爸你们放心吧，儿子已经长大了，不再让你们操心了，请你们原谅儿子过去的不孝。我也希望你们俩多沟通、多交流，好好过日子，保重身体。”

母亲听了儿子的话，眼圈红红地说：“现在我对儿子真的放心了。”

父亲也很激动地说：“儿子这回真的长大了，没有这种交流场合，我还真的看不到儿子的成长。”

接着我让母亲对父亲说句话。她说：“希望你多理解我，有问题、有矛盾不怕，就怕我们之间不沟通，以后我们要勤沟通、勤交流。”

父亲接着母亲的话说：“我就希望我们稳稳当当地过日子，一家三口和和美美，有一个温馨幸福的家。我承认我以前做得不好，但我愿意改，不过你的坏毛病也要改。”

对于第一次咨询的结果，虽然限于时间等规则的约束，他们心中的愿景没有完全按照自己的意愿充分展现出来，虽然存在一些冲突、争论的场面，但更多的是沟通、整合的期待，作品整体比较和谐。毕竟是第一次咨询，这种沟通整合，只能是初见效果。箱庭最后的场面并没有三人心中期待的那么好，依然能感受到区域间彼此的距离。

最后，我让他们对本次咨询结果做个评估，仍用 10 分表示满意程度，1 是低分，10 是高分，三口人都打了 5 分。

我说：“今天这是非常好的一个结果，祝福你们家庭和谐幸福。今天的咨询我们就到这里，下周二我们进行一次巩固治疗好吗？”

“好，下周见。”

第二次咨询

仍是周二，我和助手如往常一样提前来到了工作室，查看了上次会谈记录，回忆了连续性的主题和会谈的焦点、目的，我俩又做了一个清场放松练习，将自己的身心调整到最佳状态。

六点，刘阳一家如约而至，迎他们进门的时候，我眼前一亮，他们个个神清气爽、面带笑容，衣服穿得也很鲜艳、舒适得体。

“看你们的精神状态蛮好啊！”

“是啊，是啊。”母亲说。

我们边聊边一同走进了箱庭治疗室。顺着话题，刘阳说：“我感觉自己变化真的挺大，回家后我和父母的话说得多了，有事也愿意和他们商量，他们对我的态度也有了很大的转变。”

父亲也说：“内心确实有变化，对妻子看不惯的事能换个角度说，多了一些理解，少了责备，这样自己也不生气了。”

母亲说：“和儿子与丈夫之间的交流比以前畅通多了，也能换位思考了，这样一来心情相对舒畅了。”

我：“有收获、有效果、有变化就好……这次做一次巩固性治疗。因为是第二次治疗，规则我就不重复了。今天制作沙盘的顺序是猜拳还是抽签？”

“抽签吧。”儿子说。

抽签的顺序是：父亲1号，母亲2号，儿子3号。

“我们这有两个沙箱，有干沙，有湿沙，你们选择什么？”

“还是选择干沙吧。”父亲说。

“好，现在我想请你们在沙子底下做个链接，随便怎么做都行，不要让我看到你们的手，看你们会怎么做？”

三口人将双手放进了沙箱，开始用手往沙箱的中部堆沙，然后都将双手伸进沙堆中。我感到三双手在沙堆里不停地移动，妈妈在维护，儿子在配合，爸爸在支持，最后三双手叠落在一起。我观察到他们的面部红红的，我想这是他们的能量在流动。当他们把手拿出来的时候，我让他们对这个链接彼此谈谈感受。

儿子说：“互相帮助，我帮爸爸、帮妈妈，爸爸妈妈帮助我，触碰到爸爸妈妈手的时候感觉非常温暖。”

父亲说：“就俩字，‘温馨’。”

母亲说：“父子俩的两双大手给了我力量。”

“一个很好的开端，我们开始今天的沙盘游戏治疗吧。”

第一轮

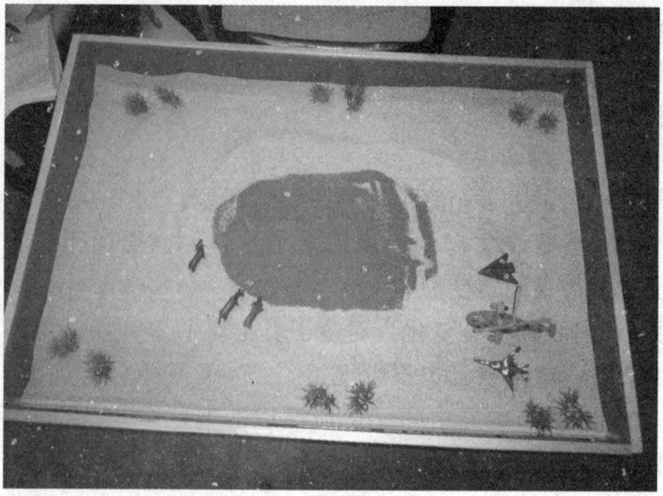

第一轮

父亲试图做个小岛，做着做着又给毁掉了，重新回到玩具架前，5 分钟后他取来三架战斗机，自语："上次弄了个海，这次挖个湖吧"。于是在沙箱的中部挖了一个湖，并将三架战斗机放在了湖边。

母亲在湖的四周植上了草，儿子在湖边放了三个小动物，马、鹿，还有羊，沙盘中有草、有水、有动物，有了人与自然的连接。

第二轮

第二轮

父亲在湖里放了一个游轮，一个树叶船（蚂蚁和树组合的划船的沙具）。

妈妈放了老年夫妇和青年夫妇各一对沙具。

儿子放了两个金字塔（左下方）。

第三轮

第三轮

父亲抚沙后，放进三辆车（分别为警车、轿车、摩托车，他上次制作也拿过一辆警车）。

母亲环绕玩具架在寻找，拿起鹅、鸭又放下，最后选择了一个漂亮的房子。

儿子拿了加油站，放在了父亲的三辆车附近。

第四轮

父亲拿了一只鹰放入左下角，面对着马、鹿和羊，又调整了警车的方向，使三辆车的方向一致。

母亲拿了一个蘑菇人（小地鼠）放在了加油站的边上，自语道："很喜欢这个玩具，却不知道是什么，权当小标志物吧"。

儿子拿了四条鱼（有两条鱼是上次拿过的），放在了湖里。

还有最后一轮，咨询师开始提醒，以使他们有准备选择更吸引他们的玩具。

第四轮

第五轮

第五轮

父亲拿个公园靠背的长条椅子，自语："这么好的环境，得有个休息的地方呀！"

母亲拿了三个小人放到了休闲椅上。

儿子拿了个双面人，放在了两个金字塔的中间（沙盘左下部）。

整个制作过程用了35分钟。

沙画的调整

儿子利用调整机会，将父亲放的三架战斗机改向相反的方向飞，调整后的沙盘多了一些和谐，少了一些冲突。

调整完后，我引导他们围绕沙盘转一圈，希望他们能从不同的角度去感受、仔细体会这个沙盘的世界。“想象你们就共同生活在这个世界里，从不同的角度观看的感觉会一样吗?”接着我启发他们，“生活中有许多事情，要从多角度去看，那样看的问题可能相对客观一些。”

来访者角度（南面）

来访者对面（北面）

调整后的沙画

这次我们先谈感受，后命名主题。

我引导说："沙盘作品中包含了许多你们心灵上的故事，能给我讲讲吗？"

刘阳说："这是一次全家人通往埃及的旅程，埃及是古文明之国，金字塔的神秘让我一直很向往。我们乘飞机，转汽车，来到了有山有水、有绿地、有沙漠的地方，在这里我们可以欣赏到古埃及的文化，心里好惬意。"

父亲："这个作品体现了人与自然的和谐，体现了东西方文化的融合。我没坐过飞机，我想我们一家每人开一架飞机，飞向天空，享受登天的感觉，飞至埃及那个旅游胜地。下飞机后儿子警车开道，妻子轿车紧随，我骑摩托车在后面护佑，一家三口其乐融融，共同欣赏大自然的美景。然后湖上泛舟，沙滩小憩，尽享旅游的乐趣。那只鹰是我对儿子的希望，愿儿子像这鹰一样展翅飞翔，学业有成。"

母亲："这是一个充满生机和活力的地方，绿草如茵，湖光山色，有老人，有孩子，他们相抚相依，人与人的和谐与大自然的和谐都体现出来了，飞机、汽车、游船、现代的设施与金字塔、狮身人面像等古老的建筑交相辉映，让人心旷神怡，尤其是儿子放的加油站，给我们带来了生命的动力，让我们的能量自由地流淌。"

多美的故事与感受，我都被陶醉了。请一同给这个作品起个名字吧。

刘阳："《埃及之旅》。"

父亲："儿子名字起得好，古老文明之地，我赞同。"

母亲．"同意儿子起的名字。"

最后三口人确定了共同的主题为《埃及之旅》。

我在分享中与他们进行了如下的对话：

"听了你们的故事，又起了这么好的名字，我感受到了你们三人对整幅作品的满意度是很高的。沙盘中还有哪个地方你们感到不舒服？"

刘阳说："飞机，我看爸爸拿的是战斗机，我觉得与整体画面极其不协调，我就给转变了方向，权当它们已经飞走了。"

"儿子调整了父亲的飞机方向，我观察到爸爸深深地叹了口气，爸爸能把当时的感受表达出来吗？"

父亲："我拿了三架战斗机，我没把它当作战斗机，我只想它是普通飞机，为我们旅游时使用，儿子可能没理解我的意图。"

我："现在父子俩能互相理解了吗？"

父子一同回答："能。"

“我还有一个疑问，希望爸爸回答。我观察你两次摆沙盘中都拿了那辆警车，能告诉我为什么吗？”

父亲：“警车能给人以安全感。”

“我记得你拿栅栏时也提到了安全感，你说的安全感是什么？”

父亲：“以前我总怕失去家庭，我想，家庭破碎了会让人不安，还会让父母也跟着伤心上火。现在老人们都老了，我很担心失去他们。”

我：“你的想法我非常理解，你是个孝顺的儿子，我也很欣赏你这一点。你希望怎样改变这种不安全的感觉？”

父亲：“今后多理解妻子和儿子，多与他们进行沟通，宽容一些，和他们共同经营好这个家庭，改掉自已身上他们不喜欢的毛病。”

“好!”我将目光投向母子俩，“你们听到了吗？”

“听到了，我们相信他，我们会共同维护这个家。”妈妈说。

接着我让他们在沙盘里寻找自我像。

刘阳指着新婚夫妇中的男子说：“那就是我。”

接着，爸爸指着坐在椅子上的那对温情脉脉的老人说，“那就是我们俩。”

这次的沙盘治疗，三口人共同认识多了，互动的场景多了，肢体的接触也多了。呈现的问题通过对话的方式基本上解决了。

这次的结束，我用了不直接表达的方式，感受他们心灵的沟通与默契。

“现在请你们把手拉起来，妈妈在心里真诚地对儿子说一句话，用手心传递给儿子，爸爸也用心对儿子说一句话……”

我：“刘阳能读读妈妈说的话？”

刘阳：“妈妈会说，她爱我，支持我，我能感受到她的爱和温暖。”

我：“妈妈想说的话是这样的吗？

母亲：“我是用心给儿子传递的爱，我说无论儿子遇到什么境遇，妈妈的爱会永远伴随着他，永远支持他。”

我：“刘阳再猜猜爸爸说的话？”

他说：“他会说，我相信你。”

我：“刘阳爸爸你想说的话是这句吗？”

父亲：“儿子猜对了。这也是我跟他常讲的内容，人不能只徒有其表，更要有文化，要有头脑。看到儿子两次在沙盘制作中的表现，我可以放心地说，相信你，相信你的选择，爸爸和妈妈一样永远做你的后盾。如果创业失败了，我们就是你的港湾，让你停泊，让你调养。”

我：“问爸爸一下，你想向你的妻子说些什么呢？”

父亲：“以后对她多一些理解，少一点指责，事业上我没有太多的打算，她有理想，我要帮助她实现，多从她的立场考虑问题。”

我："妈妈想向爸爸表达什么？"

母亲："（眼含泪水）作为妻子，我做的也不够，让你受委屈了。以前我只考虑我的感受，没顾及你的尊严。这两次制作沙盘，让我看到了你对我们母子俩的爱。我们平时不交流、不表达，之间有很多误解。现在我对你、对儿子、对家庭充满了信心，谢谢你这么多年的付出。"

三口人的双手紧紧握在一起，此时我的心也为之感动。

我："刘阳你读懂爸爸传递给你什么了吗？"

刘阳："力量，是男人征服世界的力量，让我永远奋斗、创业的力量。"

我："好，让我们重新拉着儿子的手，看儿子给你们的是什么？"

刘阳："妈妈、爸爸，我就希望你俩好好享受你们的生活，相亲相爱，相濡以沫。你们给我一些时间，我要做出点事儿，让你们真正放心。人生很短暂，我要抓住每一个机会，不浪费青春年华，对以后我心里有目标，我会努力的，儿子不会让你们失望的。"

我又问爸爸："通过这样的一个咨询，你找到安全感了吗？"

父亲："找到了。"爸爸脸上透着一份喜悦。

咨询结束后，我为他们布置了家庭作业——"记红账"。即一家三口在生活中要订立个规则，做好的地方用红笔画出个小旗，做错的地方用黑笔画个圆圈，三人要互相监督并定期开会，有奖有惩。

他们表示赞同，第二次咨询结束。

一个多月后的一天，我接到了这位母亲的电话，她说："非常感谢我们的那次咨询历程，现在我们一家三口相处得很和谐，孩子在大学里当班长了，还被学校列为了入党积极分子，丈夫也不打麻将了，能经常做家务，很体谅我，我们的沟通也畅通了。"

两次沙画的对比

这里将这个三口之家的两次箱庭作品放在一起做一个比较。

从外形上看，第一次作品以长方形为主；第二次以圆形为主，沙盘周围都是圆的流通。第一幅作品的外形看起来像一件衣服，中间的桥像是衣服的扣子；第二次沙盘像一个人的面容，两条鱼是眼睛，游船像人的嘴，蚂蚁船像是人头上的饰物，两幅沙盘作品好像在呈现一个人从外（自然的海）到内（心海）的变化。通过两轮治疗，人物变得越来越独立，相互之间的沟通协作也越来越顺畅，有共同努力的目标，内在力量渐渐增强，主题更具体。

这是让我很难忘的运用沙盘进行家庭治疗的案例，三口之家共同进行的心灵的旅程，定会在日后带来更多的积极能量，祝福他们！

第一次　主题《和谐》

第二次　主题《埃及之旅》

三口之家两次沙面的对比

我好想用刀划他一下

——一例高中男生的沙盘治疗个案

这是四年前我为玉树地震灾区学生支教时所做的一个沙盘游戏治疗的案例。

来访者基本情况：尕码旦周（化名），17岁，男性，身高165厘米，藏族，玉树地震后来到辽宁异地复课的高二学生，住宿，家族无特殊遗传病史。

咨询事由：最近该生出现了自残行为，并有明显的攻击性，班主任因此带其来到咨询室。

班主任反映：旦周学习成绩不是太好，这学期被选入校学生会，上周在对住宿生进行检查时，一名高一女生在楼道里大喊大叫，被旦周训骂了一顿，那女生顶撞了他，当时他感到很气愤，突然猛一脚踹在女生的肚子上，女生当即倒地，痛得站不起来了，在场的人都没有预想到他的反应会这么过激。学校批评了旦周粗暴的做法，并将这件事通报给他玉树的家人。事后他也非常自责，曾用头撞柜子、撞墙以自罚之后晕倒。同学们送其到校医室，把他放到床上时，他不停地撕扯着还要自残，几个同学一起用手压他都压不住。

最近，旦周和同班的一名男生有点小摩擦，又出现了自残行为，他的脸上和手上有多处因自残留下的划伤或抠伤。

咨询过程

第一次咨询

2011年3月15日中午，藏族班主任老师按约定带旦周来到学校心理咨询室，一进门，他和我点了一下头，说：“这是旦周，你们聊吧！”说完转身离开。

“快进来！”我把旦周让进屋，指引着让他坐下，随手拿起一个纸杯给他倒了一杯温开水。

“好，老师。”他回应着我。

他身穿校服，个子不算高，但体格显得很结实，很灵活，脸上的五官棱角分明，很有礼貌的样子。

“你在学校见过我吗？”我边说边坐下来。

“见过，我们刚来时，你给我们做过心理讲座。”

我：“噢，我怎么称呼你呢，你的名字？”

“旦周。”他说得有点快，我表示没听清楚，他便拿起身旁桌上的笔，在一张纸上写出他的名字给我看。

“噢，旦周，我记住了喽（停顿一会儿）……我想知道，今天是因为什么事情老师带你来这里。”

旦周：“我最近有点不对嘛！……发生了点事情，老师说学校有心理老师，最好去咨询一下！”

我：“老师说？……那你自己愿意来吗？”

旦周：“嗯，也想来看看。”

我：“以前你做过心理咨询吗？”

旦周：“没做过。”

我：“你想象中心理咨询应该如何进行，你觉得心理咨询是做什么的？”

旦周：“就是我把我的事情说给你，你能告诉我办法。我一说，你就能知道我心里想的是什么（事）。”

我笑了，“不是这样的，心理咨询并不是你把问题说给我，我就给你一个答案或解决的办法。它是需要我们两个人配合，要我们俩个人针对你的问题一起投入，一起去探讨努力……而且心理问题一般不是一次就能解决的，需要进行一段时间才能帮你解决问题。我这样说你能明白吗？”

旦周：“嗯，明白，就是心理咨询不是一次能解决问题，还要我和老师配合。”

“对，我要做的就是用我所学的心理学知识帮助你，你要做的就是把你的感受告诉我，并要主动地去采取行动。”我说。

旦周：“那……我需要做几次？”

我：“这要根据你想要解决的问题来确定……我还要和你说一下心理咨询有一个重要的原则就是保密的原则……所以你在这里是很安全的（停顿）……今天可以让我多了解你一些吗？”

旦周：“可以，老师。”

“我看到你的脸上、手上都有伤，给我看看，怎么弄成这样啦！”我关切地问。虽然他的班主任事先说过他的伤，可是真正面对他的伤，我还是很吃惊。

旦周迟疑了一下，把手伸到我面前。我抓起他的手，边看边叹着口气说，“怎么弄成这样啊！和同学打架了吗？怎么弄的？”

“我……我自己抓的。”他低声地说，“用手使劲抓的……就是在宿舍嘛，他们都上课了，我没去，心情不好，想大喊，就使劲抓嘛，一边叫着一边抓嘛。”他话语中有着藏族学生特爱说的“嘛”字。

我又看着他的脸，在靠近他左耳边的脖子上，还有一丝血迹（像是结的疤又破了）。我顺手从纸抽里抽出一张面巾纸，为他擦拭着。

“你抓的时候不痛吗，不怕留疤痕吗？”

“不觉得”，他摇头，“我抓完心里就能静下来了……没想过别的。”他讷讷地说。

“以前你有过这样的伤害自己身体的情况吗？”

旦周：“没有。”

“近期要好好保养伤口，尽量少动水，别让伤口感染了。”我意识到自己对他有一种母亲般心疼的感觉，便马上让自己从这种情感中抽离出来。“如果现在你是旁人，当他看到你现在这样，把手和脸伤到这样了，会怎么想？”

旦周：“他会觉得我很傻……”

我：“看到你这样，他会如何帮助你呢？”

旦周：“他可能会和我说话，会找朋友和我谈心，会告诉我听听音乐，让我放松心情，或打打球、做体育运动……”

从旦周的叙说中，我感觉他的思维很清晰，表达很流畅。

“你能再详细地说说你自己吗？比如家庭、学习、生活等方面的情况。”

旦周：“我学习不好，很有压力……家里嘛，我爸爸退休，妈妈没工作，爸爸的脾气不好，妈妈很慈祥。家里主要靠挖虫草、卖虫草为生。有两个姐姐，大姐已经结婚，二姐正在工作。地震当中妈妈肩膀被石板压住了，现在一个胳臂有点抬不起来了，一个姐姐手受了轻伤……”在他的介绍中，我会适时插一些小问题，他都很配合地回答着。

“最近，我和我班上一个同学有点擦擦碰碰（摩擦），就是前桌的同学往后挪椅子，靠着了我的桌子，把我的笔盒碰掉地上了。我很生气，说了他，两人就发生口角了……同学来劝了才平息……那两天上课时，我就会溜号，脑子里会乱想。”

我：“你是说和那个同学有了擦擦碰碰，之后上课时候你会溜号，脑子里会乱想，是吗？怎么‘乱想’？”

旦周：“……我会想不开心的事。比如想朋友间吵架的事，想三年的同学咋就不说话了，想班里的同学会说我的坏话。”

我：“那个前桌的同学以前和你关系好吗？”

旦周：“好着哪！以前在玉树上学时我们好着呢，我俩的衣服可以随便穿，吃的、用的东西可以一起用。到这里以后，他好像就变了，变得不和我好了，在这边我们也不常在一起了……这些天上课时（自残之后），我坐在他后面，就老想着我手上能有一把刀，想用刀划他一下……然后我就会为这想法害怕……”

我：“这样的想法有多长时间了？是偶尔有还是经常有？”

旦周：“就是吵架之后，有两三次吧。”

我：“最近身体上有什么感觉吗？”

旦周：“最近主要感觉紧张、生气，生气时心跳加快，呼吸加重、身体发抖，有时头痛。睡眠情况还好……有时想打人，比如自习课上，有的同学在大声地说话，我就想上去打他们……今天我身体有点感冒，昨天也不舒服，还在课上晕倒了……”

我：“来东北这边学习，你对这里的生活习惯吗？”

旦周：“我喜欢在东北学校的生活，班主任老师和东北这边的汉族校长像父亲一样对我很好，很关心我……有时候会很想家。”

我：“能说说你的朋友吗？平时，你有能说心里话的同学或朋友吗？”

旦周：“以前有，我有几个非常好的同学，现在很少了，现在有一个能说心里话的女同学。”

我：“通过今天的谈话，让我对你的情况有了一些了解。我想知道，你今天来这里希望有哪些改变呢？”

旦周：“就是（稍顿）……别让老师再担心我。让我变得好一点儿。”

我：“你是说不让老师再担心你，让你变得好一点。那会是什么样子呢？”

旦周：“不再做这样的事（指着手上的伤），不再和同学打架。”

我：“你是说，以后在生气的时候，不伤害自己，让自己的状态变得更好一些，是吗？”

旦周：“嗯。”

我：“我注意到，你对这里的玩具很感兴趣，咱俩说话的过程中你对它们看了又看。我们就来玩个游戏好吗？”

旦周：“好。”

我引导他来到沙箱旁边，介绍说：“这是一个沙箱，沙箱里有沙子。”我用手推开沙子，说：“看看沙子下面，再看看沙箱的周围的色彩，感受一下……请把你的手放到沙箱里，随意地感受沙子……请闭上眼睛，做个深呼吸，并随着我的引导来做放松……好，感觉如何?”

旦周：“放松，想起小时候玩过的沙子，这里的沙子比我小时候玩的细软……”

我看着他，“现在这些玩具都是你的，你可以用这玩具在沙箱里做个什么，想怎么做就怎么做，我会坐在这里陪着你……做完这个游戏，我相信你一定会有收获的。现在开始好吗?”

旦周很愉快地应答：“好。”

第一次沙盘的制作过程

旦周先四下环顾一番，走到一架沙架前蹲下，看了一会儿，先取了一个岗楼放在沙盘左下角，并把岗楼底座用沙子埋上。又拿了一个红色旗帜想放在沙盘中部，见旗帜在沙子中总是立不住，就放回沙架上。接着他拿了一座桥，用左手在沙盘左中偏上的方位往右边慢慢地推沙，形成河道，又不断地清理河道，很细心地让河两边的沙子平整，并在河中部放上桥，之后仍不断地用手划平沙子。他继续在沙架上寻找，很快在左上放上一个红色的房子，房子右边放入两把椅子，椅子左边放入一个木马。在沙盘左下和右下分别摆上五个士兵，下部放一只带着绿叶的小鸟沙具。在岗楼旁放入一个带有底座的蓝色旗帜，顺势把小鸟沙具移放到底部，又开始很细致地扩展河道，让河直通右边，并随手把桥拿回沙架。又拿三个老人下棋的沙具放在右上角，把老人周围的沙子抚平。在上中部放入羊、牛，左上放一匹马，把一个穿粉色长裙的女人放在左上，让她面对着河。这时，他又开始蹲下仔细地找沙具，好像觉得没找到什么，就回来站着看着沙盘。这天旦周有点感冒，他会不断地抽鼻子。看后他回身拿了一个犀牛和老虎放在沙盘中间，呈对峙状态放入。把右上的牛和羊的位置换了一下，在其中间放入一个少数民族服饰的女人。接着拿一只狗放在羊旁边，一对小熊放在左上方。在上中部放入一个小亭子，把三个老人往上移动了一点。再把一个吹喇叭的小猪和一只老鼠放在上中部。他第三次蹲下看沙具，又起身轻轻地走动，很小心的样子，拿了两个高大的大兵分别放在左下和右下，把两个元宝、一个金色的电池放在下中部，把元宝下面的沙子推起来，让底部有些高度，把电池半截埋在土里。放完这些他舒了一口气。开始在上部点缀花草，放入一对相吻的恋人（右上），一对下棋的老人（上中），把前面拿走的桥放回河中间，在桥上放了一条龙。又把犀牛和老虎往下移了一下。在右下方摆了一个带底座的红色旗帜，分别在左中和右中各放入一棵光秃的树，左下加了两个士兵，右下加了三个。左下放入一个坦克车，右边放入一个战车。做完这些后，他第四次蹲下很认真地看沙具，拿了一只狗，让其与右上的狗由并列调为相对放入。

最后，他拿起沙架上的一个转经筒沙具，问道："老师，你怎么有这个？"我回应说："是咱高三的学生寒假从玉树带回来送我的。"

他看了看，把转经筒送回沙架上了。回来看着沙盘，说："就这样，可以啦！"

我："你确定不再摆了吗？"

旦周："（点头）嗯。"

整个沙盘的摆放过程用时40分钟。

第一次沙盘（来访者角度）

旦周在构建自己的世界时，我一直静静地坐在他的左后边，默默地陪伴着他，心静静地随着他一起摆沙盘，随他一起去感受着他的世界。

待他确定摆完了，我说："这是你建造的沙盘世界，现在你花一些时间呆在这里，或绕着沙盘走走，从不同的角度体会一下，感受你所制作的世界，用你的眼睛，用你的所有感官去体验、去探索……"

旦周开始围着他的沙盘慢慢地挪动着脚步，静静地、很专注地欣赏着。我静静地等他看了有三分钟，当他回头看着我时，我问："看到你创造的世界，你有什么感受？"

旦周："没想到会做出这样……不同的角度看，景色不一样。"

我："这是你创造的世界，我很好奇你所摆的，能给我讲讲吗？"

旦周点点头，稍停了一下，用手指着沙具开始讲述。在他的讲述中，我只会偶尔插话问"这是什么，这是干什么的？说说这里……"

他介绍说："这是两个国家为了金钱和宝藏、为了利益在残暴地打仗，战争非常残酷。这鸽子在祈求和平，有一条很深很大的河，桥通往家园，桥上的神龙在保护家园，不让敌人进入。女人（左上）希望在外打仗的丈夫早点回家，房子是她的家。老人在饮酒、下棋，很悠闲。家园的花草长得很好，战场的树木没有绿叶了。沙盘上中部有一个藏族的牧羊女，她在祈求上苍早日和平。小猪和小老鼠在一起玩儿，吹着喇叭或跳舞。丑小鸭现在已经变成了白天鹅，它是小猪的伙伴，两个伙伴在开心地玩儿。一对恋人相约在树下，椅子上坐着爸爸和妈妈，婴儿在他们面前玩要，亭子是供路人休息的。沙盘下面有战车、坦克、士兵和两个首领，还有两个可怕的怪物，怪物在撕咬，士兵们在进行残酷的战斗。”

我：“这里面有你吗？”

旦周：“有。”

我：“你在哪里？”

旦周：“我在房子里，在看电视，在学习。”

我：“你最喜欢的沙具是哪个？最不喜欢的沙具是哪个？”

旦周：“最喜欢的是鸽子，最不喜欢沙盘中间可怕的怪物。”

我：如果你给这个沙盘作品取个名字，会是什么呢？

旦周：“（稍顿一下）就叫《邪恶与正义》。”

沙盘调整情况

我：“这场战争的结果会怎样？”

旦周：“（稍停）当然是和好了，战争停止了。”

他边说边动手把中间的怪物分开，把两个首领放到一起，并说：“他们在握手言和。和平之后神龙飞走了（边说边把神龙放在右边的沙箱上）。女人的丈夫回家了，他和女人在桥上相见了（他又把大兵和穿粉色连衣裙的女人放在桥上，接着把下部的其他士兵往上中间挪近些）……大兵们正往中间走，他们要回家了，现在他们都在这里庆祝呢！”

我：“做完这个沙盘，你身体的感觉是什么？”

旦周：“心情舒畅。”

调整前

调整后

第一次沙盘调整前后（来访者角度）

咨询手记

这是旦周的初始沙盘，沙盘给我的第一感觉是：沙盘中呈现了明显的分裂和冲突的状态。沙盘的主题《邪恶与正义》也体现了来访者真正内心的一种冲突的状态。

沙盘中动物的撕咬、两军作战、沙盘的主题都代表了来访者有着强烈的愤怒情绪。一般愤怒情绪的表达有两个出口：对内的和对外的。在这个来访者身上，愤怒的表达体现在对内的自残和对外的攻击上。

从沙盘上看，来访者内心其实是有一块非常安宁的区域（家园，社会化的，意识的），也有一块非常冲突的区域（军队、怪兽，本我的、潜意识的），这代表着他内在的本我与超我、善与恶的冲突（他的善与恶是不均衡的）。

而河、神龙在他的人格结构中的角色类似于防御机制，起到了稳定的作用，但不是调和的力量。当神龙在这里时，上下两部分是无法沟通的；当双方首领握手言和时，神龙飞走了，丈夫（士兵）和妻子在桥上相会，士兵代表了潜意识的一股力量，妻子代表了超我的一股力量，双方会合，进入了阴阳平衡的状态。

桥是一种连接，表达着来访者有自愈的力量，婴儿车有退行的表现。沙盘中自我像没有出现。

他的自残可能有一种自我惩罚的快感。攻击性是自我挫败的一种呈现。他的愤怒情绪从哪里来的呢？我列出了以下的假设：

① 原生家庭的人际模式、藏民族文化中的尚武，都有可能让他习得遇到事情用暴力的方式去解决。

② 地震灾后的应激反应。

③ 离家异地复学，从一个文化圈到另一个文化圈，环境的不适应和思乡（分离焦虑）都有可能导致愤怒的情绪。

④ 童年是否有积压的情绪、青春期性的压抑等。

这些因素中起主导的是哪个假设呢？个案的情绪较复杂，导致其出现状况的原因有可能是其中的一个因素，也可能是多方面的共同作用，或某几个因素积累造成的，需要在后期进一步评估。

第二次咨询

2011 年 3 月 19 日 13 点，旦周中午在操场和同学踢完足球之后，来到了心理咨询室。他先谈了一下这几天的心情。

他说：“我心情好多了，没有那种怪怪的感觉了……”

我：“‘怪怪的感觉’是什么意思？”

旦周：“就是不那么心慌了，不突然想喊了，上课不乱想了……”

我们交谈了一会儿，他主动提出要做沙盘。

第二次沙盘的制作

制作过程：

旦周先在沙盘的上中部放了一个大风车，用手从左到右平复沙子，一直平沙有 2 分钟时间，才在右上方放入一个红房子，又放入一张桌子、五把椅子，放上后细心地把椅子调整到满意的位置。他开始在右下方平复沙子，到玩具架前找沙具，没找到，又回来抚沙。然后在右上方放花和草坪，接着在左上方平沙，然后摆上一些水果，并用栅栏把水果围上，在围水果的栅栏旁边放了一个士兵。

他蹲下来继续找玩具，拿起手折的纸鹤看了一会儿，放下，又回来看沙盘，开始在红房子前从右向左放了八片石片，在右中部放入一个小兔子，在左上方放花草，拿栅栏围上花草，在左中部放牛、羊、马，也用栅栏围上，拿一个红色的录音机沙具把栅栏留下的边缝围上，放一个士兵在栅栏边，又不断地从左下往左，从左往右不断地平复中间的沙子。然后他拿了一辆绿色的轿车，让轿车在沙盘中间的沙子上滑行到风车前停下。拿了一个木片沙具，用木片沙具从右中部向下中部划沙子，深入地、很用心地划沙挖河，并用手抚平周边的沙子，放回木片，在河上放了一座桥。在河里放了五只鸳鸯，两只鹅。他再次蹲下看沙具，把一个木板树叶放在右下方，又放几片叶子。把一个坐在树墩上的老渔翁放在右下，不停地清理河中的沙子。之后拿了两只狗，分别放在左中部和下中部，又拿了些栅栏，从下中部到右中部依次放入，放得很慢，放入后看了又看。看后，回头从沙架上拿了一对新人放在沙盘的中央，两个女人分别放在新人的左右，最后拿了一只小熊放在新人的前面，之后站在沙盘前看沙盘，又看看沙架，说："我摆完了。"

摆完沙盘后，旦周说："摆完这个，我感觉到很幸福！"

这次摆放一共用时 50 分钟。

作品描述：

"放房子时想到了我的家，沙盘中间是一家人在拍照，一对新人代表爸爸和妈妈，两边的女人是两个姐姐，小熊是自己。用石子铺路是担心下雨天路会很泥泞。沙盘的左边分别是花园、菜园、果园、牧场。怕狼和野兽偷吃，就放狗和大兵看守园子和牧场。房子是自己的家，摆放的桌椅表达的是自己一家人常在院中或坐着，或吃饭，或聊天，椅子上坐的人有爸妈、大姐、二姐和自己，小兔子在偷菜。沙盘右下边有鸭子（鸭妈妈领着她的孩子们），一对白天鹅在河上玩耍，老人在河边钓鱼，河的对面绿草如茵。”

作品取名：《我的家》。

我看着围在一起的桌椅问：“你坐在哪里？”

旦周：“椅子最小最矮的是我坐的。

我：“你看那个小熊的沙具，有什么感觉？

旦周：“很小，很乖。”

我：“你怎么想到拿一个那么小的小熊代表自己？”

旦周：“因为我最小呀！”

我：“录音机代表什么？”

旦周：“代表栅栏。”

我：“看到一家人和美的场景，你会有什么感受？”

旦周：“会想家，想起以前的事情。”

我：“能多说说吗？”

旦周开始描述以前家人在一起聊天的场景，包括他们之间会怎样对话的内容。提到爸爸时，他说起爸爸年轻时，脾气不好，在单位有时会和同事吵嘴，回到家里也会发脾气，有时会砸杯子，摔东西，家里人就会很卖力气地干活，妈妈就很小心地赔着笑。有时候自己考试成绩不好，爸爸会骂自己，妈妈则会在一旁说好话。不过爸爸不是总发脾气，爸爸开心的时候，全家人都开心。

我：“你很动情地描述了以前家人在一起的状况，也说到了爸爸脾气有时很不好，这对你有什么影响吗？”

旦周：“我的脾气不好可能有些像爸爸吧！……”

我：“这个沙盘还有想调整的部分吗？”

旦周看着沙盘，随手拿掉了两个栅栏。说：“就这样吧！”

我：“调整以后的感觉呢？”

旦周：“这样打开了两扇栅栏，显得宽敞点，不觉得堵了。”

第二次沙盘（来访者角度）

沙盘中部的特写

微调后，打开两扇栅栏的沙盘

咨询手记

旦周的第二次沙盘，给我的第一感觉：摆得规整，有色彩，有生机和能量了，显得安静、喜悦，但栅栏用得特别多。整个版图由第一次沙盘的分裂、冲突的状态，渐渐地向完整、平和的状态恢复。

沙盘中仍有一条河，但河已经萎缩在一个角落中，沙盘中已不存在完全的对立面，感觉是一个世界的不同的角度，河水有了流动，上面有了动物。河所分割的区域中，上面的部分（善的部分）在增多，下面的部分（本我的驱动力）少了许多。我把这条河理解为是第一次沙盘中分裂的萎缩或是分裂的变形，也是来访者自愈的过程。

房子在第一沙盘中放在左上角，第二沙盘中放到了右上角，代表一种构建。

第二次的沙盘中摆了许多栅栏（几乎用完了沙架上所有的栅栏），当栅栏被圈出来后，明显地看到空间的呈现，这也是来访者自我认同的呈现，也是安全感的呈现，代表了来访者对安全感的关注；这些栅栏也可以看作分裂的替代物。一般来说，当人们出现心理问题时，会有一些替代物，第一次沙盘中没有用栅栏，第二次沙盘里用了很丰富的栅栏，这些栅栏把沙盘分割成几个条块，就像是将整块的石头敲碎一样，这样的表达方式代表着来访者对立的情绪，人格多样的冲突等在一点点被敲碎，慢慢地被消融。可以说第一次沙盘中冲突是无处不在的，而第二次沙盘中冲突是建立在自我安全的基础上，有保留地被接受着。

两次沙盘中都有桥，只是第二次沙盘中的桥比第一次的桥小了一些（依河宽窄而放的），是个很强的能量的体现。

围在一块的桌椅、打开的栅栏、结婚的新人、聊天的场景、河的流动、风车、桥、果实、植物……能量在流动着。

第二次沙盘制作过程中，来访者比第一次制作动沙频繁，抚平沙子的时间也增长了，表达了他内心主动在整合的力量。

第三次咨询

2011 年 3 月 29 日，旦周如约来到咨询室。

他先和我聊了一下近期自己的心情，说对自己的表现感觉很满意，没有发过大脾气。说他昨天晚上吃了粉丝，又喝了娃哈哈，半夜里肚子很胀，又吐了酸水，想使劲吐，又吐不出来，很难受，今天早上起来好多了。

他还说最近脸上起了一些很细小的小红疙瘩，觉得不好看……

他也说了最近自己很开心的事，说为自己最近主动帮同学做事情感到很开心。一次是帮助同学打扫卫生，本来是无意中帮着做的，老师却表扬了他，他觉得开心。还有一次是班级调换座位，自己主动帮没来的同学搬移他们的桌子，感觉为同学做事自己很快乐。觉得自己能关注同学多了一些，以前好像没有关注过别人的事。

谈了一会儿，他说今天不想做沙盘了，因为学校的操场正进行足球比赛，今天是他的班级和另一个班级要进行决赛，他很想去看。于是我就和他约了下次的咨询时间，便让他去看球赛了。

第四次咨询

2011 年 4 月 19 日 13 点，旦周又准时来到了心理咨询室。

来访者主述

这两天心情总体不错，只是学校搞纪念活动那天心里有点烦。他说："当天我心情有些不好，班主任老师跟我说，你可以不参加这些活动，他其实是担心我心情不好，怕出现不好的状况，我说我可以参加的，就参加了。"

旦周所说的纪念活动，是指 2011 年 4 月 14 日，那天是玉树地震一周年的日子，我们学校开展了一些纪念、哀悼和诵经等活动。

旦周说最近自己心情还算平静，每天上完课能打打球，和同学关系也挺好。说了一些他的情况后，他开始摆放沙盘。

第三次沙盘的制作过程

抚沙时，他说自己想到了家，想到了家乡的小河，河中就有好多沙子……想到了家人。在放松训练中，他看到一个图景，山清水秀的，有绿草，有很多人，天气很热，还看到了爸爸。有一种轻飘飘的感觉，很舒畅……他用手抓沙子，不停地从中心往外推沙子，说沙子很柔和。

制作过程

抚沙之后，他用手平复沙子，拿一个房子放在沙箱上中部，弯腰仔细地寻找沙具，拿了一桌四椅，放在沙盘中部，桌子上有一把合着的伞。接着陆续放入的是：树（右上）、机器猫（桌子左上）、牛羊马（右上）、一只狗（桌子右上）、小人（放在房子的平台上）、摩托车（左上）、房前的三个小人、左上三个老人下棋、左上的树。放完这些后，开始在左下从右向左、又从左向右推沙，反复推动沙子，形成一个长条形的湖。在河边放一个坐着的女人，在右下角放四个鹅子，一对鸳鸯。他又开始很细心地找沙具，在左上放一辆车。把桌子上的伞拿下来，打开它，放到房子的平台上，桌子上放茶具，在左中部放了一个小房子，拿了四个僧侣模具放在桌子旁，在右上放了一个人。用手平复左下的沙子，拿了一个绿色的栅栏平放在左下，把雪花放在栅栏上，又拿白色的栅栏放在左下。最后他蹲下拿了一个变形金刚看了看，又放回沙架上，回来看着沙盘，说："可以啦。"

第三次沙盘的摆放用时 43 分钟。

第三次沙盘（来访者角度）

来访者分享

房子是我家，房子的平台上站着的小人是我，我在阳台上看书，天很热，就把伞打开了。房子门前是我的两个姐姐和她们的一个同学正在聊小时候的事。沙盘右上边爸爸正在放牧，放的都是我家的牛羊。妈妈在河边洗衣服。河对岸是鸟类的栖息地，岸上有鸭子、鸳鸯。

沙盘中间是几个人围坐在一起，这是我家以前的样子。他们是我的舅舅，我有十多个舅舅，他们当中，只有一两个成了家，有两个舅舅还是活佛。以前家里人常会让他们过来念经，祈福，祈求风调雨顺。

讲到这里时，旦周问我："老师你知道念经时的禁忌吗？"

我摇了摇头。

他又讲道："念经的时候，听的人不能戴帽子，否则来生会变成有蹄的牛马羊，还不要抽烟喝酒，而且要光脚（怕来世做有蹄子的动物）……我小的时候，我爸爸也打算让我初三毕业后去当活佛，后来我初三毕业了，他却不提这事了。沙盘中舅舅们在诵经，超度遭受苦难的人……当活佛的人要到山中悬崖上的房子里闭关，五六年不出来，要在那里念经文，出来功德会很大，他们也要考试，没考好的人没资格当活佛。最高法师要向他们提问，我舅舅考得好，比别人多考了八九十分。”

我津津有味地听他讲着。

“那里是家里养的猫和狗。（他指着沙盘说）左下边摆的是雪，表示是积雪。雪的下面有一层草，再下面是土，我很喜欢雪。去年我们那儿下了大雪，非常大，但我们能照样上学去，同学们一起玩打雪仗，一直玩到手通红，开心极了……

“左边有一个小房子，那是茅屋，里面装有烧火用的草，还有炉子，正在燃烧着牛粪，是晒干的牛粪……我爷爷和朋友下象棋……左上有两辆车，一个是我的摩托车，以前是爸爸骑，后来姐姐骑，现在我也开始骑。还有一个是家里的轿车，我们到爷爷家串门或上街时用，由爸爸开车……”

我问：“我发现你在摆放妈妈和爸爸这两个人模玩具时，特意用沙子把人掩埋了一些，这样做的用意是什么？”

旦周：“为了整体看起来感觉好看（他把沙具拿出来说，不然人模玩具下面有这个底不好看），这个人挺像妈妈的，她正在河边洗衣服，一般这时候我会在河里游泳。”

我问：“天很热，那左下面的雪不会融化吗？”

旦周：“不会，它在角落里，阳光照不到。希望它能不化。”

最后，他为沙盘作品取名为《我的一家人》。

我问：“最喜欢的部分是哪里？”

旦周：“中间和房子。说房子很像我们藏民的房子，而且房子边上有我们当时的‘吉祥八宝’的图案之一（巴扎）。”

我：“你还有什么想问的吗？”

旦周："没有啦!"

我："如果给你调整的机会，有没有想调一调的地方?"

旦周："没有了。"

咨询手记

第三次沙盘沙具用得少，能量越来越多，东西简单了，内涵却多了。

河的分隔力量在缩小，河已不是版图的界限了，栅栏没有了，来访者继续处在情绪恢复过程中。僧侣的出现，是力量的象征。在藏传文化中，僧侣、活佛是非常受尊重的，当这股力量出现后，他会更有安全感，对佛教的信仰也净化着他的心灵。

第五次咨询

2011 年 5 月 12 日 13 时，旦周准时来到心理室，只见他身穿红色带黑道的运动服，黑裤子，白运动鞋，气色很好，挺洁净的样子。这一次他制作的沙盘如下图。

第四次沙盘（来访者角度）

第四次沙盘的制作过程如下：

次数	使用沙具及动作情况
1	拿木块在沙盘边迟疑，回去，又回来，平复沙子，四个木块放上中部
2	2个塔（左上、右上）
3	瓶子（左中），冰激凌沙具（中部）、牙签盒打开分开放（左中、右下）
4	碉堡楼（右中上）、2个深蓝色画轴竖放（中部）
5	9个汽车（中上，车的方向都朝向左）
6	左手平沙、地球仪（右下）
7	手编蝈蝈笼子（右下）、平复沙子
8	长的大巴车
9	7个像小精灵似的人（右下、依次很轻地摆放）
10	草（右下）、2棵花（右下、右中）
11	带底座的晶莹透明的玻璃球（右下）
12	飞鹰（中心）
13	一架飞机（换掉了鹰），然后仔细地找沙具，又回来看沙盘
14	又拿了4个木块（左中）
15	平复沙子
16	又拿2车（左中）
17	一些小动物放在上部的木块上（粉色、黄色）、中国结（放左塔上）
18	取亮彩色纸条，放冰激凌和画轴上（不小心碰倒沙具，又小心扶起）
19	桥（左下）
20	一个小人和一小猪放左下桥上、一个粉色小女人放精灵前面（下中）
21	仔细地看沙具，一个小粉帽子、黑色的物件（放左中部木块上）

来访者分享

这是城市，所有高的长的沙具（木块、塔、瓶子）都代表高楼大厦，楼房之间的公路上有过往的车辆穿行，天上有飞机在飞行，右下是一个公园，刚从巴士下来的是外国人，他们在旅游，女导游在讲述城市的历史。左下是天桥，有人在桥上走，走在回家的旅途，桥下面有车经过。一些大楼上有商家的广告标志，房子上那些可爱的动物造型，多是做广告的。表示这是21世纪的城市。房子上有各种装饰，很有生机。

主题命名为“美丽的城市”或“发展中的城市”。

沙盘中没有自己，他说自己在房子里，这些风景自己已经欣赏过了。

沙盘调整

转换了一部分车向，让车变成双向行驶的状态。

咨询手记

沙盘真正的治愈是来访者的创造力的表达。旦周的前三次沙盘是从分裂到慢慢整合的过程，第四次是创造和建设的过程。

在第四次沙盘的制作中，表现了制作者很强的创造力，如沙盘中各式彩色装饰的设计、把很简单的玩具富有创意地使用……都表现了来访者的聪慧。这次沙盘中，能看到他好多积极方面信息的表达，他更能面对现实了，他的心理能量越来越强大了，并且这些能量都在有序地流动起来了（车流有序流动），说明他对内心已经有了很好的整合，情绪也很稳定，具有了自我心理调节的能量。

桥在这个沙盘里没有显著的用途，可看作一个残留，是之前的问题的残留，但已经不多了。

当人重新拥有希望的时候，会重新站起来，去创造和建设，沙盘中表达了他强大的生命力的爆发。

那驾正欲起飞的飞机，代表他的目标和动力，将载着他向他的理想飞行。

后记

第五次咨询之后，学校放了寒假，旦周没有再来做咨询。新学期开学后，我经常看到他在操场上和同学一起运动或玩闹的身影，感觉他的状况很好，很阳光，很开心，相信经过时间的洗涤，他会历练得更自信，更开朗！

我感觉快要说出来了

——一例高中女生沙盘案例

来访者基本情况

白玛拉毛（化名），17 岁，女，身高 165 厘米左右，来自玉树的高二年级藏族学生。玉树地震后，她来到辽宁异地复课，家族无特殊遗传病史。

咨询事由

因来访者突然说话发不出声音了，班主任领其来到心理咨询室。

班主任介绍

白玛拉毛平时学习很好，有管理能力，是校学生会成员，因她平时有好多时间要参与学生会的管理，影响了学习，在最近这次月考中，她成绩明显下滑，由 20 名降到 45 名，在班内已经是倒数了。班主任觉得意外，训斥了她。她很上火，开始很认真地抓紧学习，最近一周内，她每天中午都不去食堂吃饭，而是一个人在教室里学习，晚上回宿舍里也不按时睡觉，会打着手电或借走廊的灯光看书，想多利用业余时间学习来提高成绩。没想到今天中午，班长突然报告说她一下子不会说话了。（听力仍正常，认知和思维都正常，但不管怎样努力就是发不出声音）

诊断评估

癔症性失语（由于明显的心理因素引起的暂时性发声障碍）。该生虽然不能用言语表达，但可以用书写或手势叙述病情。经过正规的医院检查，她的神经系统和发音器官无器质性病变，也无其他精神病症状存在。

第一次咨询

2011 年 5 月 3 日中午，班主任把白玛拉毛领进咨询室，第一眼看上去，她身体有些僵硬，眼睛无神，两臂下垂，背也不够挺直，浑身很无力，怯怯的、恍惚的样子，走路时脚也像是有些僵直地挪动。

我连忙挎过白玛的手臂，慢慢把她拉到沙发上坐下，用一只手搂着她的肩膀，关注地看着她并问：“可以听到我说话吗？”

她垂着眼，点点头。

我让她试着发一下声音，她怔怔地坐着，微缓地张开嘴，看上去用了很大力气，却一丝的声息都没有，我清晰地感受到她的恐慌和无助。

“放松些，别担心，你一定会好起来的。”我说。

我把纸和笔递到她手上，说：“你把要说的写出来可以吗?”她接过纸笔，点点头。

我问了她的自然情况——“姓名，年龄、班级、家庭情况”等，她一一写下来。我看着她写，不时地提问着，来确认她表达的内容我理解得对不对。

我：“你发现自己不能说话时，当时的感觉是什么?”

“那个时候头非常的痛，害怕，心慌，觉得要发生什么大事了……现在比刚才好多啦，也有一点害怕的感觉……”她写道。

我就搂紧她的肩说：“不怕，有我们在（经她同意，当时校医也在场）。这里非常安全，你一定会好起来的……以前，我在学习心理咨询师课程中，我的老师就曾遇到过像你这种情况的来访者，我老师用心理治疗的方法把他调整好了，我想只要我们俩互相配合，用心理调整的方法，再配合相关的治疗，你会很快好起来的。”

考虑到她的现状，我没有继续过多地询问，而是征求她同意，先引导她抚沙，做放松，之后引导她做了个沙盘。

我用表格形式记录下白玛拉毛沙盘的摆放过程（如下表）。

第一次沙盘制作过程记录

次数	使用沙具及动作
1	在沙盘中间挖沙、不停用左手前后推沙，形成了中间一个高地、然后右手从右边抓沙往中间撒；放三个小人（高地左），又三个小人（高地上边）
2	转经筒（高地中间）、然后抓沙把转经筒底部埋上、不停地清理河中的沙子
3	站着看沙具，房子（左上），很细心地清理沙子，分别把小人往上移了移
4	从中往右至右上挖河，不断清理河道
5	把一排10个僧侣放在沙盘上中部，并把底下的沙子垫平
6	草（左下）、草坪（左中）、草（左上）、花（左中、右下）、清理沙子、花（左下角）
7	老渔翁（高地右边），稍移动左上一个小人使其面向房子。做到这时，她停了下来。我问：“你确定可以了吗?”她又看沙盘，似乎意犹未尽，又走向玩具架
8	圣母玛利亚（上中部）
9	树叶（圣母两侧），抓一把沙撒在圣母身后，莲花（放圣母前）、红花（圣母右侧）、小莲花（圣母周围）

续表

次数	使用沙具及动作
10	继续放草（左下、细长绿叶的）
11	车（右中），抚沙，把右面的沙清净，使右上角沙子堆成丘陵状，放两辆车（右中）
12	两个塔（左上）
13	门垛（右下）、最小塔（上中偏左）
14	站着看了一会玩具，回来用手压右上的沙子、抚平，一长椅子、一小桌子（中下），又在右上加了一个粉色边的小车
15	马羊（右下）、两牛（左下）、瓷羊（左下）
16	蹲下看沙具、很用心在找，又拿一个塔（右上角）
17	花瓶里插着的花（右上角）、很用心地清理河中沙粒

（做到这里时，她看看我，停下来一会儿……）

在摆沙盘的过程中，她的身体看起来放松了许多，表情仍有些刻板，眼睛比刚才灵活了些。

摆完之后，我问她摆放沙具的感受，她写道：“放松一些，比刚才好多了，我的心思都放在沙子和玩具上了……”

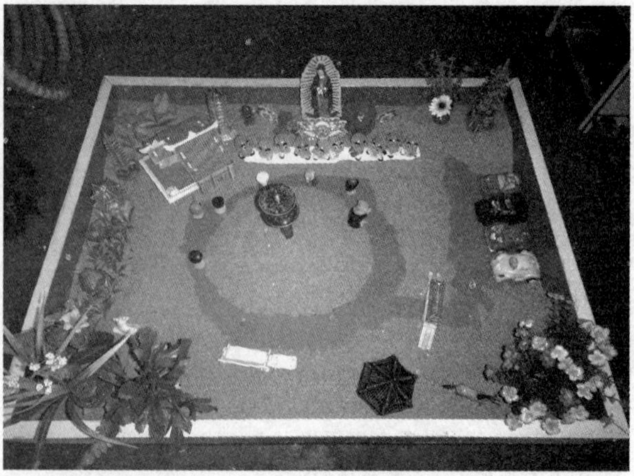

第一次沙盘（来访者角度）

来访者对面角度

来访者对沙盘的描述

沙盘中间的转经筒

对于沙盘的描述，白玛拉毛在纸上写道：沙盘中间是一个转经筒，转经筒代表着我们藏族人的生命，周围的那些小人都在转玛尼。那个老渔翁代表的是一个穷人，他正坐在那里要钱，人们看到了会给他一些钱，最左边的小人是我，我正要进到庙里祈祷。沙盘上部有十个活佛（僧侣的沙具）和一个女仙，他们都在诵经，在祈祷全世界人民平平安安。右边的车是一些来转玛尼的人坐的车。做沙盘的时候我想到了上次回家时和家人去转经的情景，我们上次去的地方比较远，是坐车去的。一般来说去转经是不坐车的，要亲自慢慢地爬到山上，而且不能说累，才表示虔诚。

给沙盘取名：《美丽的玉树》。

这时我看到她显得放松了一些，就向她提出了一些问题，如“你能说说在你不能说话的当时有什么事情发生吗？你当时是什么状况？你当时的感觉如何？周围有哪些人在，他们在做什么……”

白玛拉毛很配合地在纸上回答着……我把她写的连贯起来大体如下：

“最近月考后我的成绩不理想，从20名退到45名，班主任老师狠狠地训了我，说我平时参与学生会管理影响了学习，让我抓紧学习……”

“我自己也对考试成绩不满意，心情一直不好。知道成绩之后，这一周内我每天中午都不吃饭，在教室里看书，那天中午（失语那天），同学们都去吃饭了，教室里就剩下我自己了，忽然就觉得头痛还有点晕，还有些困，就趴在桌子上睡着了，平时自己根本没有想睡就能一下子睡着的时候，那天一趴下就睡了，中间还觉得有一会儿睡一会儿醒的感觉。后来梦见自己在教室里睡觉，忽然有两个同学在掐自己，一个（女生）在掐胳臂，一个（男生）在掐脖子，这两个人都是班里的同学，平时都挺好的。梦里我看到还有其他两个同学趴在我身边，我就叫他们，却怎么也叫不动，我就吓醒了……醒来时，我身体是侧着，脸在趴着，眼睛能动，一点点清醒了，我能看到教室里已经回来一些同学了，可是我身体不能动，想走走不了，手想动也动不了。我就哭了，眼泪掉下来了，可是没声音，发不出声音……我很紧张，很害怕……几分钟后，我感觉手能动了，脚能站起来了，但还不能走。就看着教室前面的班长，班长发现了就过来说：‘你怎么啦?’我就用手写：‘我说不出话了。’班长就去找班主任了。”

我问：“当你清醒地意识到自己不能说话了，你当时的感觉是怎样?”

她写道：“害怕、心里明白、无助、挣扎……不想看到人多，一看到认识的人多心里就急，很紧张，手都抖动着，尤其怕见到梦中的两个同学，看一眼就觉得自己被掐着……”

在弄清了白玛拉毛当时一系列的感受和状况后，我又告诉她人在睡觉时，运动神经元和感受神经元不同步。当我们醒过来时，意识先醒，但运动的神经元并没有醒，就会导致我们能看到一切，但身体动不了，只要我们稍等一下，运动的感觉就能动了。明白了这些，当你醒来时就不会那么害怕了……

咨询手记

从白玛拉毛的初始沙盘中我发现：沙盘中所有有生命的沙具都不是面对

中心的，如小人是在绕着中心转，动物也都是在背对着中心，唯有沙盘上部的宗教类人物和僧侣是面对着沙盘中心的，他们不面对中心是在回避什么呢？

沙盘的中心——一个像土包堆的中央有一个转经筒（注：藏族是一个全民信教的民族，他们把经文放在转经筒里，每转动一次就相当于念诵经文一次，不断地转动表示反复念诵着成百倍千倍的“六字大明咒”，持颂六字真言越多，越表示对佛的虔诚，可逃脱轮回之苦）。来访者在沙盘中做出这样一个场景，这个场景一定是生活中对她来说非常重要的场景，她在这里是在做呈现，还是在处理情绪呢？

中心的这一部分给我的感觉是它积聚了很多的能量，这个能量包含最多的是恐惧。这可以从白玛拉毛的梦中看出来：“中午同学们都去吃饭了，教室里就剩下自己了，忽然就觉得头痛头晕，还有些困，就趴桌子睡着了，忽然梦到有两个同学在掐自己，一个（女生）在掐胳臂，一个（男生）在掐脖子……”我们可以想象做了这样的梦，当时来访者的情绪会是怎样的呢？……着急、害怕、挣扎、心里明白但做不到，无助、警觉、焦虑……这些情境勾起了来访者内心深处的恐惧，更深入地说是这样的情境勾起了来访者内心死亡焦虑的那部分。

玉树地震对这个孩子有很大的影响，死亡焦虑会被勾出来。但显然之前她的防御机制并没有崩塌，她最近成绩下降了，她的老师狠狠地批评了她。我在这里有一个假设，这个来访者性格特色中有一点就是她会努力做事，有一个目的是让权威满意，能够让权威满意是她生活中一个核心的信念。而在班主任训斥她的这个过程中，权威对她是不满的，这样也会是对她死亡焦虑的一个激发，所以这三个事情加在一起，就会把她的死亡焦虑彻底地激发出来了。

一般来讲，每个人的内心都有死亡焦虑。死亡焦虑的程度跟我们童年的经历有关，我们会用一些方式去处理这个死亡焦虑。很多时候应激性的事件如亲人去世、突然出车祸等，会让我们深刻地认识到死亡就在我们身边，就会激发死亡焦虑，死亡的防御机制就会被崩溃，就会出现各种症状。有些来访者会变得抑郁，有些人会变得特别有攻击性，特别愤怒，有的会身体僵硬，有的会处在恍惚的状态。

藏族是个全民信教的民族，在西藏有相当比例的家庭，家中会有一个或几个人去做僧侣。

这个来访者之前的防御机制是宗教信仰，是藏传佛教。

在咨询过程中，我除了给这个来访者非常安全、温暖的共情以外，还运用了很多心理暗示的方法，比如：我找到校医让她给来访者开一剂药（只起安慰剂作用的药），并让校医对来访者说，学校和市领导很重视她的病，这个药是我们花了很多精力从北京空运过来的，是专治她的病的特效药，吃了就会好。这里我给了来访者一个强有力的暗示，会促进来访者在短期内有所好转。我还运用了音乐放松的方法，在她失语休养的几天中，经常给她放一些她喜欢的藏族音乐和诵经的音乐，让她的心能放松、能静下来不多想事情。

第二次咨询

2011 年 5 月 6 日早上，白玛拉毛的班主任老师来到心理室，跟我介绍说白玛拉毛现在还不能发声，但精神状态好多了。这些天她一直在宿舍休息，同学们对她都很关心，每天都有一个同学在宿舍陪伴她，班主任想让她再来我这儿做沙盘，我同意了。

10 点钟，白玛拉毛在校医的陪伴下来到心理室，只见她身穿着红色上衣、绿色运动裤；这一次我仔细地观察她，看到她脸上皮肤略黑，有藏族特色的高原红，还有成片的白癣。她仍是默默地面无表情，但精神状态挺好。我把手放在她的肩上，看着她说："今天看起来好多啦！"

我引导她做了一个放松训练，然后她用了 20 分钟的时间摆放了下面的沙盘。

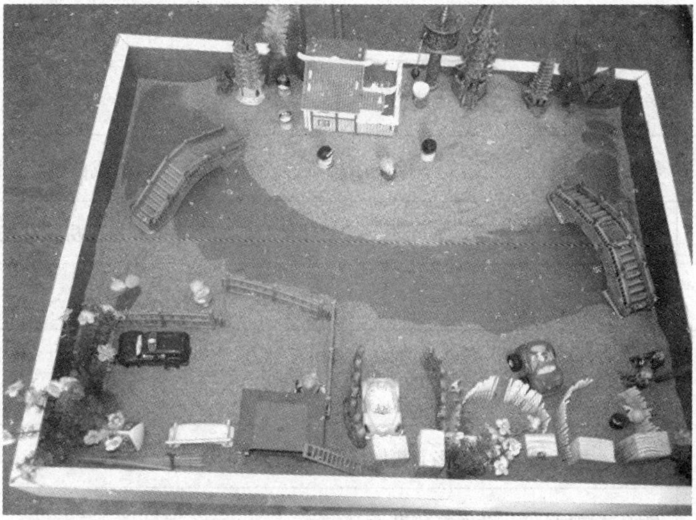

来访者角度

沙盘的东面

第二次沙盘制作过程记录

次数	使用沙具及动作
1	抚沙时：她在沙盘中上堆起两座山，用双手抓沙
2	一桥（右上）、一桥（左上）
3	房（中上、山上，用手扩垫沙）
4	转经筒（中上、抚压沙），拿一木块压房子周围的沙子，形成山腰、放回木块
5	拿小人5个放房周围、撒沙子、又放转经筒前一个小人，碰倒房板又安上
6	2个塔（与转经筒并列一个、右上一个）
7	小亭子（左右比试，洒沙子、放左上），抚下部沙子（左-右-左-双手手背）
8	房子（下中左）、本次比上次做沙盘时拿沙具动作稍快
9	桌子（房前）、一老渔翁放桌子上
10	拿珠链想放在老渔翁手中，没放住又拿回，塑料小房子、6个木块（下方南边）
11	长椅（左下）

续表

次数	使用沙具及动作
12	白栅栏（右下、站的位置东边），绿栅栏（左下，很小心）又拿一绿栅栏、瓷栅栏（中下）、白色横栅栏（左下）、梯子（房右）
13	小女孩（左中）
14	一汽车（左下）、绿汽车（中）、蓝汽车（右下），蹲下找沙具
15	塔（左上）
16	花草（抓沙、左下）、右下、中下、左下放2棵，又拿花草，看看沙盘又放回一棵草
17	叶子（在右上迟疑一下放入、左上放入2个，清理河中的沙子）
18	小男孩（右下）
19	三个老人下棋（右下）、树（右下）
20	三石头（左中）

白玛拉毛的沙盘摆放完毕后，我让她绕着沙盘走走仔细感受一下自己的沙盘。这时我看到她的嘴唇有些干燥发白的样子，就起身为她和校医（来访者同意在场的）各倒了一杯水。待白玛感受沙盘之后，我们坐了下来，我随手把水杯递给她并很急地说："水很烫，先放到桌子上，千万别烫着手喽！"她随口很自然地"嗯"了一声。我和校医很敏感地不约而同地互看了一眼。然后我看着白玛拉毛说："你可以发声啦，你刚才已经发出声音啦！你再试着发一下！"

她怔了一下，惊喜地看着我们，又发了一下"啊……"

"感觉怎样?"

"还好！……"

白玛能发声了，我和坐在身边的校医抑制不住心中的喜悦，一起上前抱着白玛说："太好了……"接下来我们坐下来感受白玛的沙盘。

来访者对沙盘的描述

我："你希望和我们分享吗?"

白玛："这是结古寺庙。我哥哥在这里做僧侣，他很聪明。（指人）这蓝色的是妈妈，黄色是我在转玛呢。把转经筒当作塔，本来是一座山，山上建一座寺庙。这是夏天，有草，点酥油灯祈祷。有河、有桥，对面是我们村子。左边的房子是我家，最大。小女孩是妹妹。渔夫是父亲，哥哥的车，他是警察。我有三个哥哥，其他的房子是邻居家，男孩叫才仁巴桑，他学习非常好。邻居家的爷爷在树下交谈、聊天。右上是去年盖的桥，地震后桥没事旁边有三个石头，我常在这里读书。对面的庙是我最想去的地方，平时每天都跟奶奶一起去，塔就像塔，像印度的塔。"

我："寺庙的门冲哪边？"

白玛："右边。其他的是转经的人，一般转经不坐车，慢慢爬，不能说累。上次去得比较远，坐车去的，转一圈别人就会平安幸福，一般转一千三百转。"

我："你最喜欢的部分？"

白玛："对面的部分都喜欢，还有塔和转经筒。"

给沙盘取名：《美好的回忆》。

我："做完这个沙盘你内心的感受如何？"

白玛："非常好。"

我："哪处是要修改的不满意的地方？"

白玛："希望院子大一些。大部分家里都有车或摩托，房屋都是二楼的，也有平房。（她指着沙盘）那儿是梯子——我和妹妹在房顶看寺庙，妹妹一放学回家，就会趴在沙发上，很可爱，眼睛非常大。左下仓库是放牛粪的，哥哥每次回来车就放在这里。爸爸会藏文和数学，他也在看寺庙。"

我："今天这里非常安全，把内心想说的，离家过程中想说的话说一说？"

白玛："第一次离家感到陌生，慢慢地非常喜欢东北，离开时难过，又回来高兴，五月时非常想回家，就想见妈妈，妈妈常生病。"

我："内心还有什么不如意吗？"

白玛："上周我和同学去市里了，突然非常想念玉树，那边非常安静，这边街上非常吵，我觉得不适应。"

我："对老师、同学……还有什么想说的？"

白玛："我跟同学关系非常好。这两天我说不出话来，很着急，想见同学，见了就害怕，但又想见，不见不习惯。我班同学来看我了，都哭了，我很感动，昨天听说一个女生的父亲过世了，我和大家都安慰她，用心给她传递爱，我很喜欢安慰别人……我们要爱自己。"

咨询手记

经过上次的处理，可以明显看到白玛拉毛内心的安全感那部分在增加。在第二次沙盘的中心，来访者描述是一个寺庙，这个寺庙跟对面的世界是面对面的，对面的世界里面有来访者的家，对面右边有个院子，往左是有三个院子，每个院子都有栅栏。右面最大的院子是来访者的家，来访者的家和寺庙是隔水相望的。在来访者的心目中，她觉得寺庙是非常重要的，能给自己非常安全的感觉，这里面还有栅栏，栅栏也是一种保护，是来访者正在建立的安全感。之前她用栅栏防御死亡，这次又建立了新的栅栏，是一种家的保护，而且家的场景给她的感觉也是比较温暖的。她在描述家的过程中描述得很温馨。她沙盘的主题是“美好的回忆”，她说做沙盘的感觉非常好。

这个沙盘里面来访者是在重新建构她的防御机制，是在处理她的死亡焦虑，也在宣泄她恐惧的情绪，沙盘周围那一圈路（蓝色的），像河流一样有宣泄的部分，是她在宣泄。她抚摸沙、拍沙，这个动作都是她在宣泄她的恐惧情绪。沙盘提供了安全的感觉，我给了她非常温暖和共情的陪伴，对她的恢复起了非常大的作用。

沙盘中她撒沙子的动作是一种仪式性的行为，这个行为的作用：一释放她恐惧，二是类似宗教仪式。藏传佛教中有一些洒圣水的仪式，有祈福消灾的作用。这个来访者这个动作就有宗教仪式的那部分。

在这个沙盘的右下角，有个土黄色的东西，那是一扇门。这扇门建的地方比较微妙，是建在中间的圆圈和外面的中间，这扇门像一个通道一样，像界限一样，它是内外的一种差别，门的右边是她人格结构中更外层的世界，门的左面是她人格结构中更内在的一种状态，所以它在这里面是有一种宣泄的部分。这个路是有一个流向的，她虽说这是路，但路和水流是没有太大的差别，路也代表着一种能量的宣泄，一种疏通，这个路是一个能量向外的过程。

她不但通过宗教的部分找回了美好的感觉，还通过回忆感觉到安全、美好。而且这里面有一个描述就是沙盘中有一个孩子的非常调皮的状态出现。其实当一个人处于恐惧的时候，她是无法去调皮，或说她是无法呈现出调皮、好奇、可爱的部分的。她所有的力量都用在防御上了，如果在做咨询过程中，来访者出现了可爱、好奇、创造等非常有活力的部分，我们就可以看到沙盘起效果了。这个沙盘中的一个细节，在她描述家的部分时，有一个对“梯子”的描述：我和妹妹经常爬上梯子，会在家里的房顶上看寺庙，妹妹一放学回家，就会趴在沙发上很可爱，眼睛非常大。从这里可以看到她可爱、放松的状态。

这个案例做了两次后，来访者没有再来。其实像这样的案例，是有人格的特质在里面的。如果这样的来访者，经常发作癔症是需要处理深层次的心理问题，就要做深入治疗。

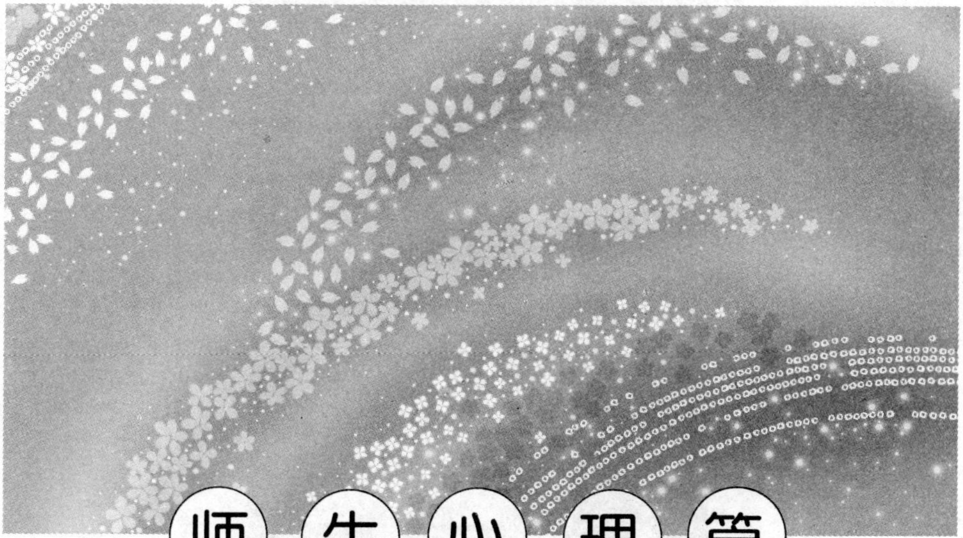

师生心理篇

学校开展的各类师生心理讲座活动是为了提高师生的综合素质，提高生命质量，让师生变得强大和自信，它有利于增强青少年和教师们的心理维护意识、有利于提高他们面对灾难和挫折的应对能力，有利于他们学会悦纳自我、享受生活。

学校进行的师生心理讲座主题主要有：新生适应、学会沟通、学会合作、学会学习、感恩教育、青春期心理教育、考前辅导、人际沟通、危机应对、就业指导、教师的情绪管理与减压等。

这里精选了玉树灾区学生来本溪异地复课期间的两次讲座稿，是从环境适应及考前辅导角度对学生进行心理维护的典型范例；还精选了教师心理情绪与压力管理的讲座、学生人际关系处理的讲座，可以为读者提供类似群体心理辅导讲座的参考，为类似群体提供有效的心理支持。

“三八节”为女教师们做讲座

高三学生考前辅导讲座

为学生进行环境适应讲座

人际关系处理讲座

让轻松快乐成为您生命的主旋律

——教师情绪与压力管理讲座

尊敬的各位老师同仁们：

大家下午好！

感谢校领导送给大家的心理减压大礼！开场先给大家讲个故事：

美国有一个探险考察团要到一个原始森林里去考察，他们在当地请了一个土著部落的人做向导。这个土著部落的向导真的是非常优秀，他不仅对原始森林里的环境非常熟悉，而且还能帮考察团背负很沉的东西。所以尽管这个土著人和考察团的人语言是不相通的，但是前两天的工作进展得非常非常顺利。这个考察团的人就说，哎呀我们这次的运气真是太好了，请了这么好的一个向导，真是省力又省心啊！到了第三天的早上，这个土著人坐在一个树桩上说什么都不走了，探险队就觉得非常奇怪，这个土著人怎么就不走了呢？前两天他表现得那么好，今天咋就不走了呢？是不是他觉得前两天表现得太好了，后面的时间里要我们多给加点钱呢？于是探险考察团的人把钱一摞一摞地放在土著人的面前，可是不管加多少钱，土著人只做一个动作就是摇头。钱他不要，这是怎么回事呢？软的不行来硬的吧，就拿枪指着他："走不走？"拿枪对着他，他还是摇头不走。他们用尽了各种各样的办法，他就是不走。无奈考察团请了一个既熟悉土著语言又懂考察团语言的人，通过翻译才知道，原来土著人说："在我们部落有一个习俗，就是身体和灵魂要在一起。这两天我的身体跑得太快了，所以我要坐在这里等待我的灵魂赶上来。"

这是我比较喜欢的一个故事。我们中国经济这些年以来发展的速度真的很快，这种快速的变迁也带来了我们快节奏的生活，让我们每天的身体快速运转，所以我们特别希望给自己一些时间，让自己的身体能够慢慢地慢下来，让自己的心灵跟得上我们的身体，让我们的心灵、我们的灵魂跟自己的身体在一起。所以接下来的时间里，我将跟大家一起分享关于情绪与压力管理方面的话题，主题是"让轻松快乐成为您生命的主旋律"。

什么是情绪

情绪是内心的感受经由身体表现出来的状态，是人对本能需要是否得到满足的外在反应。

当我们内心是快乐的，表现出的状态是双眉舒展，眉开眼笑，甚至手舞足蹈；当我们内心是愤怒的，可能表现出满脸通红，紧握双拳，咬牙切齿，甚至怒发冲冠的状态。我们就是这样通过身体的表情、动作等表现我们的情绪。

人是从什么时候开始有情绪的呢？对！一生下来就有。

当你一生下来那一刻，都还不知道这个世界是什么，都还不知道周围的人是怎么样的，这个世界是怎么样的，你就已经开始用情绪来表达你对这个世界的需要了。所以情绪是从你一生下来就带有的，是你的本能，是天生所具备的能力。

人最基本的情绪有四种，即：喜、怒、哀、惧。在这四种基本情绪的基础上，人们在社会化的过程中形成许多种复杂的情绪。例如害羞、排斥、尴尬等。

情绪是时时刻刻存在的，人随时随地都会有情绪。包括现在，你们坐在这里，此时此刻都有一种情绪在陪伴着你。也许是平静，也许是期待，也许是耐心、好奇、关注或是渴求等，每个人随时随刻都会有情绪。

再说说压力。每个人在生活中会有不同程度的压力，想想在什么情况下你会有压力？下面这些情况里有让你有压力的请记下来。

工作中，人际关系不好、沟通不畅，你会不会有压力？当你觉得不公平、被误会、被冤枉了；当你被否定、不被接受、被冷落了或被欺骗了；当你在工作没有达到目标，对自己的表现不理想，或是你的授课没有得到学生的认可和尊重，你的意见没被同事尊重时；当你自己不满意自己的能力，总是觉得自己能力不够，或你对未来某些事情有担忧，如对工作、生活、健康、收入等有担忧时，你会不会有压力、有情绪呢？甚至有时候你会不会莫名其妙的就有压力，就有负性的情绪呢？

以上多是不太好的事情让人产生压力。

如果发生了很好的事情会不会产生压力呢？

如果明天有一个很大的机会突然到来了，是你盼望已久的很好的机会，除了喜悦之外，你会有压力吗？比如公司收到了一份大的订单，你有机会代表一个组织做重要的讲话，或者升职了，甚至公司发展得很快时，都会有压力。

以上只是列举了工作中可能带来压力的一些情况。这时压力和情绪就会一同出现。那么有压力好不好呢？

有压力才会有动力。

当一颗种子埋藏在地里时，有经验的农民都一定要把土踩一踩，踩得踏实一些，是因为土地有压力，种子要借着一个跟泥土阻抗的能力长出来。所以适当的压力会让人们更有准备，更有推动力。

是不是压力越多越好？

不是的。如果压力太强烈，人就会被压垮、会崩溃。

有一种鱼叫大马哈鱼，它在产卵前的一个多月，会历尽艰辛游到上游去产卵，这个过程是很艰难的，它要逆流而上，还要跃过堤坝，冲上瀑布……但为了生儿育女，它们不惜一切，竭尽所能，而且为了搏击逆流，大马哈鱼会本能地大量释放肾上腺素和分泌皮质激素，皮质激素会使大马哈鱼处于极度亢奋的状态，据此，大马哈鱼才能突破重重艰难到达产卵地。产卵以后，大马哈鱼会因之前过度亢奋转向衰竭，很快腐烂而死。

尽管人类不会因压力像大马哈鱼那样很快地死去，但在快速发展充满竞争的现代社会中，许多人的生活就像大马哈鱼一样，一直在搏击逆流，为了生存，为了过富足生活，他们不顾疲劳，勤奋工作着，可是他们也是在摧残自己的生命。有的人奋斗多年，就在功成名就、前途一片灿烂的时刻，突然感到了力不从心，健康状态每况愈下……甚至有的人疾病缠身，英年早逝，是压力和情绪不良使他们不能享受人生了。

据不完全统计，人类可能得的病有70多万种，而这70多万种病能找到生物学上的得病原因的只有3000多种，绝大多数疾病是搞不清得病的原因的。但是最近人们发现，原来那些搞不清原因的病，大多数是心理因素和社会因素导致的，更确切地说，人类90%以上的疾病是因为我们的情绪、压力带来的。当情绪波动大、压力过大的时候，身体就会有一些恶性循环，会严重损害我们的身体。

情绪和压力是如何产生的

1. 客观情境的刺激

情绪与压力都不会无缘无故地产生，它总是和客观情境刺激有关。比如很久不见的好朋友突然出现你会惊喜，工作上受了领导批评你会生气，生活琐事、突发事件等，这些都是外在环境的刺激，会让人产生一定的情绪和压力，有时人们还会出现职业倦怠。

但是，刺激并不会必然带来情绪。

事件发生了，到产生情绪中间有时还有个媒介，就是看法、评价及解释机制，你用什么方式来认识和解释这件事，就决定了你会产生什么样的情绪和压力。

2. 与个体对事件的看法、评价有关

例如：你最好的朋友明天要过生日了，你去商场选了一个非常精致的瓷器工艺品，打算第二天送给她。你在商场休息时把工艺品放在了凳子旁边，这时一个中年男子走了过来。一脚把它踢倒了，精致的小礼品瞬间变成了碎渣。这时你会感到怎样的情绪？（生气）当你转过身，正要对这个中年男子发火的时候，你发现，他原来是一位盲人，这时你的情绪又会发生什么变化？（理解了，气消了，有歉意，甚至还会扶他走路）。为何对同样的一件事，你的情绪却不同呢？（看法改变了）

从前，有一个秀才进京赶考，考了很多场都没有考上，这一次他复习后又去赶考，住在一个客栈里。晚上辗转反侧做了几个梦：第一个梦梦到他自己在墙上种白菜。第二个梦是下雨天，他梦见自己穿着一件雨衣，还打一把伞，走在雨中。第三个梦梦到他跟暗慕已久的心爱女孩睡在一张床上，却背靠着背。第二天醒来他觉得很这三个梦很奇怪，就去找算命先生给自己解梦。算命先生一听连拍大腿说：你不用去赶考了，还是回家吧，你想想看这三个梦都是不祥之兆啊！墙上种白菜能种得出来吗？那叫白种，不是白费劲吗！你披着一件雨衣，还打一把伞，雨衣都披了还打个伞做什么，那叫多此一举啊！你和心爱的女人睡在一张床上，却形同陌路，那叫没戏啊！没戏了走吧，秀才听了觉得有道理，他很沮丧、心灰意冷、很认命地打铺盖准备走人，不再赶考了。这时店老板很奇怪就喊住了他说：哎你怎么走了呢，明天不考试了吗？他就讲了三个梦。店老板听了乐了，说我也会解梦啊，我刚刚学过完形解梦法，我也给你解一下：你看，墙上种白菜，那叫高种（中）啊！你披着雨衣，还打一把伞那叫双保险，有备无患啊！两个人睡在一张床上，背靠着背，那你翻一下身不就行了吗，那表示你翻身的时机要到了。秀才一听更有道理啊！脸上现出了神采，于是精神振奋地参加考试，居然中了探花。

同样是对梦的解释，一个让秀才失望认命，一个却让秀才快乐并坚定了赶考的信心。这说明什么？任何事物都有正面和反面的说法。关键是看你如何解释，人们的认知态度造就了他们今天的样子。

3. 与人们的期待有关

有很多时候，人们是带着一些期待在做事情，正是这些期待会让人们不快乐，这些期待会困扰着他们的情绪，请看以下事例：

有一位女性朋友，四十多岁离了两次婚，因为她对男士很挑剔，并且常常对他们嗤之以鼻。离婚之后因为孤单，她就在家里养了一只狗，叫贝贝。一天，几位同学约好了在她家小聚，那天当他们刚敲开她家的门时，只见她抱着她家的小狗贝贝，一脸兴高采烈的样子跟他们说，“哎呀，我家的贝贝都能给我叼袜子了”，她说这话的时候，那个兴奋和开心快乐的样子，真的是没有办法形容啊！当时一位同学就淡淡地回应她说：“我相信，这世界上所有的男人都能做比叼袜子更复杂的事情！大家同意吗？”

一条狗只是做了叼袜子的事，就让她那么开心，可是和她生活过的男人却总是不能让她开心，而且她觉得自己受到了伤害，这是为什么呢？期待不一样。她对身边的男人期望太高，只要有一点点没有达到自己的要求，她立刻就会愤怒，感觉到被伤害。而那只狗呢，她是没有什么期待的，所以有一天狗突然会叼袜子了，就是已经大大地超过了她的期待，所以自然就会开心快乐。

可见期待不同，所产生的情绪就不同。在生活当中如果抱有的期待过高的话，也会造成不良情绪和压力的。

4. 与早期的家庭教育、人生经历有关

有一个女士说：“我一看到我儿子就不开心。儿子都 17 岁了，每次看到儿子就生气，让他学习关掉电脑他就是不听。而且儿子从小就惹我讨厌。”一般人都是爱自己的孩子的，她怎么会看到儿子就生气呢？当她掉着眼泪来找心理老师，心理师为她做了情绪解读。心理师让她躺下上成长培训课，闭着眼睛，放冥想音乐，把她带进冥想，让她回想起自己当年怀她儿子的过程。她回忆说想起了：

当年她怀孕的时候就不断地呕吐，一般女性吐一两个月左右就舒服了，而她一直呕吐了七八个月还不舒服。再深入地探索，原来她对怀孕这件事很排斥，为了进一步探讨，心理师还原了当年她怀孕的过程。心理师跟她说，假设我是你的孩子，并握着她的手说：“妈妈，我是你的儿子，从小你就不喜欢我，我不知道为什么从当年我成为你的儿子起你就不喜欢我，从小你就说你不要这样，不要那样，不知为什么我一直就是得罪你，可是我多么想让你爱我、疼我、关心我、指导我……”这位妈妈躺在地板上冥想，她忽然想明白了，眼泪掉了下来。她忽然坐起来说，原来她小的时候，大概五岁的时候吧，一天晚上她的爸爸妈妈吵架了，而且吵得很凶的样子，让她很害怕，当时她就想，以后不要结婚、不要要小孩，以后这种想法经常在她头脑中呈现。

在那么小的时候潜意识里就已经埋藏了这样一个排斥小孩的情绪在里面。

后来的先生对她很好，他们谈恋爱，结婚生子了，因为她忘记了小时候的想法，但潜意识中这种情绪还在，造成了后来她从心里不爱孩子，有了孩子她也不接纳。她的身心状态实际是和她的人生经历有关系。后来经过心理师的引导，这位妈妈终于要释放过去的错误的、负性的情绪记忆，决定重新回到自己生命的内在，决定好好爱自己，好好爱自己的儿子。经历这个过程后女士说："今天我回家看到儿子就跟儿子说，妈妈爱你。要给儿子爱的安全感，爱的保障。孩子有了爱的保障，就不会每次情绪不好，不听话了。"

了解了什么是情绪与压力、情绪与压力产生的原因是管理情绪的重要内容之一。

如何进行情绪和压力的管理

第一，要觉察情绪。觉察情绪是情绪管理的根本。了解情绪和压力产生的原因是觉察情绪的关键之一。觉察情绪的第二方面就是：时时提醒自己注意当下的情绪。

如果你都不知道你现在处于什么样的情绪状况，那怎么去管理它呢？很多人都是在出现了情绪之后，比如发了脾气愤怒之后，才回过头来想不应该那样发脾气。然而事情已经发生了，有时候是不能挽回的。所以遇到情绪问题时，或当发现情绪不好的时候，先不要处理事情，先整理好自己的心情，再来处理事情。

有情绪时应先要问问自己：我面临什么问题了？现在真实的状况是什么？我在做什么？这样做有益吗，能解决问题吗，我应该怎样做才更好？

因为人的情绪有时是和早年的经历有关，所以在觉察时我们一定看看在过往的经历中发生了什么？看看现在的情绪和过往的经历有什么关联？

比如：有一个十多岁的小女孩子一看见带毛的东西就怕，心理咨询师们追查了一下她过往的经历，发现在她 5 岁的时候，一次她的小表哥逗她玩，用鸡毛掸子从背后猛地吓唬她，把她吓住了。从此她只要见到毛茸茸的东西就怕。

过往的那个被吓到的情绪就是一个症结卡在那里了，一直没有被舒解，所以这个过往的经验就形成了一个模式，这个模式不断地重复：以后只要看到这种情景，碰到相似的情况，那个可怕的情绪就会自动泛起。所以是这种过往的情绪卡在那里了，是一个卡住的能量，情绪管理就是要打通这个卡住的能量。

人的情绪其实就像洋葱一样一层一层的，外层不剥开，就看不到里层，很难知道下一层是什么。只有觉察了自己的情绪，才能更好地调节自己的情绪。

第二，接受自己的情绪。当你觉察到自己的情绪以后，当你发现自己情绪不好、有压力的时候，首先就要接受它。在不断地接受自己的时候，你的能量就会聚积，不接受自我能量就会散失。

一个人怎样才能算是真正地接受自己呢？就是你可以当着别人的面表现自己脆弱的一面时，你才真正接受了自己。比如你唱歌唱得不好，你可以当别人的面唱一下有什么关系，只有真正敢表现自己脆弱的一面时，才能接受自己。人们自己常常是排斥脆弱的一面，我以前就是这样不敢唱，怕唱不好人家取笑我。虽然现在我仍然不敢大胆地唱，但是我已经知道我为什么不敢唱了，因为我不唱是不接受自己，我不能让别人看到自己的弱点，我就会告诉自己我要更多地接受自己。

第三，做出新的选择。接受了自己之后我们还要做出新的选择，要去挑战一下自己过往的模式。比如我曾看到过杀狗，就不吃狗肉了，一想吃就有要吐出来的感觉。我觉察到这跟过往的经历有关，便可以做一个新的选择，我告诉自己吃下去看会发生什么。一口一口一点点地吃了下去，什么也没发生。所以一个人要成长，缓解自己的压力，很重要的一点就是要抱着一颗好奇心去探索一下，你要问自己：我做一个新的选择会对我有很大的风险吗？很多人尤其是成功人士，总是装得很强大的样子，其实压力大的人、内心出了很多问题的人往往是成功人士，他们往往有一个很坚强的外壳，而他们的内在其实是很脆弱的，他们不愿意被别人看到其脆弱的情感，甚至自己也不愿意去接触它。

每一个人都有脆弱的一面，要允许自己去接触它，让它表现出来。尝试做自己惧怕的事，越惧怕什么越试着突破它。有的人在教育自己孩子的时候总是说：不许哭！其实哭是一种情绪，会哭才能放松压力，几年不哭，身上的不良的能量就会累积，这些累积的压力会通过身体表现出来。比如身体某些地方会酸、痛、内脏不适等，其实这很多都和我们的情绪有关。有一本书叫《生命的重建》，很详细地列举了我们身体的各部位病症跟情绪的关系，建议老师们可以买来看看。

第四，学会情绪表达。要学会情绪表达，学会把情绪表达出来。中国人是最不长于表达感情的，如看到父母想表达“爸妈我爱你们”，可是真正见了面却表达不出来。不表达情绪不是没有了，而是它被控制了。有人会担心表达情绪会有别人笑话我，不必担心，我要学会表达“我很高兴”“我很悲伤”……

情绪表达的方法：

（1）我收到的客观信息：我看到（观察到、听到、闻到、摸到……）

（2）我的感受、感觉：我感到（高兴、难过、悲伤、愤怒……）

（3）我的解释：我认为……

（4）询问核对：是这样吗？

第五，保持积极心态。要以乐观的态度去看待问题、思考问题。另外，生活的视角也需要调整。人的眼睛就像是一部摄像机，随时拍摄生活的各个场面，如果不调整“拍摄”的视角，总是悲观地盯着生活中的阴暗面，看不到光明的一面，就会感到烦躁、忧愁、焦虑，许多不良情绪就会产生。如果你能够关注生活中积极的、美好的一面，你就会从中体会到生活的美好，从而使你感受到生活的乐趣。乐观的生活态度也就会在潜移默化中形成。

踢猫效应

一个老板早上出门前因小事和太太吵架了，心里很不好受，刚到公司看到员工小王正在冲咖啡，他就气不打一处来，把小王训了一顿；小王一大早被训了一整天都觉得不顺，回到家和妻子说话因语气不对也大吵一架；妻子觉得很窝火，正好儿子回家晚了，她“啪”地给了儿子一记耳光；儿子捂着脸，看见自家的猫在身边，不分青红皂白，就狠狠地给猫一脚；那可怜的猫不知所措，转身就跑，冲到外面的街上，正遇上街上有一辆车，司机为了避让猫，却把旁边的一个小孩撞伤了。这就是心理学上著名的“踢猫效应”。

“踢猫效应”说明不良情绪是可以传染的。每一个人都有负面的情绪，如果处理不当，负面情绪就会像“踢猫效应”一样不断向外传染，会影响自己和他人的工作和生活。情绪的传染性太强，而且往往是致命的。看来，情绪管理太重要了。

世界激励大师约翰·库提斯：一名40多岁的澳大利亚残疾人，出生的时候只有可乐罐那么大。就是这样天生双腿严重残疾，后来做了截肢手术，没有肛门，身患癌症，受尽歧视和折磨的人，却取得了板球、橄榄球教练证书，他能开车，他能游泳、潜水，他能溜滑板，他能打乒乓、打网球，在世界各地进行无数次的演讲，激励了无数的人。生活的打击和磨难没有给他带来更多的不良情绪，反而让他生活得很快乐和自信。

想法决定我们的生活，有什么样的想法，就有什么样的未来。

第六，学会跟潜意识对话。

各位朋友们，请尝试着放松一下：

请大家找一个舒服的姿势坐好，闭上眼睛。把右手放在自己的胸前，深深地三次深呼吸，要用力吸气。音乐也温和地出来了。静下心来，好好来探索自己，感受自己，成长自己，想想看：有多久没有跟自己好好在一起了，所以今天借这个难得的机会，听着冥想音乐，大家一起来探索，来成长。再一次深深地深呼吸，从小到大，人生都很忙碌，小时候，忙着学习、忙着成长；现在忙着养家，忙着工作，但是别忘了忙着照顾自己，想一想：最近一段时间里，你是否开心，是不是有不良情绪、是否有压力？所以今天从学习情绪压力管理中找到生命的空间。每个人都有资格过幸福快乐的日子，所以从今天开始要朝着这个目标努力，自己好别人好，自己好家人要好，自己好公司同仁都要好。大家都好，这种感觉才会有和谐，有快乐！学会轻松快乐地面对生活，你才更会享受生活。所以现在你的脑海中就是一片祥和、一片愉快，你也会看到自己的笑容，很开心的笑容！想想看从小到大，你曾经什么时候是最开心、最快乐的，就是那种感觉，把它留下来，深深刻刻地把它记下来。希望以后当你静下心来闭上眼睛的时候，就会想到这个开心的笑容。现在我开始倒数，当我数到一的时候，你就睁开眼睛。3，2，1。张开眼睛后对你身边的人说：我看到了。

腹式呼吸法：这种方法可以把卡住的能量打通。用嘴呼吸，把手放在腹部，吸气时，肚子要鼓起来，一直感到腹部挺起，胸部也挺起来，然后再吐出去。有的人呼一会儿气身上会有发麻的感觉，这是好的标志，发麻是你身上的能量在苏醒。有一位朋友腰间盘突出，他坐一会腰就麻了，他说腰咋直不起来了呢？过去一直是用意志撑到现在，现在腰的能量要苏醒了，它苏醒时就会觉得很疲倦。这表示它的功能还是完好的。

还有一种方法是：平躺在床上，不用枕头，双膝屈起，双手侧放，不断地深呼吸，呼吸时可以吐气，像波浪一样吸进吐出，每天15分钟。坚持做一个月，你身体的不良能量累积就会缓解，压力就会减轻。

第七：肢体运动放松法——身心互动的技巧。身体和心理是一个互相作用、互相影响的整体。肢体语言改变会导致内心情绪的改变。如：打呵欠、嘴角上扬、大笑。

最后给大家讲一个《狐狸与葡萄》的故事：

盛夏酷暑，一群口干舌燥的狐狸来到葡萄架下，美味的葡萄挂满枝头，狐狸们馋得口水直流。

第一只狐狸来到葡萄架下，跳了跳，吃不到葡萄，于是它从附近找来了一个梯子，然后爬上去吃到了葡萄。

第二只狐狸跳了跳，吃不到葡萄，它也去找梯子、板凳、竹竿等，结果什么也没有找到，再跳起来也摘不到葡萄。它就说这葡萄肯定是酸透了，不好吃，弄点别的果子也可以解渴啊，于是它哼着小曲，心安理得地走了，想吃葡萄的情绪也解决了。

第三只狐狸来到葡萄架下，心想我就不信我吃不到葡萄，下定决心，不怕万难，吃不到葡萄我决不罢休。于是它从早上开始，它就不停地跳啊跳啊，最后什么结果呢，累死在葡萄架下，死时还瞪着眼睛，没有人可怜它。

第四只狐狸来到葡萄架下，跳了几下吃不到，情绪上来了就骂了起来，被路人一棒拍倒在那里，含泪而死。

第五只狐狸来到葡萄架下，跳了几下吃不到，于是它就生闷气、整天发愁，终于忧郁成疾。

第六只狐狸来到葡萄架下，跳了几下没办法，心想连个葡萄都吃不到，活着还有什么意义，于是找了个树藤上吊死了。

第七只狐狸来到葡萄架下，心想它们个高，我吃不到它们也别想吃到，一把火把葡萄架烧了。

第八只狐狸来到葡萄架下，一看，那么多葡萄啊，心生歹念，坑蒙拐骗，结果受到了制裁。

第九只狐狸来到葡萄架下一看，什么都没有了，崩溃了，疯疯癫癫，口吐白沫，嘴里不断地念着：吃葡萄不吐葡萄皮，不吃葡萄倒吐葡萄皮……

又来了十多个狐狸，它们找到了一个更高的葡萄架，跳了几下，够不到，于是大家商量一下，终于想到办法：大家扶助着终于摘到葡萄了。大家你一串，我一串，成果共享，皆大欢喜。

本故事纯属虚构，欢迎大家对号入座。最后送各位同人们两句话：烦恼是你自寻的，快乐是你的选择。好好地善待自己、善待学生、善待家人、善待周围的人，让心态维持在宁静而喜悦的最佳状态中，让轻松快乐成为您生命的主旋律！最后祝大家健康快乐！

适应新环境　开启有意义的高中生活

——高一新生环境适应心理讲座

（会前播放动画片《小浣熊》，同学们在观看中笑声不断）

尊敬的各位老师、各位同学们：大家下午好！

一首好听的《十七岁的雨季》，伴我们进入今天的内容。

同学们，你们来到本溪已经有两周时间了，你们感觉在本溪生活得怎么样？适应这里的生活吗？喜欢这里吗？（同学回馈：很好，适应，喜欢）

半个月前，当大家做好了充分的准备，怀着好奇、揣着家人的期望，从几千里外的雪域高原（玉树）迈进本溪玉树高中校园的那一刻，你可能感觉周围的一切都很陌生，感觉一切都是“全新”的！

开学第一天，玉树学生刚到校园的场景

开学半个月中，大家进行了军训，上了两天课，还开了校运动会，可以说生活的内容丰富多彩，就在这丰富多彩中，你成为了一名真正的高中学生了。

我来问同学们：成为高中生意味着什么？（学生回答……）

对，意味着你长大了，意味你有了责任，你要有自主、独立的生活能力，也意味着新的挑战和机遇开始了。今天我们将一起探讨：

如何适应新的环境？如何过有意义的高中生活！（用课件呈现主题）

如何适应新的环境

同学们，一个婴儿一出生首先呈现的状态是怎样的？对，大哭。他会以哭声来迎接这个世界，因为他觉得外面的世界和妈妈的肚子完全不同，他要有一番痛苦的挣扎，并以他的方式来适应这个世界。

法国哲学家卢梭把青年人比作人的“第二次降生”，其实我们从初中过渡到高中阶段，就像婴儿降临人间一样，也要有一个适应的过程。更何况我们又经历了地震，从遥远的玉树来到辽宁本溪异地复课，除了适应学习环境外，还要适应生活环境、地域风俗等方面的变化。

半个月前，你们来到新校园时，一切都是崭新的（幻灯片呈现校园的图片），现在你们吃、住、学习、活动，全方位地生活在这里了，对新的校园环境、教学设施、作息时间，日常生活、教学安排等有了一定的了解，我们如何更好地适应新环境呢？

适应高中生活，首先请大家记住四个字——“入乡随俗”，就是顺从当地的习俗。

1. 饮食方面应尽量调整，以适应东北的饮食习惯

常言说：“一方水土养一方人”，一个地方的饮食习惯是和当地的气候、土壤、植被、物产有关，并在长期的适应中形成的。

在玉树同学们饮食上主要吃什么？（同学回答略）

玉树地区是高海拔、高寒地区，蔬菜谷物很难成熟，比较适合放牧，所以在玉树当地饮食中，你们主要吃牛羊肉、吃青稞做的藏面、藏饼，吃人参果饭，喝酥油茶、青稞酒、酸奶……在玉树当地能吃到这些应该是很享受的事了，这样的饮食习惯的形成是由玉树特殊的自然地理环境、高原人群生理特征等因素决定的。

而我们东北的饮食主要以蔬菜类、肉蛋鱼类混合为主，强调要达到营养的均衡。蔬菜中含有人体所必需的维生素，能促进人体营养的吸收。

如果一个东北人去了玉树，渐渐吃惯了玉树的饮食，回到家乡之后，他还天天吃酥油做的食品，就会肠胃不适，搞不好还要拉肚子。

“贵州人喜欢吃辣的”，做菜时都要放上辣椒。一个胃肠不好的东北人到了那儿，看到辣的就不敢吃。当地人告诉他说，贵州的水比较寒凉，吃辣的可以防寒，可以放心品尝辣椒。于是那人尝试着吃了，第二天没有什么事，随后几天都大胆地吃，果然没有什么问题，吃几天后竟然达到了无辣不欢的境界。然而，回到东北的家乡，吃了辣椒胃又出现了不适的状态。由此他感悟到：其实饮食也是入乡随俗的。

在食堂，我看到有的同学不爱吃蔬菜，比较爱吃土豆，我问他青菜好吃吗？他说：哎呀，青菜的味道怪怪的，还是牛肉好吃！那表情逗得我直乐！

我们东北没有玉树那样充足的牛羊肉，而且这里的牛羊肉从外地运来的少，当地的多是人工饲养的，牛羊多喂了精饲料或粮食，肉的味道没有玉树放牧养的鲜美，而且吃多了会消化不良，或者上火。所以在这里你们要多吃蔬菜，因为蔬菜中含有丰富的维生素，有利于你们身体的成长。到了一个新的地方，就要适应当地居民的口味及当地饮食的习惯。如果把你们呵护起来，按照你们原来的饮食习惯做饭菜的话，你们就不能了解东北的饮食文化，这会是一种损失，更主要的你们就会不适应，会出现身体的不适反应。

2. 穿着及生活习惯方面

由于玉树和本溪地域的差异，穿着及生活习惯也存在差异。穿衣戴帽、穿多穿少的习惯等都要入乡随俗。玉树地区早晚温差大，日照强，在玉树同学们夏天习惯戴帽子，可能是当地太热，用来防强光和紫外线吧！我观察在平时大家也习惯戴口罩，可能是为了防风沙。我们本溪的四季挺分明的，现在马上要入冬了，大家要随着天气变化加减衣服，11 月至来年 3 月是我们这儿的取暖期，学校及宿舍楼里会供应暖气，5 个月的取暖期，冬季偏长些。我看到大家不喜欢穿半袖的衣服，尤其是女生，可是我们这里天热时不能穿太多，穿太多了会出汗，身上会起痱子，大家喜欢穿胶鞋过夏，会生脚气，要换凉鞋，穿着习惯要按本溪的气候和环境条件适时令为好。

从人文角度来说，我们同学千里迢迢来本溪就读，本溪就是你们的第二个故乡了。这一生一世，这个地方都会留给你们深刻的印象，是不可磨灭的。所以你们要尽量了解这边的风土、人情、文化，这将会丰富你们人生的阅历。

3. 养成良好的卫生习惯

细心的同学会发现，我们这儿的人特别注意讲究环境卫生和个人卫生。每天要清扫卫生，不能喝生水，要勤洗澡，勤换衣服。

由于人体新陈代谢、运动出汗……时间久了身上会有怪味，东北空气比玉树潮湿，灰尘多，我们更要讲究卫生。同学们应该保持清洁，每天保持卫生，不能喝生水，要勤洗澡，勤换衣服。

2008 年汶川地震后，四川绵丝一所技校的60 名学生来到本溪冶金技师学校就读。由于不注意卫生，有几个同学身上得了疥疮，那些看不见的细菌会在身体上“打洞”，让身体发痒，晚上睡不好觉，手指丫出黄水，后来多亏被老师发现才及早诊治了。

所以要养成饭前便后洗手的习惯，同学们喜欢戴的口罩也要勤洗，否则会滋生细菌。吃的馒头要用口袋包装了存放，不要裸放在空气中（空气中灰尘大），防止病从口入。

4. 如何适应人际关系

学会和人相处也是高中生活的重要一课。同学们都来自玉树，有着共同的乡音乡情，又在一个校园内同吃、同住、同生活。

这里主要讲讲如何和室友相处。

寝室是住宿地，也是学习、娱乐、交流的重要场所。寝室的同学要朝夕相处，住久了，彼此间会越来越了解，越来越放松，那其中也会有很多私密、弱点、不良习惯渐渐暴露出来。大家有可能因为个性和习惯等的不同，产生不愉快、误会甚至不和睦。这时候应该怎样化解呢？建议如下。

（1）要接纳人的个别性。人和人是不一样的，从习惯上看，比如一个宿舍的同学，有的同学喜欢早睡早起，有的就喜欢晚睡晚起。喜欢早起的，可能在别人睡得正香的时候就起床了，叮叮咣咣的声音吵醒了别人，让人不舒服；有的人回到宿舍爱唱歌，有的人嫌吵，有的人爱学习想看书，有的人想睡觉。还有的人不讲卫生，臭袜子臭鞋随意乱扔，把全寝室人熏得晕头转向，自己却感觉不出来。

（2）从以自我为中心转向以集体为中心。我们不能太自我了，凡事要为别人着想。集体生活中，我们不能自己想怎样就怎样。本该休息了，你偏偏发出声音影响别人，或对寝室的公共事情不太关心，打扫卫生不积极，只顾及自己的那块小空间，甚至有好东西从不与人分享，对别人的东西却毫不客气使用……我们要大事讲原则，小事讲风格，对人宽，对己严。

（3）要敏锐：对同学间相互的帮助要感恩；对老师、家长指导和支持要懂得感谢，铭记在心；对于我们的社会要懂得回报。

（4）不要敏感：不要把自己桎梏在一个小圈子里，不要特别在意别人对自己的看法，总认为别人不尊重自己，认为老师同学对自己不够友好，不自信等。

（5）学会表达：当寝室里总是很吵不能好好休息时，你可以直接告诉他们说，你们这么吵，我很难睡着，也许同学听了会照顾到你的感受。

（6）调整自己：我们可以自己跟自己说，现在有人还在说话，但是我想睡觉，我可以放松自己，做我自己想做的事。然后做自我的放松来调整自己，进入自己的心灵世界，把他人的情绪排解掉。每个人都有各自的特点、各自的习惯。每个人都要用心维护集体的和谐。

（7）对人热情：热心帮室友搬箱子、开门、递东西等。不到处说室友的隐私，有零食别小气，不总说想家之类的话，适度表达自己的想法和感受等。

有的同学说挺怀念小时候或以前的朋友的。是呀，小的时候我们什么也不避讳，想说什么就说什么，想不和谁玩就不和谁玩。长大就不一样了，长大了就有了自己的秘密，而且都有学习任务，学习任务很重，当然不能天天在一起玩。而人与人是长时间交往才成为朋友的，现在你刚来到这里，想念以前的朋友是正常的，可是你也有你自己的生活，以前的朋友也有他们自己的生活，时间久了你在这里还会有朋友，你的朋友也有了自己身边的朋友了，不要一味沉湎于过去。过去很美好，老师很善良，同学很友好，但现在，你的老师、你的同学一样值得你去亲近和学习，你们将在一起度过人生最难忘、最具深远意义和影响的时光。相信大家在一起的点点滴滴，将成为我们今后人生中价值颇高的一笔财富。

（8）主动沟通：人际关系是互动的，不要总是消极地等待别人来关心自己，而要主动地与周围的同学交往沟通。心理学上有个“曝光效应”，是说人会偏好自己熟悉的事物。社会心理学上有个熟悉定律，我们见到某个人的次数越多，就越觉得此人招人喜爱、令人愉快。因此，我们要学会主动交往，如果每个人都能主动交往，我们将会建立一个丰富的人际关系世界，而且当你主动和别人打招呼攀谈时，你会发现你原来的担心是多余的，你的努力几乎都是成功的，而且成功越多，越会增强自信心，让你的处境越来越好。教给大家一条与人交往的“黄金法则”：用希望别人对待自己的方式来对待别人。学会换位思考、尊重他人、平等地对待他人。

5. 关于想家

才来半个月，有的同学已经表示想家了。为什么会想家呢？想家是当人到了一个陌生的环境，遇到困难时的一种自然的反应，是人类的一种天然反应。

离开家乡，离开了父母，到这么远的本溪来求学，生活没有父母照顾了，凡事都要靠自己打理了，洗衣服、打水、理财等，事无巨细全得靠自己，有时难免会想家。我曾看到一幅漫画，觉得很有意思，表达的内容是：

一个小女孩在街上跑，忽然摔倒了，起来时头上起了一个大包，放着光。然后这个小女孩抿着嘴就往家跑——跑到家后，一推门看房间里没有人，再推开第二扇门还没有人，又上楼推开第三个门时，见到妈妈在里面了，她才把嘴张开“哇”地一声哭起来。

想一想，当这个小朋友刚摔倒的当下，是她摔得最痛的时候，她却没有哭，我想当她经历了跑回家找到妈妈这一段时间，可能已经不痛了，但她只有见到妈妈时才哭起来。可见当人遇到危险、困难、挫折的时候，希望能够回到亲人的身边，得到他们的帮助和呵护。

现在我们同学来到了本溪，我们没有办法像那个小女孩子那样跑回家张着嘴巴哭泣，那我们就知道，这是我们面对挫折和困难时，还不能很好地适应环境的一种自然的反应。

在成长的过程中，人们都会有依赖心理。但是，依赖心过重，会束缚人走向自立的步伐。英国有一位女博士说：这个世界上所有的爱都是以聚合为目的的，只有一种爱是以分离为目的的，那就是父母对孩子的爱。父母真正成功的爱，就是让孩子尽早作为一个独立的个体，从你的生命中分离出去，这种分离越早，你就越成功。

所以我们首先要从思想上独立起来，不抱怨自己遇到的各种困难，离开父母这个避风港是早晚的事，我们暂且就把离家作为锻炼自我的机会，来学习独立生活的技能，从中获得成长。

想家是一种甜美的感觉，距离产生美，离家的人才感受到想家的甜美，才会从中体验到幸福。所以我们要学会适应环境，脱离父母，适应社会，是成长的必由之路。

到了一个新环境，适应它一个好的方法是：采取积极适应的态度。

“山不过来，我自过去”。（课件打出）

积极要表现在尽可能地去寻找新环境中积极的、好的、合理的成分，淡化不合理的成分（跟过去比多看合理的一面）。要悦纳自己（开心地接受自己，哪怕自己长得不好看也悦纳），宽容别人。

我们同学千里迢迢来本溪读书，本溪就是你们的第二个故乡。这一生一世，这个地方都会在你们心中留下深刻的不可磨灭的印象。所以你们要尽量了解这边的风土、人情、文化，这也将丰富你们人生的阅历，成为你宝贵的精神财富。

过有意义的高中生活

地震发生后，社会各方面力量都在努力地关注着我们这个群体，希望能够在各方面给同学们所有的支持和关注。那我们也要思考，在这么大的事件之后，人生的意义在哪里？什么样的人生是有意义的人生？

我认为：真正有意义的、成功的人生是一个过程。

我把有意义的人生分成四方面来看：要有明确的目标；要能够朝着目标全力以赴；要设法在过程里自得其乐；要不断提升心灵的境界。

第一，要有明确的目标。

哈佛大学有一个非常著名的关于目标对人生影响的跟踪调查。调查对象是一群智力、学历、环境等条件差不多的年轻人。调查结果发现：

27%的人没有目标；

60%的人目标模糊；

10%的人有清晰但比较短期的目标；

3%的人有清晰且长期的目标。

经过25年的跟踪研究，结果发现他们的生活状况及分布现象有一定规律：

3%有清晰且长期目标的人，他们大都成了社会各界的顶尖成功人士，其中不乏白手起家的创业者、行业领袖、社会精英；

10%有清晰但目标比较短期的人，大都生活在社会的中上层，成为各行业的不可或缺的专业人士，如律师、医生、工程师、高级主管等；

60%的目标模糊的人，几乎都生活在社会的中下层，他们能安稳地生活与工作，但都没有什么特别的成绩；

剩下的那27%的没有目标的人，几乎都生活在社会的最底层，他们的生活过得都不如意，常常失业，并且抱怨他人，抱怨社会，抱怨世界。

调查者得出结论：目标对人生有巨大导向性作用。

一个人的人生目标确定得越早，他就会越好地向着这个目标奋斗，他就越早的可以成功。

问：同学们来到了本溪玉树高中，你的目标是什么？（考大学）

考哪一类的大学？（北大、南开、辽大）多少分能考取北大？每一科要考多少分……我们要把目标量化。要考的大学不一样，你付出的努力就会不一样，所以你要非常清楚地、具体地知道你的目标是什么？目标越具体，效果就越好。

第二，有了目标之后就要全力以赴。

我记得我念小学时，男生常玩放大镜的游戏，就是拿一个放大镜到外面在阳光下，阳光本来很柔和，可是通过放大镜的聚焦作用，可以把木头、纸烧起来，请问：阳光很柔和，虽然有时候有点热，但绝不至于把木头烧起来，那它为什么会把木头烧起来？

因为放大镜有一个焦点，人也是一样，每一个人的能力都差不多，如果你有目标，就可以像放大镜有了焦点一样，能够发挥很强的力量，产生光和热。人活在世界上，要记得不要有太多的目标，要有一个完整的目标，有一个阶段的目标，然后全力以赴。

说到全力以赴，同学们在学习中大概都感觉到压力很大，那怎么办？不要着急，要有计划，不要希望一步登天，天下没有这么简单的事。老子说：千里之行，始于足下。但是只要你有恒心，专注地、不断地坚持，我们这一生中会碰到很多机会，但是就看你准备好了没有，你准备好了的话，一次机会把握住，就可能改变这一生。

从学习上看，从初中到高中的过渡应抓住八个字：立定根基，放开眼界。

高一的学科是最丰富的，我们可以全面接触不同的学科，多去了解社会，不过早限定自己的发展方向。

大家学习方法不够恰当，突出表现在机械性记忆、分析问题的单一性和片面性等方面。建议同学们准备一个错题本（把错题记录下来）……

学习就像渡水过河一样，对岸是什么，你是怎样的人，你的目标是否清晰，你的工具是什么，怎么才能最快、最安全渡过；这就是学习方法。要想学、善学、坚持学。

我们还要了解记忆规律：人们在学习中的遗忘是有规律的，最初阶段遗忘的速度很快，后来就逐渐减慢了，到了相当长的时候后，几乎就不再遗忘了，这就是遗忘的发展规律，即“先快后慢”的原则。观察这条遗忘曲线，你会发现，学得的知识在一天后，如不抓紧复习，就只剩下原来的25%。随着时间的推移，遗忘的速度减慢，遗忘的数量也就减少。有人做过一个实验，两组学生学习一段课文，甲组在学习后不久进行一次复习，乙组不予复习，一天后甲组保持98%，乙组保持56%；一周后甲组保持83%，乙组保持33%。乙组的遗忘平均值比甲组高。一个习惯的养成需要重复21天。了解了记忆规律，学习就会更得法。

第三，要设法在过程里自得其乐。

怎样让自己过得快乐？对我们同学来说，快乐有两个方法，第一个方法就是将读书当成快乐的来源，想想，自己念小学、初中的时候是多么的幼稚，很多东西都不懂，随着年龄的增长，懂得多了，在数学、物理、语文、英语，这些方面的知识更丰富了。这种学习的快乐，有时候自己没有察觉，但它确实是一种快乐。学校教育就足以让你在学习知识各方面不断地成长，这里面就有快乐。因为知识就是能力，你学习越多的知识，就越能感觉到自己能力的增强，越有办法面对一切困难，这就是学习的快乐。

第二个方法是，在读书之外培养其他快乐。记得有一位老师讲过，他初中的时候数学不好，有一天他上街看到路边有下象棋的，觉得很有意思，就买几本棋谱开始研究。一个学期之后，在班上就没有比他象棋下得好的了。他在班上就专门找数学比他好的人挑战，他心里面可以保持平衡了。你数学比我好，我象棋比你强。

人活在世界上是要活得快乐的，但是活得快乐不容易，要有些方法。做运动、唱歌、阅读、听音乐、冥想……都可以给人带来快乐，阅读就是一个愉悦自己的好方法，书中的一些话会给人以启示，不用自己亲自经历，别人的经验、别人的智慧可以参考。

快乐不能等待别人给予，所以同学们要练习让自己活得快乐，只要你用心发现，其实生活里面处处都有欢乐。

第一步要有明确的目标，然后全力以赴。接着，要学会自得其乐。另外，一个人要过有意义的人生，还需要不断地提升心灵。

什么叫提升心灵？我先讲一个英国伯爵的故事。英国有一个伯爵，他有一天写回忆录，就问自己一个问题，我这一生什么时候觉得最得意？他想了好久，他是伯爵，是一个贵族，有一座城堡，在社会上很受尊敬，他说这些都不能算得意，为什么？因为伯爵是我祖先给我的，是继承来的，财产也是继承来的。他真正得意的却是一件微不足道的小事。有一天他站在伦敦的街头准备过马路，这个时候，忽然一个六七岁的小女孩，抬头对他说："先生，请你带我过马路，好吗？"这个时候伯爵觉得非常的得意，非常的兴奋。因为这个小女孩想过马路而不敢，很危险，她就开始找，哪一位叔叔、阿姨看起来面貌慈祥，能够愿意帮助小孩，带她过马路的。她找了好久，选中了这位伯爵，她不知道这是位伯爵，伯爵上街也是穿着很平常的服装，所以伯爵很有成就感，能够让一个天真的小女孩信赖，他觉得这一生没有白活。那么，大家想想，目前最让你感到得意的事是什么呢？我觉得，大家成功的在本溪独立生活半个月了，应该就很有成就感吧！

以上我谈到的四点：有明确的目标要全力以赴；接着你要设法自得其乐，把学习变成快乐，或者另外培养一些兴趣，让生活保持平衡，让自己有更高的情趣，要每天调节好心情；最后要能够提升心灵，每隔一段时间问问自己，有没有成长。这样的人生是一个不断发展的人生，这才是一个有意义的人生。

同学们，高中生活是一个新的起点，是再出发的过程；是我们成为一个杰出的人的过程。我相信“良好的开端是成功的一半”，在这个特殊的人生经历中，同学们一定能很快适应新的环境，开启有意义的高中生活！

调整心态　带着梦想去拥抱成功

——高三学生考前心理辅导讲座

亲爱的老师、同学们：

大家下午好！

（开场前以《倒霉熊》的视频引入，学生在开怀大笑中暂时忘却高考带来的紧张情绪，较好地进入了接受状态。然后伴随着《快乐自我》这首轻松欢快的乐曲，心理老师首先引领学生互动，引领学生做有趣的肢体动作，学生被深深地吸引着，在场的领导和老师也都积极参与其中，大家一起投入地做着动作，将身心完全放松下来，在轻松愉悦的气氛中讲座正式开始。）

校领导参与互动

同学们，还有20多天就要高考了，你们现在感觉怎样呢？（师生互动）

一些同学出现了心理不适的现象，如紧张、担心、忧虑、害怕等，有的人还期盼明天就考完试……我们之所以惧怕考试、产生心理紧张，是因为我们不太了解考试状况。

一般情况下，考试发挥情况有三种（课件展示三种情况）

失常发挥（考砸了）：大脑死机，什么都发挥不出来。

正常发挥（考好了）：学习的知识基本发挥出来了，思维清楚，记忆有效。

超常发挥（考绝了）：考试答得比平常考得好。

高考制胜的法宝 = 实力 + 技巧 + 心理（课件展示）

现在还有20多天的时间就高考了，心理的调试就尤为重要。我们要学会调整心态和正确的应对策略!

认识到考试紧张是一种正常化的情绪状态

考试紧张的情绪状态每个人都有，从原因看，它本该发生，当一个人面对重大事件时，为了应对，他会调动自己所有的心理能量和生理能量同命运抗争，考试焦虑、有压力本是正常的，如果一个人遇到考试了，没有压力，也不焦虑，反而是不正常了。所以高考除了考查同学们对知识的掌握以外还是对心态的一种考验，也是一场心理战。心态是受情绪影响的，从心理学上讲，人的心情分三种。

(1) 心静状态：这是最经常性的心理状态，心态放松、平和、宁静、随意，是一种自然的心态。

(2) 激情：也叫竞技状态，如果竞技状态调整得特别好，运动员能取得好成绩，考生也能发挥得特别好，平时想不出来的事，这时马上就想起来了，这叫急中生智。平时没有的灵感，一到考场上就做得特别好，比如一些文科状元说，“平时让我在家里写作文啊，我像挤牙膏似的怎么也挤不出来，可是一到了考场上，我竟然文思泉涌，洋洋洒洒。”激情状态就是这么一种感觉，所以说必要的压力是有用处的。

(3) 焦虑状态：一般是压力过大引起的。人一产生焦虑，他的思维就不灵敏了，大脑就如同死机了一般。

什么是焦虑？心理学家巴甫洛夫等研究发现动物也焦虑。比如一头驴，你给它吃一丛草，它会吃得特香甜，这时候你突然再拿一堆草，把驴牵到两堆草的中间，这时驴就焦虑了，为什么呢？它要先吃哪堆草呢？它就要比较来比较去，愁得抓耳挠腮的，焦虑就是这么产生了。所以当焦虑来临时，我们就接纳它，告诉自己“不是只有我焦虑，大多数人都焦虑，很正常”，我们接纳了它，我们不和它“较劲儿”，等于不给它能量，慢慢它就会缓解下来。

在考试前，我们认真制定并执行复习计划，平常要做到锻炼适当、睡眠充足、饮食正常，生活有规律，高效地度过每一天，重视这个应考学习的过程，淡化考试的结果。最好做到能把平时的作业当成考试，把最后的高考当成一次认真的作业，如果有了这种平常的心态，考试怎么能会焦虑呢？

调整期望值

我们要以一颗平常心来看待考试，付出一分努力，不要希望会有五分收获。不要对考试成绩抱有过高的期望。每个人由于能力水平和基础不一样，成绩也是不一样的，因此，作为一名学生，应该根据自己的实际情况，为自己树立一个切实可行的期望目标，让我们“跳一跳，能摘到”。否则，目标过高，超出了自己的能力范围，与自己的现实形成强烈的落差，也极易都会使我们产生失败体验而导致心理上有压力，导致考前焦虑。

学会放松

放松最好的一个方式是做深呼吸。把两手平放双腿上，身体自然直立，闭眼，想象自己在草原上。看到很多羊群，吸一口气，停留两秒钟，慢慢地吐出来，再吸一口气，再慢慢地吐出来。你好像随着那羊在走，在吃草，在尽情地享受那种意境，这就叫作牧羊法放松。一定要反复六次，一般非常非常大的压力，就会在这六次中化解。压力的缓解需要一定的过程，不要太过控制，压力总会过去的，不要紧张，一个人一定要有和挫折、困难交锋的勇气。有了这样的自信，什么都不在话下了。同时你还要把注意力关注在当下，全身心投入备考，不要考虑还没有发生的事，未来对每个人来说都是未知数。

经常给自己积极的心理暗示

积极的心理暗示有什么作用呢?

例子：一个病人，他内心很脆弱，一次他做了一个梦。说自己变成了一支蘑菇，他被用轮椅推着见到了精神科医生，他就说，“我是一支蘑菇”，然后就蹲在角落，不起来了。医生就说你怎么就是蘑菇呢，他说“是，我已经变成蘑菇了”，在这种情况下，医生就说，“好，你是蘑菇，我也是蘑菇”，也蹲下不起来了，结果两个人就那么靠着，靠了一个小时。这个病人说，“你真是蘑菇?”医生说，“我真是蘑菇啊。”那个病人已经两天两夜没吃东西了，医生问：“你为什么不吃不喝?”他说我是蘑菇不吃东西是正常的，又过半小时，医生端起一杯水喝了。病人就问，“你不是蘑菇吗，你怎么会喝水呢?”医生说，“是呀，我这蘑菇就需要喝水呀，越喝水，我这个蘑菇长得越水灵。”过了一会儿医生又吃饭，病人又问，“你怎么吃饭呢?”医生说，“蘑菇需要正常吃饭啊。”病人说，“那我也需要正常吃饭啊!”于是医生打了一个电话让护士送来盒饭、汤，结果他很快都吃了。又过了一个小时，医生举了一把伞说你看我这像蘑菇吧，然后举着伞就出去了，这个人跟着医生就出去了，本来他是坐在轮椅上来的。这就是用暗示的方法来治疗疾病的案例。

心理暗示实验：两手平伸，闭上眼，想象左手上有一块砖悬挂着，右手有一个氢气球，听着我的引导，你要在半分钟内保持手臂的平衡，睁眼，看两手臂有什么变化。不平衡了！问：气球、砖存在吗？不存在。但心理暗示影响了你。由此我们弄明白了原来我们很容易受到环境的影响。通过暗示我们要认识到：高考就是高考，我们将来遇到的考试多着呢。每天要对自己说："我已经复习好了，我一定考得比现在更好！"

其他方法：将压力写在纸上，然后揉成一团，右手狠狠抓住，甩出去，"一定要用右手"。

临考前焦虑心态调节有四大技巧

1. 反复默念自己的名字，并让自己听到

进入考场之前我们会很紧张。很紧张怎么办呢？

首先要做到的一件事情就是让脑袋空掉。脑袋空掉的一个方法就是反复重复一件事情。或者是念一句话。

反复默念自己的名字，有节奏地念，并让自己听到。

念名字的时候想到了什么？什么也没想到，对吧。这是一位叫格桑泽仁的心理大师试验了七年的好方法，非常管用。他说这是最好的休息方法，进入考场前，这样做可以让大脑充分休息。我们平时缓解紧张情绪的时候就可以这样尝试着做，让大脑腾空。还可以反复重复一句话："王某某，1，2，3……太好了，我能行，我帮你！"人在反复说自己习惯的内容的时候，大脑是不思考的。

2. 清点工具

进入考场，坐下以后，要做第二件事，清点工具。我们一坐在考场里了，大脑是不是太紧张了，这时候身体可能还有点紧张，运用清点工具的方法，拿出每样工具，逐一清点，并念出来，让自己听到。钢笔、橡皮、尺子、准考证……就这样手要动起来，嘴要数念着，把工具一个个放在右侧。手一动，人感觉就从大脑里转到身体上了。运动肢体，转移情绪，这样做会有效缓解紧张。一个人情绪化的时候，智商是下降的，让他的身体运动起来，让大脑的感觉转移到身体的某一部分，这样就不紧张了。

3. 调节呼吸，其目的在于保证足够血供

记住呼吸口诀是"吸—停—吸—呼"。现在我们有目的地把呼吸分成两部分。如果呼吸的过程用10分的刻度来表示的话，那吸到7分时，停住，默念名字，再继续吸气，至10分，接着呼出。因为人体的血液并没有完全参与循环，这样做的目的是让所有血液参与循环，使大脑更加清醒。

4. 积极地暗示自己

拿到试卷，先不要写名字、考号，用自己能听到的声音说七次：“所有人都有不会做的题，我比他们好多了。”为什么要七次呢？因为重复才能产生暗示的力量。这个方法也可以用以应对焦虑情绪。

公元前47年，罗马著名的将军恺撒率兵出征叙利亚，去平定叛乱。恺撒大军气吞山河，势不可挡，小亚细亚的土地在他的铁蹄下瑟瑟发抖。5天之后，罗马人就结束了全部的战斗。在给罗马元老院的战报中，志得意满的恺撒仅用了三个词来描述叙利亚的这场胜利：“我来了！我看到了！我征服了！”

历经两千余年，人们依然记得这位伟大征服者简短而骄傲的宣言，它携带着主人灵魂的热度在全球流传，把生生不息的激情和力量传递给每一个年轻的生命，鼓舞我们热爱自己，发现世界，创造辉煌，鼓舞我们以胜利者的姿态宣告世界——我来了！我看到了！我征服了！

希望同学们带着轻松和愉快的心情去迎接面临这个考试，把它看作人生的机遇，看作人生的一次挑战，去勇敢地去面对它，经历之后你也会大声地说“我来了，我看到了，我征服了！”

心理讲座中

引领师生互动

藏族学生在体验放松

（附：这次活动及时有效地提出了高三学生中存在的一些学习习惯、学习状态以及应考心理、情绪方面的问题，帮助学生正确积极地面对即将到来的高考，极大地激发了学生的学习潜能，是高三学子应对高考的一针强心剂，通过充分了解高考，学子们会带着轻松和愉快的心情去迎接即将来临的考试，并把它看作人生的机遇，将勇敢地面对，并将取得令人满意的成绩。）

友谊需要信任和真诚

——青少年人际交往技巧讲座

亲爱的同学们，大家下午好：

开讲前先做一个折纸操作：请同学们拿出准备好的一张薄一点的平整的正方形的纸（信纸、草纸或单张餐巾纸均可），然后根据我下面的提示进行操作：

① 把这张纸上下对折；② 再左右对折；③ 对折好的纸的左上角剪掉一个直角边长为2厘米的等腰直角三角形；④ 然后把这张纸左右对折；⑤ 再上下对折；⑥ 再右上角剪掉一个半径为2厘米的扇形。

现在看看你们折剪的这张纸是什么形状？

同学们是否觉得很奇怪，为什么指导语一样剪出来的图案却是大不相同？原因很简单，因为每个人对指导语的理解不同。如我叫你上下对折，有人理解为上下对折后是长方形，有人理解为对折后是个三角形。一起步，大家就出现了差异。在这个活动过程中由于你们无法询问我，我们之间没有了沟通，大家只好根据自己的猜测与理解各行其是，结果自然是千姿百态了。一个小小的游戏尚且因为理解不同又无法沟通出现了这么多的结果，人际交往中也如此，那后果将会如何呢？

讨论“在人际交往中，如果缺乏理解或者理解偏差可能会造成什么后果？”

主要有：产生误解，妨碍人际沟通，人际关系恶化紧张等。

同学们主要的任务是学习，这无可厚非，但学习文化知识并不是唯一的任务，除此之外，良好道德的养成，人际交往能力的培养都是人生的必修课。

正确处理好人际关系的重要性

2004年，云南大学发生了震惊全国的命案，学生马加爵一人残暴地杀害了与自己平日关系不错的四位同学。起因竟是打牌时被疑作弊，接着发生了争吵，马加爵心中非常生气，加上平日的小摩擦，结果他一人逐一将四人杀害。案发后，有人将其杀人动机归为贫穷，甚至包括马加爵本人。但是，中国人民公安大学犯罪心理学教授李玫瑾奔赴云南，对此案进行全面调查后认为，真正决定马加爵犯罪的心理问题是他强烈、压抑的情绪特点，是他扭曲的人生观，还有“自我中心”的性格缺陷。当李教授问他逃亡一生和杀害四个人，选择哪个更值得时，他回答：“我以前没有想过，逃亡的时候想过，觉得自己傻，可以选择吵架就算了，没有必要杀人。”（多媒体课件展示案例）

可见，引发这个悲惨事件的原因就是在人际冲突中，采取了不恰当的行为方式。这个事件足以让我们反思，如何恰当地解决人际冲突？怎样才能防止这类恶劣事件的发生？

不同的人际关系会引起不同的情感体验。如产生心情愉悦、舒畅或苦闷、忧伤等心理状态，这种心理状态一般比较持久，将会影响人生的某个阶段，以至人的整个一生。正因如此，有意识地学习人际交往技巧，建立良好的人际关系，对每个青年学生来说是十分重要的。

世上不可能找到两片相同的树叶，同样也不可能有两个完全相同的人。人与人的差异是普遍存在的，冲突也是不可避免的。有了冲突后，积极寻找解决的方法，化解冲突，才是最重要的。

人际交往的原则

1. 平等原则

在交往中，人人都是平等的，不能因为自己学习好，或者家庭经济状况好，或是父母有权势而歧视其他同学。同样，也不能因为自己的情况比不上其他同学而自卑，在交往中处处退避、处处忍让，这些表现都不是交往平等的表现。平等是尊重他人，也是尊重自己。

故事：屠格涅夫在一次外出散步时碰到一个穷人向他乞讨。他在衣袋里摸了半天，然后抱歉地说：“兄弟啊，实在对不起，我没带吃的东西，钱包也丢在家里了。”乞丐突然紧紧地抓住屠格涅夫的手，一个劲地说：“谢谢你，谢谢你，太谢谢你了！”屠格涅夫感到奇怪说：“你谢我什么呢，我什么也没有给你啊。”乞丐激动地说：“我本想找点东西吃然后就去自杀，没想到您竟然称我为兄弟！还向我表示歉意，您给了我活下去的勇气。”

2. 信用原则

信用原则是指在人际交往中，诚实守信，言行一致。

3. 理解原则

在面对冲突的时候，如果总认为只有自己的观念是合理的，别人的都无可取之处，那么冲突就不可避免了。但是，如果能够进行换位思考，站在对方的角度想一想，则可能会理解对方为什么会有与自己不同的观点，进而双方互相理解、互相接受，冲突很容易就能够被化解。

4. 宽容原则

“金无足赤，人无完人”，人人都是有缺点的，要学会接纳自我和包容别人。包容并非懦弱，而是一种豁达。

如何善待各种性格的人

生活中，面对复杂的社会，会碰到各种各样的人，对不同的人需要采取相应的处事方法。

1. 面对烦躁易怒的人——等待

与人交往，是人生中极重要的内容之一。在与人交往中，我们都会遇到这样的人，有些人有困难的时候，便闷闷不乐、一言不发，甚至很粗暴地对待别人。碰到这种情况，你不妨说：“我很关心你，不过等你的心情好转了我们再谈吧。”这个策略令双方都能好下台。

2. 面对喜欢刁难的人——拖延

当我们不得不与喜欢刁难别人的人接触交涉时，只有暂时按捺住自己的厌恶之情。“稍作拖延”是很好的对策。

你可以告诉对方要考虑一下他所提出的要求，然后才可答复。这样你便有时间考虑，需要拒绝这件事的话，也可以寻找托词。

3. 面对霸道自负的人——赞同

有些人自视甚高、目中无人，时常表现出一副“唯我独尊”的样子。不少人是不可理喻的，可能的话要回避一下，以免多做纠缠。但如果问题是你必须要解决的，最明智的做法是让对方挽回些自尊。对方的观点里总会含有一些道理，如果你能承认这一点，他便不会那么步步为营，而比较愿意倾听你的话。

4. 面对怨天尤人的人——理解

那些事事抱怨的人，通常不是需要别人提意见的，他们只是要人听他们倾诉，了解他们。对于他的观点，只要耐心倾听，就会令他感到好受一点。

5. 面对沉默寡言的人——直截了当

和不爱开口的人交涉事情是非常吃力的。因为对方过于沉默，你无法了解他的想法，更无从得知他对你是否有好感。对于这种人，你最好采取直截了当的方式，让他明白表示“是”或“不是”，“行”或“不行”。

当自己与他人发生矛盾时怎么办？

1. 增强理智，学会克制自己的怒气

增强理智，可以使我们遇事多思考，多想想别人，多想想事情的结果，认真对待，慎重处理。一旦发觉自己出现了冲动的征兆时，及时克制，加强自制力。

2. 学习一些帮助自己克制暴躁脾气的好方法

在家或在课桌上贴上“息怒”“制怒”一类的警言，时刻提醒自己要冷静。俄国文学家屠格涅夫曾劝告那些易于爆发激情的人，“最好在发言之前把舌头在嘴里转上几圈”，通过时间缓冲，帮助自己的头脑冷静下来。在快要发脾气时，嘴里默念“镇静，镇静，三思，三思”之类的话。这些方法都有助于控制情绪，增强大脑的理智思维。

3. 转　移

当发觉自己的情感激动起来时，为了避免立即爆发，可以有意识地转移话题或做点儿别的事情来分散自己的注意力，把思想感情转移到其他活动上，使紧张的情绪松弛下来。比如迅速离开现场，去干别的事情，找人谈谈心、散散步，或者干脆到操场上猛跑几圈，这样可将因盛怒激发出来的能量释放出来，心情就会平静下来。

4. 灵　活

有很多事情是可以有多种处理办法的，遇事要灵活行事，有时可以退让一下，给对方改变主意和态度的机会，选择方法要考虑事情的效果。

也可以用一个小本子专门记载每一次发脾气的原因和经过，通过记录和回忆，在思想上进行分析梳理，定会发现有很多脾气发得毫无价值，会感到很羞愧，以后怒气发作的次数就会减少很多。

5. 换个角度考虑问题，体谅他人感受

做人应当有一点儿“雅量”，即容人之量，要“待人宽，责己严”，不要动辄指责怪罪别人。因区区小事而对同学发脾气，是极不礼貌的行为。你发了火，泄了气，痛快了，可这种痛快是建立在别人的痛苦之上的，如果把你调个位置，有人对你大发脾气，你会怎么想？所以，一个时时想着别人，处处体谅别人的人，即使自己心中不快，也不会迁怒于人，更不会把自己的不愉快强加给别人。

6. 听音乐可以调节情绪

如果情绪容易兴奋、激动，建议你平时有时间多听听节奏缓慢、旋律轻柔、音调优雅、优美轻松的音乐，对安定情绪、改变暴躁的脾气也是有帮助的。

希望同学们多参加集体活动，多和其他同学交谈，了解他人，理解他人，也了解自己，从而正确地对待自己。只要你有决心、有恒心、有行动、坚持努力，暴躁的脾气一定会改进，你会逐渐变得温和、宽容、冷静，从而与更多的同学友好相处。

人际交往的原则和技巧可以有效地预防人际冲突的发生，但是因为人的差异总是存在的，所以冲突无论怎样都是难免的。冲突可能有利，也可能有害，关键取决于如何正确处理。首先，要冷静。无论感到多么愤怒，提醒自己一定要冷静。以自己的理智来控制愤怒的情绪，保证自己恢复正常的思维。其次，分析事情的来龙去脉，辩证地看待冲突，分析自己错在哪里，对方错在哪里。再次，和对方说明，共同协商寻求双方都能接受的解决方式。最后成功化解冲突。

如何与老师、家长交往

多数同学都有这样的体会：与哪个老师关系比较融洽，就喜欢上哪门课，哪门成绩就好；如果与哪个老师关系不和谐也会殃及他所教的课。学生的大部分时间在学校里，就免不了和老师交往，那怎么和老师交往呢？

首先，要尊重老师，尊重老师的劳动。学生要尊敬老师，见到老师礼貌地打声招呼。有句话说：师生如父子。上课认真听讲不破坏纪律，老师留的作业保质保量地完成。有的同学作业写得马虎、潦草，单是让老师辨认字迹都要花很多功夫，给老师增加了很多额外的工作量，这是应该避免的。尊重老师，尊重老师的劳动，是师生和谐相处的基本前提。

其次要勤学好问，虚心求教。做学生时，经常说“这个老师不怎么样”，“那个老师水平太低”，等长大了以后才知道这种看法是多么天真。就像作弊者从来都以为老师发现不了，其实只要往讲台上一站，谁在下面干什么都一目了然。从老师的年龄、学问、阅历上来说，在某门课上的水平肯定是高于学生的。所以，要向老师虚心求教。勤学好问不仅直接使学习受益，还会加深与老师的交流，无形中缩短了与老师的距离。每个老师都喜欢肯动脑筋的学生，向老师请教问题往往是师生交往的第一步。任课老师并没有多少时间和学生直接交往，常向老师请教学习上的问题会加深师生彼此的了解和感情。

正确对待老师的过失，委婉地向老师提意见。心理学研究表明，人们会对没有缺点的人敬而远之，而且世界上根本就没有零缺点的人存在。老师不是完美的，如他有的观点不正确或误解了某个同学，有的老师太严厉，这都是有可能的。发现老师的不足要保持理解的态度，向老师提意见要委婉，时机要适当。如果老师冤枉了你，当面和老师顶撞起来，当然不好，这样不仅不利于问题的解决，还会恶化师生关系，作为学生，应置老师于长者的地位。

犯了错误要勇于承认，及时改正。有的同学明知道自己错了，受到批评时嘴上却死不认错，与老师闹得很僵。有的人则相反，受过一次批评后，就特别怕那个老师，担心他对自己有成见。这都是没有必要的。错了就错了，主动向老师承认，及时改正，老师一样会喜欢。老师不会因为哪个学生一次没完成作业，一次违反了纪律，就对学生下定论，说他是坏学生，就对他有成见。要相信老师是会比较全面、客观评价学生的。与老师关系融洽既可以促进学习，又可以学到很多的道理，会使你一生受益无穷。

除了与老师的关系，我们青少年与父母的关系是个很大的问题。许多孩子和父母之间存在“代沟”。“代沟”指的是年轻的子女和父母在思想观念及价值观念上存在的距离，并由此导致两代人之间的相互不理解，产生隔阂。

青少年与父母产生代沟的具体原因，从子女角度说，有以下几个方面。

① 产生强烈的独立意识，认为自己已经长大，反对父母的关心和照顾。身体的迅速成长使青少年获得了力量和勇气，但不能准确地评估自己的力量。父母认为你是孩子，还处于被保护阶段，他们根本没来得及接受你已经长大的事实；而你每天接受很多新鲜的事物与信息，并发表自己的见解，这种突如其来的变化与父母已有的观点必然会碰撞出不和谐的音调来。

② 进入青春期随着生理的发育，心理也发生了一些微妙的变化，特别是女孩子，喜欢关上门，自己写日记，听流行歌曲，甚至干脆呆坐闲想，不在父母怀里撒娇，心理上产生闭锁性，既渴望友谊，又拒绝和父母说心里话，

这些变化会让父母不安。他们密切关注孩子的动向，深怕发生“早恋”，常常悄悄走进孩子的房间探究一下。

③ 子女的不良习性到了青春期变得突出，如任性、以自我中心等。本来就是在父母的呵护中长大，不愿受束缚。随着独立意识的萌发及增长，甚至连父母的正确批评都听不进去了，代沟就产生了。

代沟的存在是客观的，但不是无可奈何的，其扩大会加剧两代人的冲突，给家庭生活，甚至给学校生活带来一些不和谐。如果两代人努力是可以把距离缩小到最小程度的，这既有利于自己健康成长，又可以使家庭气氛保持温馨。试一试下面的建议。

① 对父母的态度要温和，不采取偏激的行为方式。进入青年期的青少年对父母的崇拜、依赖依恋和顺从会减弱，称为“离巢”现象。孩子的骤然长大使父母一下子失落很多，心里也空空的。我们要理解这种心情，对父母的态度要温和，即使自己不能接受的观点也不能顶撞，可以先虚心聆听，即使不能采用，听一下也没有什么不好。其实，他们何尝不知道孩子长大了，肯定有自己的想法，只是忍不住要说而已。父母对我们的要求并不高，只要我们有礼貌、态度温和他们就知足了。两代人的成长背景决定了代沟永远不可能缩小到零，但是通过努力可以把它的负面影响降到最低。

② 要表现出一定的独立能力，让父母放心。从小衣来伸手、饭来张口，连手帕都不能洗，上学从来都要父母接送的，突然放学就把自己关在房间里，或经常玩到很晚才回来，怎么能不让父母忧心忡忡。这不是父母不放心，是子女的表现没法让他们放心。试着去关心父母，帮他们做做家务，谈谈家庭经济、人生理想，让爸妈觉得“我们的孩子长大了”，自然就不会过多干涉你的行动了。

③ 要保持自己的独立性，但不要忽略与父母的交流与沟通。我们在慢慢长大，应该学着独立，但独立和成熟都要有个过程，不是突然的。坐下来，跟爸爸、妈妈谈谈你的烦恼、你的理想，相信父母也会很诚恳地与你交谈，从中你可以得到很多有益的启示。不要认为和父母谈心是“没长大”，善于和父母沟通正是越来越成熟、越来越独立的表现。在交流和沟通中，说不定父母也会受到你的影响，接受一些年轻人认可的新生事物，无形中可缩小代沟。

下面我们再谈谈该如何面对青春期的生理和心理变化，以及如何与异性交往？青春期，我们的生理处于发展的高峰，心理发展也是如此，特别是性心理的发展，大致可分为以下三个阶段。

① 对异性的疏远和排斥。只是一段短暂的、引发日后对异性兴趣与爱恋的前奏曲。一般出现在小学的高年级和中学低年级。表现是：不愿与异性同

桌，区分明显的“楚河汉界”，在活动中避免和异性接触，对比较接近的男女同学冷嘲热讽等。其实，表面上男女界限分明的真正原因是对与异性交往的不安和害羞。

② 对异性的关注与接近。短暂的疏远和排斥之后，是浓浓的关注与接近。大约在初中二三年级逐渐明显，表现是：刻意修饰和装扮自己，并以各种理由接近异性。这段时期对异性的关注有明显的好奇性、试验性、模仿性和盲目性。

③ 对异性的追求与爱恋。随着对异性的关注增多和接近的频繁，高年级学生已经能感受当异性吸引的情感撞击，出现羞涩不安、疑惑戒备，同时欢乐喜悦、痴迷陶醉，甚至产生一定的追求行为。

青少年与异性到底该怎样交往呢？

第一，要自然交往。在与异性同学交往的过程中，言语、表情、行为举止要自然流露，不要闪烁其词，也不要过分夸张；既不盲目冲动，也不矫揉造作。消除异性交往中的不自然感是建立正常异性关系的前提。自然原则的最好前提就是像对待同性同学那样对待异性同学，同学之间的关系不要因为异性因素而变得不舒服或者不自然。

第二，要适度交往。怎样适度呢？就是既不为异性交往过早萌发情爱而惊恐不安，又不因回避或拒绝异性而对双方造成心灵伤害。建议你要做到自然适度、心中无愧，就不必过多顾虑。

第三，要真实坦诚。主要是指对异性同学的态度，要像结交同性朋友那样结交真朋友。

第四，在与异性朋友交往的过程中要注意留有余地。什么意思呢？就是我们在交往中不能毫无顾忌，比如在谈话中涉及两性之间的一些敏感话题时要回避，交往中的身体接触要有分寸，特别是和某一个异性在长期交往中，要注意把握好双方关系的程度。

第五，青少年要主动避免接触一些不好的外界刺激，例如一些表现性的书刊、画报、影视作品、图片等。因为从心理学的角度分析，这个时期的青少年有很强的求知欲和好奇心，遇到新奇的事就要探究、弄清，别人越强行禁止，自己就越觉得新鲜，更想去揭开“谜底”。可是，这个时期青少年的自我控制能力和认识能力还很差，如果不加以引导，很容易受错误的影响走上违法犯罪的道路。从犯罪心理学的角度分析，青少年违法犯罪的主要特征是模仿性和激情性。青少年受好奇心的影响，容易自觉地模仿成人的一些行为和动作，即使是错误的。而且青少年的情绪动荡不稳，容易激动，外界刺激强烈时，容易迅速产生行动，以致酿成大错。所以对不适合我们的年龄层接触的书画和影视作品，要坚决不看。有同学说："那我怎么知道哪些能看，哪些不能看呢?"你可以想老师、家长、图书管理员、书店营业员参考书中有些什么内容，或者在买书或借书时看一下目录、前言、序还有最后的结束语，对书中的内容就可以有一个大致的了解。如果内容很不健康，就坚决不要读它。有人说过，阅读一本不适合自己的书，比不阅读的影响更差，所以我们要挑适合自己的读本，拒绝不好的外界刺激。

今天我谈了青少年的人际交往问题，同学们正处于智力发展的巅峰，大脑发育已接近成人，是学文化、学科学、长知识、长才干的最佳时期，也是人生最难得的时期。希望在座的每个人都能主动地充实自己的生活，敞开心扉，积极地与人沟通和交往，珍惜友情，相信自己、尊重别人、诚实守信、学会说"不"、减少虚荣，做个健康、乐观、文明的人!

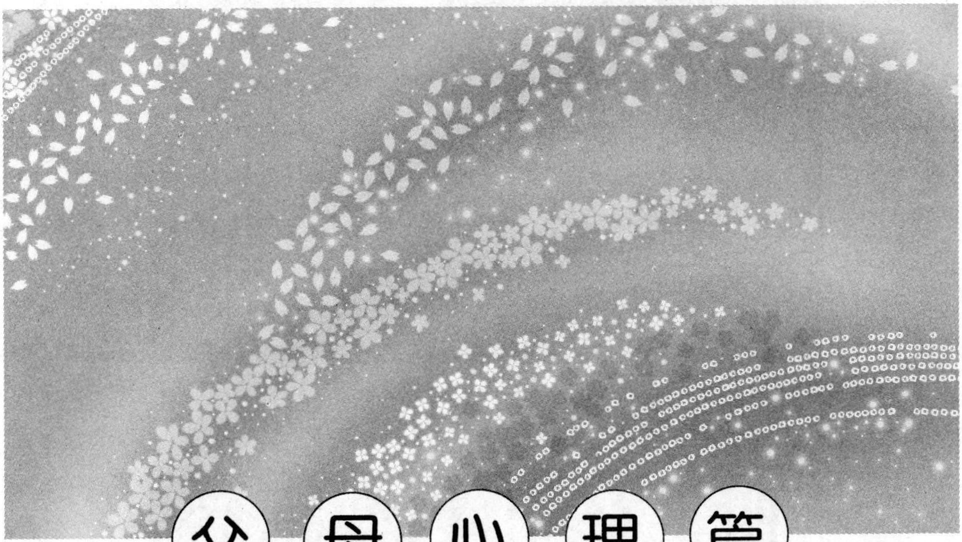

父母心理篇

家庭教育是一个人一生中最重要的教育。

“爱不是简单的给予，而是明智的给予与不给予，是明智的表扬和批评，是安慰之外明智的争论、挣扎、正视、督促和引导。”这里的“明智”意味着父母要做出判断，要掌握一定的家庭教育的理念，能与时俱进与孩子共同成长。

我们心理健康教育的老师们非常关注父母的成长，潜心开发了比较有特色的系列——父母学堂的课程，课程按照适合成人学习的模式，采用互动、游戏、案例分析、父母沙龙等形式，强调以体验为主，通过课程，父母们学习孩子生长发育的规律，长久地记住一些家庭教育的重要观念、方法，并且由感动而行动，由习惯而改变。父母的改变会影响到孩子，孩子会随之改变。

《愿父母成为孩子隐形的翅膀》讲座中

家长课堂互动中

《良好的习惯缔造孩子健康的人格》讲座中

愿父母成为孩子隐形的翅膀

（播放多媒体课件，伴随着背景歌曲《隐形的翅膀》，本课开始）

尊敬的各位领导、家长朋友们：

大家早上好！

您能够放弃休息的时间，怀着极大的热情来到我校，来表达您对家庭教育、孩子成长问题的关注，我代表学校对您的到来表示由衷的感谢！此刻，我们会场一直播放着一首动听的歌曲，大家知道这首歌的名字吗？

对，是《隐形的翅膀》。

这是我非常喜欢的一首歌曲。每次听到它，我都会很感动。您在用心听吗？您听到了什么？您的心里会有所感触吗？您想到了什么呢……（此处与听众互动）

我每次听这首歌曲的时候，总会感觉：这是孩子在向我们父母述说心声，希望我们父母能成为他们隐形的翅膀，给他们希望，带他们飞向远方……

父母能给孩子的这种隐形动力是巨大的。它是支持，是鼓励，是给孩子自信，它会激励孩子前行；它是强有力的，是任何人也代替不了的——我们当父母的在孩子的成长过程中扮演的角色太重要了。

如果人生是一场赛跑的话，我们的父母如何使孩子赢在起跑线上，获得人生的成功呢？（白板课件打出主题）

先请父母朋友们说说：你认为什么是成功？

培养什么样的孩子是成功？孩子只要学习好就是成功吗？（互动）

我认为，一个人的潜力充分发挥出来，能为社会做贡献，能做一个快乐、健康的人，这就是成功。当然健康包括很多方面，如：身体健康、心理健康、社会适应良好和道德健康等。如果一个人因为没有受到良好的教育，没有充分发挥潜能为社会作贡献，甚至成为危害社会的人，就是不成功的。

我再来做个调查：在座的父母朋友们，您想把自己的孩子教育成人、成材，希望孩子将来超过自己、获得成功、一生幸福的请举手？（全都举手了）

孩子是我们生命的延续，望子成龙、望女成凤，想让孩子成功，一生幸福是我们天下所有父母的共同心愿、共同的心声。在教育孩子的问题上，我们学校和在座的父母一样，都希望孩子快快长大，快点懂事，快点有出息，都希望我们教育孩子的过程省心、省力，希望孩子能出人头地！

事实上我们培育一个孩子很费心，费力，费钱！

想想看：从孩子出生开始，我们要喂养他、照料他，为他选幼儿园、选小学、选中学、选高中、选老师，陪孩子学习、接送孩子、生活照料、严格监护、纠正孩子的不良习惯，等等，忙得不亦乐乎，很是操心。更让人困扰的是：随着孩子一天天的长大，我们很多父母就发现：孩子怎么不听我们的话了？（白板展示：父母的困惑）

孩子是怎么想的呢？

其实，孩子的感受比我们父母好不了多少！

如果你问孩子：你学习的目的是什么？

好多孩子脱口而出：为了考试！是这样吧！您看一个孩子从初中升高中，得考试吧！高中升大学，又得考试！参加了工作评职称，考！想出国留学，考！如果有机会参加公务员选拔，还得考！

人生有无数的考试，我们孩子为了考试被训练成“学习的机器”，在学校、在家里都无处可逃。考好了，后面还有考试，茫茫然看不到尽头！考不好了，全家人都会指责孩子，孩子会变得内疚、自卑，在心里承受着巨大的压力。有的孩子承受不了这些压力，就会自暴自弃，会学习动力不足，变得厌学逃学；有的孩子开始与不三不四的人混在一起，或者沉迷于网络中不能自拔。更为严重的可能走上犯罪的道路。（白板展示：孩子的苦衷）

这样教育出来的孩子算成功吗？

惊动全国的马加爵事件大家已经很熟悉了吧。马加爵来自广西贫困农家，父母省吃俭用供养他考到了云南大学。这在我们看来算成功了吧？但他在即将毕业之时，就因为和同学打牌发生口角，便用钝器连杀四人，毁灭了他人也毁灭了自己。这时候的他能算成功吗？透过事件，我们看到的是这个孩子人格的不健全和心理的障碍。

浙江中学生徐力与母亲发生争执后，用家里的铁榔头将母亲砸死。透过事件，我们感觉到：有效的亲子沟通不可缺少。

贵州有两个孪生女孩，多次合谋给父母下老鼠药。父母到死也没弄明白自己得罪了谁。女儿杀他们的理由很简单：父母对我们管教太严了，我们想要自由。

清华大学机电系学生刘海洋，在北京动物园先后两次将事先准备好的硫酸溶液泼向黑熊和棕熊，致使三只黑熊、两只棕熊（均属国家二级保护动物）受到不同程度的损伤，引发了全国人民对“刘海洋事件”的讨论，透过事件我们看到：刘海洋的人格有问题，为了自己心里高兴而犯罪。

还有很多没有被媒体披露的孩子，他们也正在出走、在绝食、在割腕，在为自己的委屈辩解或者为自己的权利抗争，更有许多的孩子正在厌学、逃学、沉溺网络之中啊！

这么多美丽的青春与生命，在我们强大的父母面前，是多么的脆弱、多么的无助、多么的苍白！

中国的父母最爱孩子，这在世界上都是公认的。但是中国父母爱孩子的方式和结果很多都不尽如人意。他们含辛茹苦、无私奉献、用心良苦、不断付出，却往往得不到等额的回报，甚至爱心换来伤心，辛苦惹来心酸！

为什么会出现这么多问题呢？我们教育的误区出在哪里了？

最重要的原因是：我们忽视了家庭教育！我们的家庭教育不得法，我们爱得错位了！我们很多父母爱孩子的身体，却忽略了孩子的心灵。

想一想，如果您的孩子今天中午没吃饭，作为父母此刻您也许不可能坐在这里听我讲课了，您会心神不宁，会着急：不行啊，孩子现在还没吃饭！我得赶快给他做饭去。但是您孩子心灵出了问题，如果他今天放学回家眉头紧锁、耷拉着脑袋，你可能不知道为什么，甚至没有注意到他的变化！

很多父母爱孩子的分数，自从孩子上学后，父母爱分数甚至超过爱孩子。孩子只要有了好成绩就一俊遮百丑，他就是好孩子了。我在报上看到这样一个记载：有个小学五年级的孩子跟同学说，我考80分回到家里是妈妈打、考70分爸爸打、考60分爸妈一起打、考不及格我就没法活了。（白板展示：净是分数惹的祸）

大家看，很多时候我们爱的是私有财产，把孩子当成了自己的“私有财产”。这是爱的错位啊！大家想想如果骨骼错位了那是骨折，会很痛的，那么世上这种亲密关系、亲子关系如果爱得错位了，一定会给两代人带来非常大的痛苦。

我们爱孩子的方法更是五花八门。（幻灯片打出：比较、逼迫、唠叨、打骂、代替）

现场调查：喜欢拿自己孩子跟别人家孩子“比较”的请举手？

我给大家讲一个教育家讲座中听到的故事：

一天，一个12岁的男孩子考了倒数第一。爸爸在单位听说了以后，火气直往上冲。爸爸回到家里一看，孩子还在看电视，更生气了。就说：“啊，你还有脸看电视啊！同样是12岁的同学，人家考第一，你考倒数第一，难道你都没有羞愧心吗？你把老爸的脸都丢尽了，你知道不知道啊！”

孩子只管看着电视说：“爸，看电视。”

"电视有什么好看的，还看!"

孩子说："爸，你看这演的是谁呀!"

爸爸说："那不是奥巴马吗?"

孩子就说："同样是46岁的男人，奥巴马都当美国总统了，你为什么还是个小职员呢!"

各位父母，当您拿自己的孩子跟人家孩子"比"之前，不妨拿自己跟人家父母比一比。如果我们做父母的都很平凡，你却要求孩子有出息，这不是难为孩子吗?

其实在家庭教育中，父亲是山，母亲是水，青山绿水出秀人啊！我们很多研究家庭教育的专家研究发现：一个和谐的家庭，一对优秀的父母、一对认真学习、心态平衡的父母才更能培养出好孩子。

逼迫：每天孩子一回到家里，父母就逼孩子赶紧学习。逼的结果不但没有提高孩子的成绩，反而破坏了孩子学习的兴趣。他会痛恨学习、恐惧学习。

说教：喜欢给孩子讲道理。唠唠叨叨，苦口婆心，说是为孩子好，可孩子受不了。父母会很生气地说：我的孩子很不听话。其实，不是孩子不听话，而是父母的话不中听。您说话没有说到孩子的心坎里头，他自然不听。就像一个农民种庄稼，庄稼没长好，你说是庄稼的责任，还是农民的责任呢?

比较无用、逼迫不成、唠叨无果，发现都没有用，有些家长用了最后一招：打骂孩子。打骂只会伤孩子的自尊心，并不能起到好的效果。

再有一种爱的方式就是"代替"。

父母、爷爷、奶奶、姥姥、姥爷太爱孩子了，做了一切的事，替他收拾书包、替他穿衣服、叠被子……甚至孩子都长到十七八岁了，还把饭菜端到他嘴旁边，什么事都替他做完了，孩子就彻底地毁掉了。他就像一只小鸟，您把它关在笼子里，然后您把它的翅膀给捆上，等到长大了，您把它放出去，还说：哎，去飞呀，赶快去飞呀！可这孩子一出笼子，就会一头栽倒在地上的。您会说：怎么这么笨，为什么不会飞。孩子为什么不会飞了呢？如果有人拿绳子捆住您孩子，您一定会跟人拼命的。您不让孩子干任何家务，不让他动手，不光是影响了他大脑的发育，更影响了孩子成为独立的人的锻炼机会。这孩子没有翅膀，他将来是一定不会飞的。我举个末代皇帝溥仪的例子：

溥仪被关在战犯所里时，连最基本的生活能力都没有。为了更好地锻炼他的生活自理能力，战犯所刻意将溥仪与他家人分开关押。44岁的溥仪第一次和家人分房住，他非常恐惧。

早晨叠被的时候，溥仪永远是最忙又最落后的一个，别人很快把被子整理好，他的被子叠不上，衣服穿不上，大家到外面集合去了，他也跟不上;

衣服更不会洗，因为之前他根本就没洗过衣服。战犯所组织劳动——糊纸盒子，哪个盒子最次、最难看、最歪，就一定是他糊的。

一天放风，溥仪那个与众不同呀，全身上下皱巴巴的，扣子扣斜了，上衣兜外露着，裤子皱巴巴的一腿长一腿短，白衬衣花了，鞋带长短不一……44 岁的他生活能力连一个小学生都不如。溥仪对自己的状况感到很尴尬，他曾恨恨地说："是西太后及王公大臣把我变成这样的。"

可见如果是爱孩子，一定要给他空间让他成长，让他帮你做点事情，让他从小学习如何打理自己、管理自己，学会基本的生存能力，那才是您爱孩子的方式，因为我们的孩子需要"亲自成长"。

以上不恰当的爱的方式就是我们的家长不懂得家庭教育，尤其不懂得现代家庭教育，或者是不重视家庭教育造成的。

现代孩子的教育存在哪些特殊问题呢？

我们现在的孩子多是独生子女；我们过去家庭有的有三四个孩子，有的有七八个孩子。传统的家庭教育中，比如一家有三个孩子，只有一个苹果，那么这个苹果就具有教育意义，您就可以把这个苹果奖给表现最好的孩子，也可以奖给进步最大的孩子，或者奖给今天改变最多的孩子。孩子之间有比较，可以相互学习、相互影响。对现在的孩子而言，他是家庭的唯一，他要什么就可以得到什么，父母对他太溺爱，让他得到更多的是自私和任性，当然教育起来就很困难啊！

再说网络，我们现在的孩子是中国第一代在网络环境下成长的孩子。在网络面前，孩子吸收的知识太多了，后育时代到来了，大人教不了小孩子了。大人已不再是知识权威了，尤其在电脑知识上，很多孩子要比我们懂得多。现在的孩子多是看着画面长大的，电视、手机、电脑、游戏机等，我们成人多是在文字时代长大的，影像时代与文字时代的代沟出现了。

如果孩子成了"网虫"，父母还是网盲，想想：不上网的父母，如何对上网的孩子进行疏导？又如何体会孩子上网的乐趣？现在孩子所获得信息量之大，是父母难以想象的，父母不学习就会落伍，久而久之就有了"代沟"，有了代沟想再填平就很困难。在孩子的眼睛里你就是"菜鸟"（生手），是"蛋白质"（笨蛋、白痴、神经质的网络名词）。如果父母在孩子心目中丧失了威信，孩子就会感觉你的话不值得去听，孩子和父母的关系就会比较冷漠，孩子也就不愿意听从父母的建议了。

现在的孩子又是中国第一代在市场经济环境下成长起来的孩子。我国目前还没有完全摆脱传统的计划经济的教育模式，当前是市场经济了，市场经济环境下需要的是有创新能力、有个性的人才，可我们的教育不能完全按照市场经济需求来培养孩子。

在座的各位，我们没有这一代孩子成长的经历，也没有在市场经济环境下如何去教育孩子的经验。那现在已经是市场经济了，您不学习、不研究家庭教育，就跟不上经济环境下我们孩子成长的步伐。

那我们怎么去解决这些问题呢？

我觉得，首先，我们、我们的社会都要转变观念。

因为人类社会的一切文明生活都是由观念带来的。观念造就文明。您看中国改革开放才仅仅三十年，中国社会的经济发生了翻天覆地的变化，而这些变化并不是因为我们中国人的能力的改变，而是因为我们中国人的观念的转变。由计划经济转变到市场经济，经济就腾飞了！21世纪，我们父母的观念，就是孩子的起跑线。您的观念如果落伍了，又怎么引导孩子呢？

下面我讲一个“猫捉老鼠”的故事。

有一天，一只被猫追的老鼠迅速跑回洞里了，没有被猫抓住，其他老鼠很敬佩这只老鼠，说：“哎呀！你到底是经过锻炼，猫都抓不到你了。”这只老鼠很得意。

猫在外头气得“喵喵”直叫，叫了半个小时，猫不叫了。又等了一个小时，外面没有声音了，其他老鼠就跟这只老鼠说：“猫已经走了，现在我们可以出去了。”这只老鼠说：“不能出去，现在猫的技能提高了，不能上它的当。”它们就没有出去，结果又等了一个小时，外边传来了狗的叫声，这只老鼠说：“现在可以出去了。”

为什么说狗叫了就可以出去了？因为通常狗跟猫是不在一起玩的，狗在猫就不会在。于是，这只老鼠就带着其他老鼠出去了，没想到，刚一出老鼠洞，就被猫抓住了。老鼠想，我是死定了，不过我要问问这只猫是用什么计谋抓到我的。你猜这只猫怎么说？“都什么年代了，21世纪了，我不换两招哪有饭吃？我多学了一门外语就成功了，那个狗叫是我学的。”

21世纪，猫为了求生存它都要转观念，换了招数学狗叫，那我们的教育不与时俱进能行吗？您还用传统的理念去教我们现代的孩子显然是行不通的。那我们怎么与时俱进呢？我们要转变什么样的观念呢？

观念一：认识到家庭教育的重要性

家庭是孩子受教育的起点。家庭是孩子接受社会各种信息的中介。家庭是孩子过滤各种影响的筛网。

孩子出生后，几乎三分之二的时间生活在家庭之中，朝朝暮暮、一言一行都在接受着家长的教育。家庭是孩子生命旅程的第一站、第一课堂、第一所学校，父母是孩子的启蒙老师，也是终生的朋友。有句话叫“先入为主”，孩子的行为习惯、道德品质、言谈举止等都和父母的培养息息相关。

农家的儿子看到父亲日出而作、日落而息，耳濡目染中就学会了劳动；女孩子看到母亲日夜操劳、勤劳俭朴，便学会了关心体贴、勤俭持家……

父母对孩子的教育就是这样。家庭的影响就如春风化雨，润物无声；会伴随着孩子的一生，对孩子的成长起着决定性作用。

美国哈佛大学著名的心理学家戴维斯教授曾对近千名成功人士和失败者进行跟踪研究，结果表明：人生成功与失败都直接与家庭教育息息相关。

德国最早探索家庭教育的专家卡尔·威特在19世纪就说过这样一句话：“倘若一个孩子的家庭教育不好，就是请那些最优秀的教育专家来进行最认真的教育，都不会有好的效果。”可见，在孩子的成长过程中，父母不懂得科学的家庭教育，就难以收到好的教育效果。

在我国古代人们就很重视家庭教育。家庭教育的经典如《三字经》《颜氏家训》。“曾子杀猪、孟母三迁”的故事广为流传。

胡锦涛曾亲自批示：要高度重视家庭教育。

朱镕基曾经指出：“中国正面临严重的家教的危机!”

“中国社会缺乏的不是儿童教育，而是成人教育。”

一年有四季，人生没有轮回。现在中国家庭多是独生子女，孩子的教育输不起呀!

认识了家庭教育的重要性后，我们还要认识到：父母是孩子教育的主要责任人。

现在是市场经济了，市场经济需要的是有创新能力、有个性的人才。现在一个老师、几十个学生，老师没有太多精力去关注每一个孩子的个性，他就是想关注也做不到，您作为父母跟自己的孩子可以一对一，您都不关注孩子谁能更关注呢!

各位父母，您都给孩子开过家长会吗?

作为妈妈，您给孩子开家长会一定希望听到孩子好的消息吧：可是有这样一个孩子，他的妈妈每次开家长会都听到坏消息。(播放小故事录音)

第一次参加家长会是在幼儿园，老师对孩子妈妈说：“你的儿子有多动症，在板凳上连三分钟都坐不了，你最好带他去医院看一看。”

回家的路上，儿子问妈妈：“老师都说了些什么?”妈妈鼻子一酸，差点流下泪来。因为全班30个小朋友，唯有儿子表现最差；唯有对他，老师的态度是不屑一顾。然而，她还是告诉儿子说：“老师表扬你了，说宝宝原来在凳上坐不了一分钟，现在能坐三分钟了。其他的妈妈都非常羡慕我，因为全班只有我宝宝进步了。”

那天晚上，儿子破天荒地吃了两碗米饭，并且没让她喂。

儿子上小学了。家长会上，老师说：“这次数学考试，全班50名同学，你儿子排第49名。我们怀疑他智力上有障碍，您带他去医院查一查吧。”回去的途中，她流下了泪。然而，当回到家里，她对坐在桌前的儿子说：“老师说了，你并不是个笨孩子，只要能细心些，会超过你的同桌，这次你的同桌排在21名。”

说这话时，她发现，儿子暗淡的眼里充满了光泽，沮丧的脸也一下舒展开来。她甚至还发现，儿子温顺得让她吃惊，好像长大了许多。第二天上学时，儿子去得比平时都要早。

孩子上了初中，又开家长会。她早早地坐在儿子的座位上，等着老师点她儿子的名字，因为每次家长会，她儿子的名字在差生的行列中总是被点到。然而，这次却出乎她的预料，直到结束，都没听到。她有些不习惯。临别，她去问老师，老师告诉她：“按你儿子现在的成绩，考重点高中有点危险。”她怀着惊喜的心情走出校门，此时她发现儿子在等她。路上她扶着儿子的肩膀，心里有一种说不出的甜蜜，她告诉儿子：“班主任对你很有信心，他说了，只要你努力，考上重点高中很有希望。”

高中毕业了。一个第一批大学通知书下达的日子。学校打电话让她儿子到学校去一趟。她有一种预感，她儿子被清华录取了，因为在报考时，她给儿子说过，她相信他能考取这所学校。

过了一会儿，儿子从学校回来，把一封印有清华大学字样的特快专递递到妈妈的手里，然后突然转身跑到自己房间里大哭起来。边哭边说：“妈妈，我一直都知道我不是个聪明的孩子，这世上只有您欣赏我，您最关注我……”

这时，她悲喜交加，再也按捺不住十几年来凝聚在心中的泪水，任它打在手中的信封上。

故事说得很简单，这个妈妈在培育孩子的过程中，曾付出了怎样的艰辛，我们可以想象到。如果不是妈妈始终对孩子充满信心，进行耐心的帮助鼓励，哪有孩子的成功！做父母都应该眼含热泪地相信孩子，为孩子负责。

首先，我们父母不能老抱着过去的传统观念，不能把教育孩子的希望全部寄托在老师身上，对学校的期望值不能太高，您要主动承担起对孩子的教育责任，在生活中一点一滴潜移默化对孩子进行教育。

其次，现在社会上的各种不良风气无时无刻不在侵蚀着我们的孩子，一个网吧就害得那么多的学生不想去学习了，一个老师他保证不了几十个孩子都不受到这些不良风气的侵蚀，他做不到！

最后，孩子好不好，关键在于家庭、学校、社会的共同配合。社会环境的好坏，我们是根本没有办法把握的，您只有对自己的教育方法好不好说了算，您只能把握您自己。可是我们有些父母等到自己孩子上了初中、上了高中，出了问题了，他就怪学校、怪老师、怪社会、怪别人，到处怪，就是不怪自己。您怪别人有什么用啊，这个孩子是您的，您为什么把孩子的命运都押到别人身上去，别人好您孩子就好，别人不好您孩子就不好，你输得起吗？您应该把孩子的命运押给自己，只要您自己的教育方法好，孩子就不会出问题。所以，您要主动承担起教育孩子的责任。

由于有了以上这三个方面，我们要认识到父母才是自己子女教育的主要负责人，学校主要是以抓学习为主的地方。

明确了家庭教育的重要性，那家庭教育从什么时候抓起好呢？

家庭教育刻不容缓，家长必须不断地学习。

婴儿降生的第三天开始教育，就迟到了两天。——巴甫洛夫

我国民间老话：“树小扶直易，长大扳直难。”“庄稼要除草，教儿要趁早。”

全国未成年人家庭教育高级指导师王连科总结的顺口溜：“孩子成长快，要靠家长带。家长早学习，家教早奏效”。

高尔基说过：“爱孩子是连母鸡也会的事情，但真正会爱就没有那么容易了，它需要才能和渊博的知识。”

每个孩子的成长都是有规律的，如果不从小从早抓起，当孩子成长到一定阶段，很多问题就会出现。

在座的各位：您在培养孩子的过程中，有没有遇到了种种困惑：如孩子不爱学习怎么办？孩子不爱吃饭怎么办？孩子厌学、上网、早恋怎么办？有没有太多的怎么办，让我们的父母迷茫、不知所措，把我们的父母弄得焦头烂额、疲惫不堪？

如果我们父母在教育孩子中遇到了很多问题没有办法解决，这个时候一定是我们自己的能量不够了，您需要充电了，需要不断地学习了。做父母应该具备做父母资格的。

大家说：做驾驶员容易，还是做父母亲容易？

连小朋友都知道做驾驶员容易。做驾驶员都得先发书学习，参加培训，路面训练，要考试发驾照后才能开车。

现在社会上各行各业都专业化了，各行各业都持证上岗，当老师有教师证，当律师有律师证、当医生有行医证，工人上岗要岗位证，就连做保姆也要体检证……可是养儿育女有谁拿过父母执照呢？生孩子做父母是很自然的事，难道我们生完孩子理所当然地就是合格父母了吗？我们不难想象，如果

让一个没有专业资格的医生给我们做手术，那后果是什么？但是我们的孩子，却必须要接受没有经过专业资格训练的父母，做他们人生的第一任老师，而且是终身的老师，那后果又是什么呢？我们是合格的老师吗？我们对孩子的影响是正面的还是负面的呢？

我认为没有人生下来就是会做父母的。教育孩子是一项最复杂的职业。它比做任何一台机器、做任何一个零件、做任何一样东西都要复杂得多，做父母的岗位是天下最重要的岗位，最艰巨的职业，在孩子成长的过程中，父母需要不断地学习。

据报道，奥地利政府正准备推行父母执照，让年轻人在当上父母之前先学好科学教育孩子的本领。

在美国，当母亲在怀孕的时候就会去学习孩子出世后怎样教育，在孩子六岁的时候，她就学习孩子到了九岁时该怎么教育，一般是提前三年开始学习。在我国发达地区像上海、北京以及一些南方地区，现在也非常重视家庭教育，开办了很多的家长学堂、家长教练营、家庭教育咨询机构等。可见，要想成为好家长，我们就必须学习，必须与孩子一起成长！

家庭教育是一门科学，更是艺术。

做父母需要学习，要学习的内容浩如烟海，面对大量的知识、观念、方法、工具等，我们父母真的是无从选择，所以需要有人来引导您、告诉您应该怎样走！

根据孩子成长的规律，为满足父母系统地了解科学教育孩子的需求，我们学校心理老师团队潜心开发了“父母学堂”系列课程，课程按照适合成人学习的模式进行。采取互动、游戏、案例分析、讨论等方式，形式活泼、强调体验，会让我们父母长时间地记住一些教育的重要观念、方法。让您由感动而行动，由行动而习惯，由习惯而改变。很多孩子的问题，实际上就是父母的问题，父母改变，孩子就会改变！

具体说明各课程设计的目的、内容等，白板显示如下：

父母课程表

1. 愿父母成为孩子隐形的翅膀
2. 解密好孩子成长规律
3. 家庭教养方式与孩子心理健康
4. 释放孩子无限的潜能
5. 良好的习惯缔造健康人生
6. 专题讨论课（内容根据父母意愿确定）
7. 保持生命的最佳状态——情绪与压力管理

8. 架起心灵彩虹桥——亲子沟通
9. 引领孩子迈向更高境界——孩子的道德培养
10. 家庭理财教育
11. 父母如何与青春期孩子进行沟通
12. 健康的家庭气氛的营造
13. 父母如何协助孩子制订和实施有效的学习目标
14. 应考（中高考）学生父母心理辅导
15. 让孩子自己成才——打造永久学习的动力

以后我们还会推出更多这样的系列课程。为什么设计成系列的课程呢？孩子的成长包括智力发展、语言发展、情绪发展、道德发展、人格发展及社会发展等方面。这些方面是彼此关联、相互作用、相互影响，是不可分割的。家庭教育是一个系统工程，不能拆开来单独强调。如果我们家长只重视孩子某一个方面的发展，比如重智力轻德育，重知识轻能力、轻人格培养等，这样支离破碎的家庭教育知识，难免顾此失彼，造成孩子某些方面素质的薄弱或缺失，进而带来终生的苦难和遗憾。

父母朋友们，其实您是懂很多家庭教育的道理的，但因为没有经过系统整合，您的知识往往会不清晰、不系统或者不能持续行动。

看一本书，听一次讲座，和同龄人做一次交流沟通，形成的知识多是零星的，在头脑里没有形成支撑性的理念，不能真正解决问题，也不能让孩子和自己得到持续的改变。

如果把家庭教育道理比作珍珠，父母课程就是把这些您平时遗忘、忽视的珠子穿起来，整合起来，让它们真正发挥作用。

家庭教育的社会化势在必行，谁抢先一步，谁就能让自己的孩子未来占尽先机。

父母课程的主要目的和宗旨就是要让我们的父母能用完整的、先进的家庭教育知识，清晰地、心里有数地把握孩子的成长规律。

这是我们初步设计的系列课程，将来我们可以根据父母们的需要，不断拓展父母课程的深度和广度，为父母教子成功提供强有力的支持。

我们是那样爱自己的孩子，为人父母一回，我们有责任一定把这一切弄清楚，并传承给儿女，让一代更比一代强。

各位父母，本系列课程都是经典课程，是每个父母都必须掌握的家庭教育基本知识，对于任何阶段及全过程的家庭教育都有统领和指导意义。

亲爱的父母朋友：孩子是父母的作品。文章没写好，不是纸和笔的错，而是写书的人的错。同样道理，孩子能否成才，父母责无旁贷。

德国著名教育家福禄贝尔说："国民的命运，与其说操纵在掌权者手中，倒不如说掌握在母亲手中"。教育父母就是从源头上塑造整个民族。（播放背景歌曲《隐形的翅膀》）

父母朋友们：孩子成功，赢在父母。愿天下的父母都成为孩子隐形的翅膀，默默地给孩子力量和支持，引领着孩子不断前行，越飞越高！

附课件之一：

《隐形的翅膀》歌词

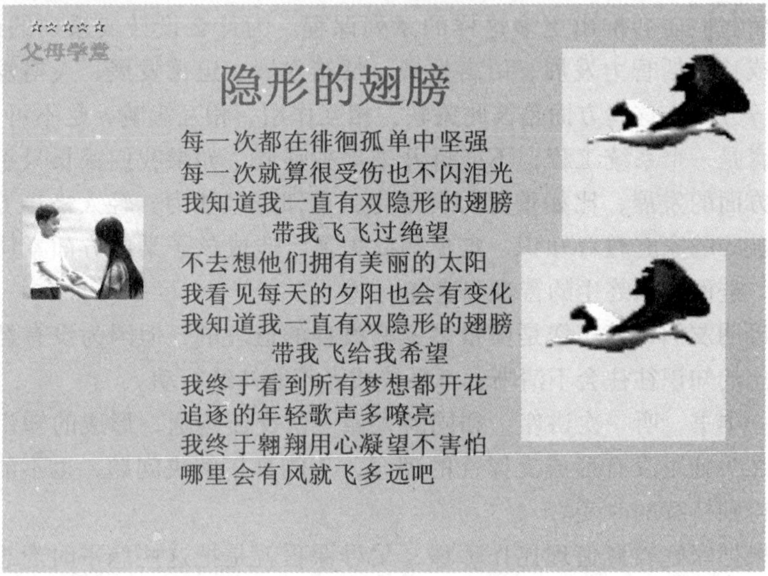

如何帮助孩子顺利度过青春期

各位父母朋友，大家下午好！

(课程以游戏“抓手指”开场)

我们先来做一个“抓手指”的小游戏。请在座的每位父母双手侧平举，左手掌心向下，右手伸出一食指指向天空。好，调整一下，使你的左手掌心放在你左边人的食指上，右手食指戳着右边同学的掌心，大家快速连接好，我会跟大家说几句话，如果您听到我说“微笑”两个字，就要快速地左手抓、右手躲。左手抓住别人手指，同时右手成功逃离被抓者胜。规则清楚了吧，现在开始了……只要出现“微笑”两个字就要赶紧动手哦……哈，“微笑”出现了。大部分家长朋友呆若木鸡，有几个反应快的人已抓住旁边人的手指高兴地大喊，气氛好活跃噢。

大家接着来听我说：“世界上最美的花朵叫微笑，人和人之间沟通最有效的途径也是微笑，请你微微点点头，对着你旁边的朋友微笑，让这个微笑在你我的心头绽放。”看谁的手被抓了。我们微笑的目的达到了，笑脸已在大家的脸上绽放，开心吧，希望接下来我们的课程也能伴您轻松度过。

我们今天一起来讨论青春期孩子教育的话题。(课件显示课题)

青春期是人一生中最美好、变化最大的时期，是花季少年人格形成的“关键期”。

青春期通常指 12～18 岁的阶段，这是以生理上性的成熟为标准而划分的，是一个人由儿童向成人过渡的时期。这个时期孩子们一半是少年——心理不成熟，一半是成人——身体性成熟，这种半成熟、半幼稚的状态让他们对自我环境和外界环境的适应都非常困难，又称为“困难期”。这个时期孩子的特点就是变化、不稳定、矛盾。他们会有许多的困惑和烦心的事，是最让父母操心、担心、伤脑筋的时期，是多事之期。

那么父母如何协助孩子顺利度过青春期呢?

今天我们主要从孩子的生理特点、心理特点、人际交往、辅导策略四个方面来谈。

生理方面

青春期孩子身体方面发生巨大的变化，变化的幅度仅次于婴儿期。

人的一生有两个生长高峰期，第一个生长高峰期是新生儿到 1 岁阶段，这阶段孩子一天一个样，长得飞快，之后生长变慢。女孩 10～11 岁左右、男孩 12～13 岁左右开始进入青春期初期，进入人生的第二个生长高峰期，这时候身体外形发生巨大变化，身高、体重明显增长。内脏功能开始健全，弹跳力、爆发力、协调能力、柔韧性都是最好的时期。所以体操、跳水、短跑的运动员多是青少年，耐力稍逊于成年人。

孩子的身高变化，出现性的萌动与成熟，标志是女孩子来月经，男孩子开始排精。这些生理上的快速生长对孩子的心理成长有什么影响呢?

心理方面

心理学家做了一个有趣的让成年人去理解孩子心理的实验，是怎么做的呢?

他们用孩子和家具的比例关系，模拟把成年人当作孩子的实验。比如以 8 岁左右孩子的身高为一个标准的话，他的身高和桌子高度差不多接近，他的身高可能没有冰箱高。如果同理把 170cm 成年人作为一个标准的话，桌子也在 170cm 上下，当父母进到实验室后，他们发现有一种久违的感觉，桌子在自己的鼻子上下，冰箱门很高，电灯的按钮还得跳起来才能按到，想上床呢，床的高度也在自己的胸的位置，爬上去还是很困难的，父母参观之后有一种回到童年的感觉。心理学家让父母参观后写下自己的感受。父母回馈说：现在我知道孩子好奇心为什么那么重了，因为他们看什么都看不见。现在我也知道孩子为什么对大人那么依赖了，因为很多事他自己办是很困难的。这说明什么。在人仰视的时候，他必然对周围的环境有一种依赖感，或者说是有一种迫不得已的服从。

过去孩子看父母是仰视，现在到了青春期，变成了平视，甚至是俯视，他的感受是什么?他的心理会发生什么变化呢?

1. 独立性和依赖性的矛盾

青春期的孩子独立意识增强了。过去孩子总是围着家长，像个橡皮糖一样缠着妈妈做这做那，充满了依赖性，现在不是这样了，现在他要按照他自己的意思做事了。如果妈妈说，今天我们一起去公园好吗？孩子会很勉强地说：那多没劲。他愿意自己安排自己，他有了一定的独立意识，觉得自己的行为、自己的时间应该自己控制了，所以我们家长要给他留出他自己的空间。

独立性常常会让母亲感到很伤心，这是一个过程，是一个断奶的过程，是一个脱离了母亲呵护的过程，这个过程在感情上对于母亲来说可能难以接受，但对于孩子的成人化、社会化来说，这是一个庄严的过程，是一个独立走向人生的过程，希望我们的父母开始是呵护着，然后我们眼看着，最后我们应该放手，让孩子单飞。

青春期孩子开始有了成人感，他感觉自己和周围人平起平坐了，觉得自己长大了，是大人了，应该获得家庭平等和民主的权利了。以前很多家长对孩子的态度是：只要他不听话就打，结果现在他发现儿子和自己的肩膀一样高了，你要打他都打不动了。小时候你哄他，现在你摸摸他的头哄他试试？他会拒绝你的亲昵。因为他长大了，他是成年人了，他不再是你可以抱、搂、打、推的小孩子了，他有独立的人格和尊严了。

所以您要格外地尊重他，你越尊重他，他就越自尊，就越会按照成年人的标准要求自己。

给孩子尊重首先就要向我们头脑当中的家长制、教育的方式和理念挑战，要达到这种民主、平等，您说话时口气上要调节，把命令的口气变为商量的口气。要多鼓励他，时刻捕捉孩子的优点并且放大它。

2. 心理闭锁性与强烈要求交往的矛盾

小时候孩子是非常透明的，到了青春期孩子会变成半透明或者不透明。过去孩子一回来，还没进到家门，就说“妈我今天举手发言，老师表扬我了”，他要把自己的优点一一展现出来，什么事都向妈妈汇报。一进入青春期他就变成了半透明，可能会说“这次我考得特好，96 分”，但如果他考了 69 分，很可能就不说了。

如果你问他：“最近考试没有？”也可能会说：“没考，老问，烦不烦。”

有时孩子放学回来，放下书包，门一关，就进自己的屋里了。青春期孩子不爱和父母交流了，有些事情不想让父母知道，这叫闭锁性。妈妈不放心，想从门缝里看看孩子在干什么，孩子会不高兴，说：“你干嘛，又监视我！”所以这时妈妈不要偷看孩子的日记，不要翻孩子的书包，一定要给孩子提供一个宽松的环境。

豪猪在冬天为了取暖而互相靠拢挤在一起时，因为它们身上有刺，离得太近，身上刺就刺痛对方了；挨得太远，又冻得难受。它们就刺痛了躲开，再刺痛了再躲开，最后它们找到了一个非常合适的相对距离，总是保持一定的距离，这个距离就是礼貌和空间。我们父母就是要给孩子这样的空间，给他充分展现自己的空间。不要孩子一开口你就劈头盖脸地教训他，那样的话孩子就更会封闭自己，更会闭锁，你会对他的表现一无所知。

3. 逆反心理增强

小时候刚上学时父母都会嘱咐孩子，放学时不要跟别人走，别人给你吃的不要吃，现在社会很乱，要注意安全，有坏人防着点，这话小的时候他会听得很认真，当有陌生人和他说话时，你会发现一个七八岁的孩子面对周围人的目光是非常警惕的。但是当他一旦进入青春期，他和一般人一样高了，这时他胆子就大了，他开始想你们说的事我到现在都还没遇到呢，你越不让做的事情他越想做。

案例：亲子冲突。（用多媒体展示以下的案例）

14岁的男孩小强，小时候还挺听话，可自从上了中学后，情绪就变得越来越难以捉摸，脾气也变得越来越大，只要是自己不爱做的事情，爸爸妈妈怎么说都没用，如果爸妈说话的口气重一点，他就发脾气、不吃饭。有一次，由于妈妈不给他买名牌鞋，他竟然离家出走了，家长费尽周折找到他后，他还是不肯回家，他的爸爸忍无可忍了，狠狠地打了他一顿，将他强行拖回家。

青春期孩子发脾气是无缘无故的，甚至是没有理由的，由于生理的变化带来内分泌的变化，使得孩子的大脑和神经总处于兴奋状态，因而他们的情绪总处于不稳定状态，有时会变得烦躁不安。

对于孩子的变化，我们要理解和包容。怎样理解和包容呢？这时候我们不要打骂孩子，要包容。举例子来说，更年期的妇女，情绪不稳定，会发脾气，会指责，这时候谁会打她、骂她呢？

案例：上初三的儿子染起了黄头发。

父亲："谁允许你染头发的？像个小流氓，明天不染回来就不许进家门！"

儿子："我就是喜欢，为什么要听你们的？"

建议：当你碰到儿子要换一种新潮的发型，女儿想尝试用妈妈的化妆品时，你完全可以把这种现象当作普通的爱美之心。试着去理解他、引导他。你不能拿出家长权威，居高临下地强迫孩子在短时间里接受自己的意见。

孩子逆反心理的表现正是他渴望独立、渴望实现自我价值的时候，青春期的叛逆是他们生命发展的必经阶段。

逆反心理是怎么形成的呢？

自尊逆反：自尊心是一个人热爱生活、追求生活意义的心理根基。（如果人受到伤害，就会在态度、行为上抗拒劝导和说教）当一个人受打击后对说教、讲大道理等都不会听从。

有的父母经常拿自己孩子的缺点和别人家孩子的优点进行比较。说你看我和你爸整天忙工作，一天到晚不都为了你，你一天到晚就是玩、看电视、上网……这是抱怨！

有的父母常说孩子：你咋这么笨呢？（这是否定孩子）

说教、贬损孩子、伤孩子自尊心，越是这样，孩子越受伤，就会觉得我这也不行、那也不好，妈妈这么说我，我就是不行。导致孩子学习成绩下降、人际关系不好、没了上进心。

超限逆反：人在受到某种过度刺激之后作出的逃避反应。任何人接受某种刺激的能力都是有限的。

著名作家马克·吐温有一次在教堂听牧师演讲。最初，他觉得牧师讲得很好，很感动自己，就准备捐款，并掏出自己所有的钱。过了十分钟，牧师还没有讲完，他就有些不耐烦了，决定把大钱拿回来只捐一些零钱。又过了十分钟，牧师还没有讲完，他更不耐烦了，于是决定，一分钱也不捐。到牧师终于结束了冗长的演讲，开始募捐时，马克·吐温由于气愤，不仅未捐钱，还从盘子里拿走了两元钱。

马克·吐温为什么最后会气愤，不仅没有捐钱，反而拿走了钱呢？

显然是因为牧师讲得时间太久了！牧师的话虽然动听感人，但如果他一而再、再而三地唠叨个不停，仿佛一下子要把人的耳朵灌满似的，再耐心的人也会心生厌烦！这种刺激时间过长、过强、过大的现象被心理学家称为“超限效应”。

孩子把碗打了，妈妈说告诉你加小心，你总那么大意——孩子不好意思了，很内疚，自责自己怎么把碗打了呢？晚上爸爸回来后，妈妈把孩子不写作业、还把碗打了又说了一遍，这一天里妈妈三番五次地说，孩子由内疚—不耐烦—逆反—对抗，这样的事情在家庭中时有发生。

禁果逆反：理由不充分的禁止会激发人的探究欲望。

大家都吃过土豆，土豆有多种吃法，比如土豆泥、拌土豆丝、炒土豆等，算是美食了。

最初土豆从美洲传到法国时，法国人不认为它是能吃的，认为它是有害的，不接受它。后来有一位曾吃过土豆的农学家想引进，他就和国王商量说你给我一块地，我就想办法把这东西推广了。他就种了这一块地，让国王白天派卫队看守，晚上撤走。居民看了很好奇，想这是什么宝贝东西？怎么还让卫队看守，晚上就偷吃，一吃觉得真的好吃，不错啊！国王都吃的东西！

怪不得用卫队看着呢，后来土豆真的就在法国推广了。

这就是禁果的效应，把它作为一种禁止的东西，大家都有一种好奇心，反倒要探究一下它的秘密，看它究竟是怎么回事。

人际交往方面

青春期孩子的人际关系怎样呢？

同伴关系胜于父母关系。

大家说说，我们的孩子平时常跟谁发脾气？父母、老师。为什么呢？父母和老师多是指责、命令、控制他的人。孩子多数时候对抗的是权威！跟同学相处得怎样？和同学相处得很好。

孩子小时候多是和父母、老师关系密切，这时转向同龄人了，同伴关系胜于父母关系。

这个时期，朋友特别重要，而且互相影响得特别厉害。穿衣戴帽，追星，爱好等，生活的诸多方面都互相影响着。这时候，如果父母批评他的朋友，他会特不高兴，不接受。这时期孩子和同龄人交往呈现开放式，小男孩会有几个好哥们，女孩会有几个好女伴，这是他们成长中的“营养”要素。

我们知道孩子和父母、老师关系归根到底是不平等的，是抚养和被抚养、管理和被管理、教育与被教育的关系。妈妈爱孩子有时是不讲道理的，妈妈做了那么多吃的，爱不爱吃必须吃，妈妈买衣服必须得穿，不能拒绝妈妈的爱。同龄人的关系是极其平等的，撒娇不成、犯横也不成。孩子到群体中，耍家庭这一套是不行的，所以这就逼迫这些被娇惯了的、这些任性的独生子女要走入群体，他就必须懂得以爱心换爱心、以尊重获得别人对他的尊重。孩子之间做好朋友是没有条件的，但是得心心相印，得有共同爱好。这种平等的关系让孩子懂得不能自私、不能以自我为中心。懂得要关心别人，要守时守信，要有乐群性。孩子特别看重同伴关系，如果你对刚理完发的孩子说：什么发型，难看死了。他会是鼻孔一哼，你懂什么？如果这话是他同学说的，那可了不得，他会把费了好大劲的心爱发型弄乱重来。

但我们的孩子并不是只与同性交往，还要与异性交往。与异性交往的原则是保持群体交往、公开交往。

异性交往是他必须学会的社会化过程中的重要一课，男孩子只有和女孩子交往才能找到男孩子的感觉；女孩子只有和男孩子交往才找能到女孩子的感觉。他们之间的交往是知识的互补、能力的互补、性格的互补，柔弱的女孩喜欢强壮的男孩，内向的人喜欢外向的人，是补偿性质的成长，是成长的过程。父母可以告诉孩子，青少年男女间的群体交往可以接触到各种不同类型的异性，使他们在吸收众人优点的同时，开阔眼界和心胸，是一种正常的交往。

如果进入了一对一交往、进入了秘密交往，那是不是“早恋”呢？“早恋”是不科学的概念，最好不用这个词。如果给孩子用“早恋”一词，就等于把他的交往给定性了、给贴标签了。我们还是用“青春期的情感问题”一词为好！如果中学生情感问题发生了怎么办？

先接受，再想策略。

青少年对爱情是有误解的，他们常常把对异性的爱慕、好感、欣赏看作爱情。

情感问题是人类的普遍现象，我们不要大惊小怪。如果这件事并没有让孩子出现学习方面的退步，学习更努力，那么我们就不要去干涉他。但有一点非常重要，那就是要保证孩子的情感要在父母的监督下进行。

如果女孩“早恋”了，妈妈一定要告诉她什么事情能做，什么事情不能做，教导她学会保护自己。如果女孩的“早恋”影响到学习，家长要想办法疏导、解决。

人际交往是孩子成长过程中的一种体验。体验是必须要进行的，孩子不是在说教中长大的，而是在体验中长大的。

青春期是一个过渡时期，是孩子课程最重的时期，是参加中考、高考的关键期，应当主要把精力放在学业上。

教育女孩子和所有的男同学保持等距离外交，告诉她和大家保持同样的关系程度会获得所有同学的喜爱，拥有更多的友谊。（课件呈现：拥有一棵树，失去整片森林。早摘的果子是苦涩的）

青春期孩子种种矛盾心理，使得他们的行为在大人眼里是如此荒唐和无聊，而对孩子来说，意义却十分重大，是他们成长的必经过程。

辅导的策略

父母如何能更好地与青春期孩子相处，如何加强对孩子的辅导呢？

1. 构建良好的亲子关系

教育专家董进宇博士研究总结出一套“教育成功学”理论，他认为：“教育最重要的一条就是亲子关系，亲子关系出了问题，孩子就一定出问题。”

好的关系胜过一切，好的关系胜过许多教育。当我们善于与孩子相处时，孩子才会当我们为朋友，才会向我们敞开心扉，只要孩子把内心的真实想法说出来，就没有解决不了的问题，就没有什么可怕的事，就会避免出现更严重的后果。

要与孩子建立好的关系，首先要学会与孩子沟通。

其实，沟通很简单，就是倾诉加倾听，尽量多听子女的倾诉。尤其是在子女高兴的时候、遇到困难的时候、伤心的时候，不要错过倾听子女诉说的机会。父母应创造一个宽松的环境，创造一种“听的气氛”，作个顾问，而不是经理。不要以一个教育者的姿态出现在子女面前，对任何事不要急于发表意见，遇到不赞成的观点时，也不要马上表态，对子女做的事情不满意时不要唠叨、埋怨、指责或者打骂，而应提出问题让子女思考，允许他们保留自己的观点，通常孩子认为他自己有能力解决问题。当家长站在孩子的角度，知道孩子出现了“叛逆行为”是很正常的事，就不会发很大的火，生很大的气，甚至去体罚他。

2. 给孩子赏识与肯定

每个孩子都希望得到父母的赞扬，父母一定不要吝啬自己的赞美。请听故事“一条腿的鸭子”。（放录音）

王府里有个极好的厨师，他的拿手好菜是烤鸭，王爷很赏识他。不过，这个王爷从来没有给予过厨师任何鼓励，使得厨师整天闷闷不乐。

有一天，王爷在家设宴招待贵宾，点了数道菜，其中一道是王爷最爱吃的烤鸭。厨师奉命行事，然而，当王爷夹了一条鸭腿给客人后，却找不到另一条鸭腿，他便问身后的厨师说：“另一条腿到哪里去了？”

厨师说：“禀王爷，我们府里养的鸭子都只有一条腿！”王爷感到诧异，但碍于客人在场，不便问个究竟。

饭后，王爷便跟着厨师到鸭笼去查个究竟。时值夜晚，鸭子正在睡觉，每只鸭子都只露出一条腿。厨师指着鸭子说：“王爷您看，我们府里的鸭子不全都只有一条腿吗？”

王爷听后，便大声拍掌，鸭子当场被惊醒，都站了起来。王爷大笑说：“鸭子不全是两条腿吗？”厨师说：“对！对！不过，只有鼓掌拍手，才会有两条腿呀！”

每个人都希望得到别人的赏识，我们的孩子也一样，我们要学会赏识，肯定孩子，多给孩子鼓掌。在看孩子成绩单时，不要只盯着考得不好的科目。

如孩子数学考得不好，语文考得好时可以说："这次语文考得不错。"这时孩子自己会明白，这是说："数学没有考好。"但如果说："怎么搞的，数学考得这么差！"就会打击孩子的自信，也不利于亲子交流。孩子人生好比足球赛，父母不应做挑剔的裁判，老盯着犯规不放，而应做热情的拉拉队，为孩子鼓掌欢呼，给孩子无穷的信心和力量。

我的孩子上初中时，10个班级500名学生中，他第一次模拟考试考了260名，如果他是您的孩子，您怎么跟他说？如果我们鼓励说："太好了，你前进的空间还很大呢，你努努力，会前进，能进200，以后奔150，100……三年时间，我相信你，你一定能行！"就这样鼓励他。结果他现在初二上学期还没结束呢，就考了50名。另外，孩子喜欢周杰伦、张杰等年轻的歌星……父母就要说我爱听，特喜欢你唱他们的歌，我想知道这些人跟谁是好朋友，知道他们生活中有哪些小事，还想知道他们是怎么写歌词的……孩子就会跟我们讲这些事情，以便和孩子成为朋友。主动去了解，和孩子做朋友，多赏识和肯定他，这就是我们家长要做的改变。

3. 尊重孩子的成人感

凡是孩子自己想做的，让孩子自己去做，去尝试和体验。应该让孩子参与家中的大事，为家人分忧，我们父母只是给孩子指引和启发。当孩子遇到自己能力不足的问题时，父母要和孩子一起去探索解决问题的途径和办法。有好多父母怕麻烦，总想替孩子做事，以图省心。可是您一时的怕麻烦，会换来一生的烦心、担心……孩子的路只能由他自己来走，我们要相信，孩子能够为自己的问题找到解决的路子，在这个过程中他会得到成长。我们父母还要学会换位思考：站在孩子的角度想问题。

4. 给孩子成长留出空间

小鹰长到一定的时间，鹰妈妈就会带领小鹰到悬崖上去放飞，让它独立去翱翔天空。小鹰学飞是自然界的事情，父母带孩子也一样。是鹰总得要飞，是孩子总得要有独立面对生活的一天，在孩子成长的过程中，只要是孩子有能力做的事，父母就不要代劳，由孩子自己去做。父母太包办孩子，就会失去孩子独自锻炼的机会。

5. 加强性教育

我们应该提早对孩子加强性教育，让他们有科学的性知识，让他们知道自己的身上发生了什么改变，孩子们才可能平静地面对性成熟带来的不安，同时我们也要跟他们讲关于性道德等的知识。如：女生的月经，她们以前从没遇过，这新的事物会打乱她们的生活节律，她们得慢慢调整好。

总之，孩子在变化，这时父母的教育方式和方法已不能满足孩子成长的需要，所以做父母的就应该多学习，跟上孩子成长的步伐。许多时候，孩子的问题，其实就是父母的问题！

人生好比一条长河，青春期犹如长江进入三峡地段，冲过去就会视野开阔，景色万千，让我们用无条件的爱来包容孩子的一切，让我们做孩子真正的朋友，给他自尊、自信，给他理解和支持，给他一定的空间，让孩子在这个生理、心理巨大发展的时期，通过努力渐渐形成自己远大的理想、健康的人格、正确的价值观，让我们和孩子一起顺利地度过青春期！

父母如何协助孩子制订和实现有效的学习目标

亲爱的父母朋友：大家好！

今天的话题是：父母如何协助孩子制订和实现有效的学习目标。

很多人对目标的问题不太关注，其实在上小学时，老师们就非常愿意和小学生一起来做一个练习，就是写《我的理想》，但好像当时谈的理想和我们今后的发展没有太大的关系，那是为什么呢？我给大家讲两个故事。

故事一：

有一位高一的男学生，绊齿、说话不太清楚。可是他的英语特别好。我当时非常惊讶，我问他为什么你的英语这么好？他说：我爸爸妈妈从小就和我定下一个愿望，就是我将来长大了一定要出国留学，学英语是能出国的第一关，所以从小英语就特别好。到现在我的英语在班上、在年级上都是最好的。虽然这个同学已经从学校毕业了很多年，但他给我的印象特别深，他现在已经在国外进修学习。

故事二：

有一个高三学生，一次他跟我说：老师，我将来很想进入上流社会，过一流的生活。我说这个想法太好了，可是要过这样的生活需要具备一些什么样的条件呢？我和他探讨要过这个生活要具备的条件：

1. 要有修养：一个上流社会的人应该有上流社会的行为方式。比如要很有礼貌、很绅士、不能说脏话、行为要规范、为人谦让等，这是一个有教养的人必须具备的。如果一个上流社会的人走到哪里随意吐痰说脏话，那你再有钱别人也会看不起他。

2. 要有相当的财富，上流社会的他一定要有很多物质条件支撑他。比如住的房子要高档、要住高档的社区、有高档车，没有经济基础是不可能的。

3. 有知识：一个人没有足够的知识，没有渊博的见闻，是很难进入上流社会的。具体了这三方面的条件，想要达到目标是有可能的。这个高三学生说，"我就朝这些目标去努力"。这样的目标支撑着他，后来他真的考上了一所名牌大学。

由这两个例子我就想：一个人的人生目标确定得越早、越明确，他就会越好地向着这个奋斗目标努力，就越早地可以成功。

这让我想到了哈佛大学的一个著名研究。

在20世纪50年代，他们曾经找到了一群年龄、家庭背景、智力、学习成绩等各方面条件都相当的学生做了关于目标的研究。

3%的人有非常清晰而且非常长远的目标。他们知道在他们长大了以后，在他们35岁、40岁以后会成为什么样的人！

10%的人有短暂而清晰的目标。如想在大学毕业后明确找什么样的工作、要考研究生、要找多少月薪的工作、什么时候结婚……

60%的人目标比较模糊，今后只要我有一份较好的工作，有比较好的生活就可以了。

27%的人没有目标。他们的想法是：管他呢，过一天算一天。

这个调查跟踪了25年。25年以后，他们对这些人的现状做分析调查，结果非常有趣。

3%的有非常清晰且长远的目标的人，25年后他们无一例外地全部成为社会各界顶尖级的人物。行业的领袖、政界的要人、学术界的权威，属于金领阶层。

10%的有短暂而清晰目标的人。25年后他们生活在社会的中上层，也成为不可或缺的人，如教师、律师、行业主管等，他们的生活节节上升，25年后生活过得非常好。

60%比较模糊目标的人，25年前他们的目标是模糊的，25年后生活过得平平稳稳，多数人靠工资生活。很多人生活就是上班下班、带孩子……属于蓝领阶层。

27%的人没有目标。25年来他们当中相当一部人不断地在找工作，有的人不断地失业、不断地寻找，由于生活得很坎坷，他们不断地抱怨社会、不断地抱怨他人，觉得自己是被上天遗弃的，感觉过得很不愉快，这种不愉快又反过来影响着他们生活的进步。这群人大多数生活在社会的最底层。

从哈佛大学这个研究中，我们可以非常明显地感受到：目标对人的影响真是非常大的。如果我们能够在孩子很小的时候，就能够和他一起来设定他人生的目标，我相信对孩子一生的发展将是非常有意义的。

来看看什么叫作目标？很多人说：我们有理想，我们有愿望。就像前面提到的小学老师都让学生写过自己的理想，可是这些理想好像没有什么意义，对我们的人生好像不起任何促进作用，原因在哪里呢？就是因为那个目标可能不是很清晰。

目标的有效性

一个真正的目标是有动力作用的，是能够推动一个人很好地成长和发展的，它必须具有四个条件，如果这四个条件不具体，那就不是目标，那只能称为是一种愿望或理想。

（1）目标必须是具体的。

什么叫作具体的？比如对于高三的学生来说，你是想考北大，还是想考川大？由于目标不同，你今后奋斗和努力的程度是不一样的。

有的人很早就选择了要考艺体生，那他和要考北大、川大的同学比，付出的努力是不一样的。所以必须要非常清楚地、具体地确立要考哪一类学校、哪一些学校、哪一个专业，必须有这样清楚的目标以后，才知道自己要付出多大的努力。就像前面谈到的那个高三同学，他的目标非常具体，要进入上流社会，实现更加辉煌的人生。他和那些没有目标、有一口饭吃就行的人相比，付出的努力完全不一样。随随便便找口饭吃的人，他回到家里的表现可能就是懒懒散散的，作业可能不想认真地完成，上课时听课可能也是懒懒散散的，回家可能先做自己喜欢的事，然后才做应该做的事，做不了就不做了。有具体目标的人，会非常努力地为实现目标做充分的准备，所以目标越具体越好。

（2）目标必须是可以量化的。

目标具体了就可以量化了。如想考北大的同学，他会知道我的高考成绩一定要达到650分。想去川大的同学就会知道，他的成绩一定要考到600分。只有能够量化的东西才可以积累，积累才可以达成。如果父母的目标不清晰，跟孩子们说："无所谓了，以后能考多少就是多少，只要考好一点就行。"那多少是一个"好"，我们没有办法去量化，没有办法去量化的东西就没有办法积累，就没有办法达成。好多父母常跟孩子们说：你要好好地学习，上课要认真听讲，要获得优异的成绩，要考一个好的大学，这才能有一份好工作，今后才能过好日子。这一系列的要求：认真学习、努力学习、好大学、好分数、好工作……这些东西都没有办法去量化，都是模糊的概念，模糊的东西就没有办法去积累，所以我们一定要协助孩子确定明晰的可以量化的目标。

（3）目标要有时间限制。

我们可以给自己设很高的目标，但是多长时间来实现呢？

很多人常说，我要看很多的书，可是你打算多长时间要把想看的书看完。如果要看十本书，那用多长时间看完，是用一生，还是一年，还是用一个月？这里十本书是可以量化的、具体的，那多长时间来看是时间限制。在确定目标时要确定在什么时间内完成。如果超时完成这个目标就没有意义了，任何一个任务目标的完成必须有时间的限制。

（4）目标是可以实现的。

很多人目标定得好高骛远，如你的目标是当市长、当省长、当国家主席、当亿万富翁，都没有问题，但是它有机会实现吗，有可能实现吗？如果孩子知道他的能力、他的状况根本不能达成目标，那目标对他来说就根本没有动力。

我经常在学校里看到有学生在课间时常做一个动作，会跳起来够篮球筐。个子高的会一次一次地蹦起来够，我想他们去做这个动作是因为他们感觉到自己离目标很近，再使一点劲，稍稍跳一下就摸着了。但个子稍矮的人不常去做这个动作，因为他们很清楚自己的实力，他们再怎么努力跳也够不着。所以他们不去做这样的“傻事”，因此一个目标最后确定下来能不能实现，也决定这个人最后会不会为它而努力。如果我们父母为孩子设立的目标太高或太远，孩子知道这个目标我实现不了，他根本就不会去努力。有句话说：跳跳就能摘到的果子是最甜的。那么要跳多高、跳多远呢？以孩子能摘到为限，不能超越他的实力。

目标必须具备这四个条件，缺少了任何一个都不是一个真正有效的目标，我们父母要把握这四点来和孩子一起制订目标。

目标的可行性

当目标制定了以后，这个目标能否真正实现，我们必须有一个清晰的认识。下面我们来把目标分解一下。

首先看制订的目标和他现在的能力有多大的差异：如，你希望孩子进入前10名，他现有的成绩是30名，这中间差了20名，得用多长时间完成这个目标？我们要给他足够的时间去成长。每一次考试往前走两名到三名，两三年完成目标是没有问题的，这是从理论上分析，当然客观上你的孩子在努力，别人的孩子也在努力。人家不可能等在那儿让你去超越，所以你的孩子每份付出都会比别人多一点他才有可能超越。

另外是超越分数，如果你孩子进高中时400分，他想高三毕业时考清华或北大，那成绩必须考到650分以上。三年的时间有没有可能实现250分的跨越，很多孩子一听250分怎么可能，这个想法、这个念头一出现在他脑子里时，他就再不会去努力了，他就开始拒绝和排斥。但是我们让孩子来分析一下：我们把250分分在三年当中来实现，每一年需要增加多少分？80～90分。而这90分并不是让他一年来完成的，这90分分到六门学科中，每一科需要增加15分，而这15分也不是需要一次就考到。比如语文，一年当中大大小小的考试有十多次，一次考试要增加1～2分就可以啦。一年下来增加15分不是问题吧，这样分析不难吧。很多孩子一听这样的分析就会很兴奋，跃跃欲试，每一次他失误的分数不止1～2分，应该很容易吧。这样好多同学会发现三年时间增加250分不是天方夜谭啊，真是可望而可即的目标，如果我们父母给孩子做这样的细致的分析，我相信孩子就有信心了，所以目标是可以分解的，一分解孩子就有信心了。

我们还要教给孩子一个办法：学会每天做计划。

我们每天要做的事情很多很多，哪些事情该做，哪些不该做，哪些可做可不做，哪些是非做不可的，我们要教给孩子去判断，我们要教给孩子树立一个观点，每天必须先去做该做的事，然后再去做喜欢的事。如果他该做的事也是他喜欢的事儿，那是最好的，但是当该做的事情是他不喜欢的，如打游戏是他喜欢的，但是他在这个时候不该做，做作业是他不喜欢的，但是他该做。当这两者发生冲突的时候，必须先做该做的事情，然后再做喜欢的事情。

有一个“二八”法则：其实能给我们带来效益的很多事情，只需要我们花20%的时间就可能给我们带来80%的效益。所以要教给孩子每一天拣最重要的事先做。

在我们的一天当中哪些事情是最重要的？我的建议是：让孩子准备一个小本，每天晚上临睡前或者早上起来的第一件事情就是要在脑子里想好，明天或今天我要做的最重要的事情有哪几件。如后天要考英语，明天就要复习英语重要的章节，如不复习英语成绩就要受到影响，这件事情就是最重要的事。最重要的事情可能不止一件，比如今天我有一个难题，明天这个难题弄懂了新课才不会受到干扰，那么解决重要的难题就是重要的事情。这样把重要的事情写出来，每做完一件事情在后面打一个对号，每晚睡前检查一下，今天的任务完成得如何，明天的任务重新计划，这样下来就会觉得一天很有收获。他就会很有成就感，这一天会特别的愉悦。如果突然想到有一件事情没计划，也不怕，可以放到第二天的计划里。当把计划的事情都做完了，余下的时间父母千万不要再去给孩子布置任务，如果这样孩子没有时间做自己喜欢的事情，就会养成一个非常不良的习惯：拖拉。反正做完了我玩不成，我就慢慢做，学习的劲头也会变得越来越小。所以我们要告诉孩子：“只要你把应该做的事情做完了，余下的时间可以做你想做的事情”，他的积极性就会调动起来。

实现目标的方法

要设定完成目标的最后期限：10道题可以一小时做完，也可以3~5小时做完，要根据自己的能力状态专注地完成。做完以后如果超前完成了，就对着镜子笑笑，说我真棒，这样做是一个自我评价。孩子一定要有一个自我评价的体系，当他学会了自我评价后，更能促进学习的成功。

协助孩子设定学习目标，父母能做一些什么？

首先明确：无论我们父母多么优秀，永远都无法代替孩子学习。你的优秀不是让孩子优秀的必然条件，我们父母能做的就是激发他的学习兴趣。

其实每一个学龄前儿童都是满怀愿望地背着书包去上学的，可过不了多久，他们就开始厌学、逃学甚至辍学，为什么呢？为什么一到学校里，他的学习成绩没有别人的好，我们就感觉到非常失望，父母和教师的评价成为学生不想学习的最重要的原因。评价体系一旦出了问题，让孩子再去实现目标将是一句空话。所以父母要对孩子建立一个正确的评价体系。

首先要知道我们的评价对孩子会造成什么样的影响？当一个孩子不断地受到批评、否定、拒绝、排斥和打击时，他就会产生自卑感，会行为退缩，形成一种“习得性”的失败感。在孩子的成长过程中，外界的评价对他起决定性的作用。要想为孩子设计成功，我们要从改变评价体系开始。我们要多给孩子鼓励、肯定、支持、认同和欣赏。

我们很多父母看到自己的孩子不如人家孩子优秀，便很着急、很愤怒，恨不得让孩子立即有一个改变，所以出语特别的狠、重，结果事与愿违。

我要给大家一个观念：我们得等待孩子成长。成长不是一天两天的事情，在孩子成长过程中，允许他犯错误，在一次次犯错误当中孩子会成长起来。当孩子犯错误的时候，我们父母不要伤及他的自尊心和自信心。应该给他肯定和欣赏，给他更积极的评价、认同和鼓励。同时也要让孩子知道学习不是一蹴而就的事，我们以前也出现了很多的错误，孩子就感觉到不孤独，于是就有信心了。我不支持物质的评价方式，因为这不是长久之计，孩子会得寸进尺的。

父母如何多给孩子鼓励？

（1）让孩子在学习、生活中成为别人的榜样。把他的长处拿出来炫耀，他的成功会蔓延。一个优秀的孩子并不是方方面面都比别人强的人，他只要有一两项比别人优秀就可以成为优秀的人，当孩子某一方面比别人强时就表扬他。

（2）评价孩子时要经常用描述性的语言，不要用评述性的语言。如：我看到儿子长高了，是个男子汉了，有了你妈妈太开心了！让他感觉到自己真的很优秀，为了这份骄傲，他会持续地、不断地保持下去的。

（3）优秀的父母会让自己成为孩子的垫脚石。父母可以做的就是把自己垫在孩子的脚下，成为孩子的垫脚石。具体做法就是：无论孩子做什么事情，父母都要告诉他：“孩子，妈妈在你这么大的时候，还不如你做得好呢。你现在的题比我们那时难多啦，你能大部分题都做出来已经很了不起了，如果换成我还不会做呢。”我们要示弱啊！你一示弱孩子就会想，妈妈还没有我好啊，那我就有信心啦！我们父母不要在孩子面前成为强者，你是强者了就会压制孩子成长的空间，你要把他垫起来，他就会有成长的空间了，你给他多大空间，他就会成长多少空间。你的鼓励、肯定、赞赏会给孩子巨大的能量！

培养青少年良好的习惯

各位父母朋友们：

培养青少年良好的习惯这个话题永讲不衰。

叶圣陶说过：教育就是培养好习惯。

什么是习惯呢？

习惯是长期养成的，不容易改变的说话、行为、生活等的方式，是一种稳定了的自动化行为方式，它也是人们头脑中建立起来的条件反射。

例如：父子俩赶牛车的故事。

父亲眼睛不好使，每次赶牛时儿子都跟着，转弯时儿子都要说："爹呀，转弯了。"有一次儿子独立拉牛车转弯时，牛不听话了，当儿子对牛喊："爹呀，转弯了"，牛才转。

这个笑话说明：儿子每天在牛前说话和转弯的行为建立了联系。"爹呀，转弯了"这句话成了牛转弯的一个行为刺激。

我小时候家里养鸭子，每次给鸭子喂食时，鸭子来得不齐，我就敲盆，每次敲盆时都给它喂一点食吃，这个敲盆的行为和声音就建立了稳定的联系，让鸭子产生了条件反射。

以上这些都是讲在动物的行为和刺激间建立了一种稳定的联系，形成了一种自动化的行为。

有的人每天饭后吸烟，这个习惯也是这样形成的。还有一些思维习惯化了，形成自动化思维。

还如：海豚被驯化时，它能跳高、钻圈等，这是驯化员训练的结果，训练员在水中拉一根绳子，把海豚饿上几天后，然后一边跑一边用鱼诱惑它，如果它从绳子上边钻过就给它喂食，在绳子下边钻过就不给吃，海豚的智商高，它就能记住。时间久了，绳子慢慢提升，最终达到让海豚能从上边跃过，最后绳子拿掉时，它也能跃过。

这是喂食时它的需求和行为挂钩了，就能形成了习惯。

人除了有这种生理需求外，还追求心理需求。需求和行为挂钩，就能形成一些好的习惯。

人从出生到长大、走向社会、结婚生子等，每当环境发生变化时，都要发生不适应。在环境变化前，为了适应环境要进行变化时的训练，等环境变化后会很好地适应。

人都追求优越感，都趋利避害。优越感就是对身体和心理的满足。

对人生理上的满足，如：食物、体感舒服、视听的刺激等。

对人心理上的满足，如：让人都找到自我，人都渴望伟大。用鼓励、赞赏、承认等，让人的行为和需求进行有效链接，这是形成良好习惯的做法。

下面从三方面讲习惯的形成，即：生活习惯、学习习惯、思维习惯。

生活习惯

有的孩子懒惰，懒惰是怎么形成的呢?

刚才讲了人都追求优越感，都趋利避害。懒惰的孩子背后有一个目的，个体心理学认为，行为背后有目的性。孩子懒惰是为了躲避困难，懒惰一定让他感觉舒适，他才自然地去懒惰。

懒散表现在人没有时效性，没有紧迫感。孩子如果有懒散的习惯，在背后一定有一个什么目的。我没时效性，我晚点办，早办、晚办都是办的时候，晚办对他一定有好处，可以逃避一些责任。

办事拖拉一定是他认为拖拉背后有好处。他不是天生拖拉，他通过拖拉来追求行为背后的优越感。

小孩子撒谎一定在逃避一些东西。他想要做的事情，他知道要是说出来，父母和老师一定不让他做，他为了逃避责备、达到自己目的，才撒谎。他撒谎不是主动的，而是由潜在的目的被迫产生的行为。

有的孩子有丢三落四的毛病，大多是由于父母不及时纠正，而直接为他做了过多父母不应该做的事情。如孩子忘了红领巾，父母比孩子还着急，一定会想办法给送到学校。这种直接帮他做，比直接培养他不要忘记东西的能力省事，时间长了孩子的好习惯就没培养出来，他就会缺乏责任心。

孩子挑食可能是父母在做吃的时候，心理就有一个不合理的认知，他认为这个东西有营养，就让孩子多吃点。父母认为没营养的，就让孩子少吃。时间长了，孩子在味觉上对食物形成了一种习惯。还有父母认为东西吃了有好处，给孩子做，孩子由于某种情绪不爱吃时，父母就催逼，反倒造成了孩子的反感——就不吃。时间长了就认为这东西不好吃，不是真正的在口感上对食物不适应，而是因情绪引起的。

孩子爱做恶作剧，调皮捣蛋是为什么?这是孩子缺乏他人关注的结果。孩子捣蛋的原因，可能是被人忽视了，他这样的行为是想让人关注。这些都是目的驱使孩子被迫产生的行为。

家里来客人了，孩子像“人来疯”，是因为家里过多关注了客人却忽视了孩子的存在，让孩子感觉不舒服。也可能是原来过分关注孩子，来了客人家人把关注点放到客人身上，使他不舒服。

孩子胆小怕事的行为是与孩子不自信、害怕失败有关。孩子信心和勇气出现了问题。可能是孩子经受这种事情的行为的锻炼不够。不敢独立买东西，不敢和同学接触等。所以他通过不做事或少做事，避免做事失败，逃避失败的结果，所以才胆小怕事。

孩子任性，是无原则的自由过多造成的。父母对孩子的养育态度是造成孩子性格的最重要因素。所以我们要研究 6 岁前父母的教育风格，研究对孩子此时的态度，此时孩子在家庭中父母对他的感受以及他自己感受的东西。在咨询中，一定要让孩子回忆儿时的成长经历：对什么东西印象最深，谁是最好的玩伴，记忆最深的事件是什么。记忆最深的一定是他内心投射的东西。

还有孩子“主意正”，就是说孩子很有主意，很有主见，这些性格会一直延续到孩子成年，有的会延续一生。一个人坚持正确的东西，能分辨出正确和错误的东西，这就是执着；如果一个人坚持错误的东西，明知这不对还坚持，这是固执，这背后是因为不自信、自卑；他害怕自己失败，所以咬着牙挺着。

还有些孩子不讲规则，他的目的是想每次都赢。例如有个孩子跟姑姑玩扑克中偷牌，姑姑问他为什么这么做，他说以前每次跟奶奶玩都这样，奶奶为了达到和孙子玩的目的，达到哄他高兴的目的，每次都让孙子赢，这样他能追求到优越感。孩子不讲规则的目的是想每次都赢。如果这些小毛病不改，长大后会形成不好的品格。

孩子的模仿能力都很强，男孩子愿意模仿爸爸，女孩子愿意模仿妈妈。精神分析里讲：男孩子是想跟爸爸竞争妈妈，他发现，为什么爸爸能跟自己竞争过，要模仿爸爸的行为，所以男孩子愿意模仿爸爸。

孩子小时候语言能力不强时，他观察爸爸的能力特别强。出国的人，在陌生之地，没有安全感，在为了达到追求安全感、语言又不好沟通的情况下，就愿意猜测他人的肢体语言表达的是什么。所以孩子语言功能没建立起来时，他观察父母的行为、猜测大人的动机的能力特别强。这时父母的一举一动都给孩子留下了特别深的印象。

有的孩子大哭不止，就是孩子已经长得大了，为了达到目的，还用大哭的方式解决问题，他一定很累，为什么还这样？就是他坚信，通过这种形式，实现同父母的一种主权的抗争。为了达到一定的权利。这种信念一定是以前通过这种办法达到目的了，形成了这种经验。他认定这样一定能达到目的，这种行为背后一定有一个信念或认知在支撑。

有些成人吃相不雅，不顾外人，并且吃东西时声音很大，这种不雅的吃相，一定是他小时候或者受到过分的溺爱，或者受到过多的冷落，使得他的注意力没放在他人身上，而是把注意力放在自己身上。有一种自私的成分在支撑着他。

有些人能吃，是不是吃得多他把营养就都吸收了呢？吃得少就营养不良了呢？吃得多或少是他的心理造成的。他的胃肠适应了他每天吃得特别饱或特别少的状态。吃得多的人，他每天胃达到满满的，有一天不这样就不舒服，因为胃习惯他得吃多的情况。所以贪吃很大程度上是心理问题。

通过刚才讲的这些生活习惯，我的目的不是在阐述这些生活习惯，而是想说明这些习惯背后都有一定的目的性。

学习习惯

马虎一定是认真程度没有锻炼出来，它不是一天两天形成的，可能是在早期，孩子不认真时，父母没有及时纠正。如孩子写作业，他不认真，写完就出去玩。父母不及时纠正，时间长了孩子就形成了马虎。孩子到三年级时马虎多，我问父母：孩子在写作业时你们在做什么？好多父母说在孩子写作业时坐在旁边陪着。这时孩子写错了父母能直接指出来。经过几次之后，孩子就知道，我在做题时，父母会很认真地替我检查作业的对错。我做题的对错不用认真检查，父母都能替我检查出来。所以就是父母造成的。针对这种情况，孩子写作业时，父母一定不要在旁边看。他写作业是他自己的事情。等他写完后拿给你看，你可以看完后告诉他：这里有三个错误，鼓励孩子自己去找，孩子在检查的过程中增加练习的能力。不能总是很具体、详细地指出孩子哪个地方错了，详细指出了时间长了会造成孩子的马虎，特别是小孩子。

孩子磨蹭一定是学习的任务量不明确。孩子可能认为我做完了题，父母或老师还会布置任务，我总也做不完，所以就磨蹭。要想解决这个问题，可以把他这种学习行为和目标挂钩。如果他爱看电视或玩电脑，6点准时演动画片，可以告诉他，你不写完你不能准时看电视，任务量一定不要太大，让孩子轻松能完成。完成后兑现看电视的承诺等。不完成坚决执行不能看电视等，让孩子长时间形成习惯。

孩子厌学就是孩子在学习上找不到优越感，找不到快乐。在学习行为上找不到优越感，才逃避。愿意学习、愿意考试的孩子，多是学习好的孩子，每次考试都像给他开演唱会一样，他都有做明星的感觉，这样，这些孩子能走向良性循环。

孩子注意力不集中，注意力不光是一种行为，更是一种能力。什么样的人注意力不集中？孩子注意力不集中不是对什么都不集中，而是有选择性的，他对自己感兴趣的事注意力集中。对不感兴趣的事注意力不集中。

注意的时间、注意的质量是可以训练的。如小孩小时候单独自己玩，家人别总陪他，他单独玩的时间越长越好，父母只要不离开他的视线就好。让孩子玩他自己喜欢的。

注意的能力和父母对孩子的培养方式有关。受溺爱或者被爱不足的孩子，其注意力都会被影响。因为注意力不是对什么都不注意，对感兴趣的注意的时间长，由于他被溺爱，他把注意力都放在自己身上，他不关注自己身外的事物。神经症的人、受过溺爱的孩子最容易注意力不集中。这样的孩子学习多不突出。

心理学上，用瑞文智力测验，可以测量孩子的逻辑思维能力。通过校正人格，让他把兴趣转移到他人身上，是矫正人的注意力的一个好办法。

字迹潦草，字写得不好。一定是父母和老师过多地发现孩子字写得不好，而没发现他写得好的字。这时你一定要发现孩子一篇文章中写得好的字，你要有爱的能力，要发现孩子积极的方面，哪怕只有一个字好，也要积极强化。

你可以跟孩子说：原来我以为你不会写好字，你看这个字写得多好，如果都能这么写就很好……这叫阳性强化。

“俄狄甫斯情结”又叫“恋母情结”，是说男孩在妈妈的悉心呵护下，形成一种对妈妈的心理依赖，这种心理依赖不是生物上的。

刚才讲了受到溺爱的孩子注意力不集中，因为他太关注自己的感受了，这样孩子的意志品质也不坚强。意志品质包括四方面：自觉性、果断性、自制性、坚韧性。受过溺爱的孩子，果断性表现在办事不决断，原因是不能快速决断，他内心总在冲突。自制性就是他不能约束自己；坚韧性不强，就是没有毅力。有心理问题的孩子，多有自卑情结。

自卑的孩子主要是自信心出了问题，或说有严重的自卑情结。自卑和自卑情结是不一样的。自卑是一种常态，自卑可以理解成没有安全感、不满足感、欠缺感，总有一种比别人差的感觉，这种感觉是造成人奋发向上的动力，是一种常态。

自卑情结是长时间形成的，被压抑到潜意识里头了；而自卑是在意识层面的。自卑情结会长时间压抑在人的潜意识中，当外界出现一些事件和自己这种自卑情结相吻合时，这种情结就出来了，影响自己的创造力，阻碍自己向前发展。

自卑情结的产生有如下三种情况：一是受到过分的溺爱产生自卑情结；二是孩子从小受到过分的斥责、打击，缺乏爱；三是孩子有过残疾，残疾的症状不是造成他自卑的原因，他对残疾的认识是造成他形成自卑情结的主要原因。

思维习惯

每个父母因为自己的经验，受儿时经历的影响，从经验中提取出信念，形成不同的家教风格。父母不同的教育风格下，影响到孩子幼年的生活风格。

通过认清孩子的错误的生活风格，来矫正孩子的不合理认知，培养孩子的社会兴趣，最终达到教育孩子的目的。

孩子有的以自我为中心，也是孩子在6岁前父母不正确的教育方式造成的。如果女孩子自我中心强烈的话，她容易情绪化，这个女孩子容易长大后在婚姻上出现问题。

孩子生活风格有四种类型：讨好型、竞争型、奉献型、享受型。

讨好型多半出自孩子有自卑倾向，是为了通过对别人讨好的行为，得到别人对他的承认，他追求这种优越感。

讨好型多出在老大身上。竞争型多出在老二身上，他为了争取自己多得关注，他就愿意竞争。

享受型多出在独生子女身上，或特别关注老大身上，或最小的孩子身上。

奉献型：不特指任何型，多是人格健全型。少关注自己，正确评价自己，把注意力放在社会、他人身上。

妈妈是有神经症类型的人，她的孩子——主要是她的女儿——也容易有这种倾向。就像皮亚杰的视崖实验一样，孩子知道深浅，妈妈的情绪孩子能感觉到。妈妈遇事惊慌，经常焦虑，这种行为能传递给孩子。

大人怨天尤人，孩子也会受到影响。如孩子小时候跌倒了，老人为了快速哄好孩子，就打东西、怨桌子等。容易造成孩子形成“我的过错是他人造成的”这种想法。孩子长大了也会怨天尤人。

总之，培养好的习惯，发现孩子好的行为予以赞赏和鼓励。不好的行为一定要淡化、漠视。改掉不好行为最好的办法，就是培养孩子好的习惯，以好的习惯取代坏的习惯！

团体心理篇

一个团体围聚在一起，通过心理游戏或讨论互动，每个团队成员都会产生一些积极的改变，变得更适应、更快乐、更健康、更和谐。

团体心理训练与辅导活动是学校开展心理健康教育的重要形式，通过团体心理活动，青少年能学会认识自我，理解他人，激发潜能，改善沟通，学会适应，学会合作，学会感恩，排除困扰，提升能力，完善人格，增进身心健康……

这里精选了一所农村中学进行的“培养自信心、开发潜能、学会学习、学会合作、学会感恩”五次的系列心理团训活动方案。这样系列活动的呈现，较立体直观地展现了青少年团体心理活动的形式和内容，可以为学校心理团训活动提供参考范例。这里还精选了关于留守儿童、高三学生减压的心理游戏活动内容，呈现了心理游戏活动个例的形式，希望这些典型的心理实践方案更多地为心理健育服务。

师生团体心理游戏——风火轮

手指操——我真的很不错

团体游戏一人椅

我自信　我成长　我快乐

——青少年系列心理团训方案一

时间：2012 年 10 月 13 日下午 1：00—3：00
地点：某中学多媒体教室
参加者：七年级学生 96 人
承办者：雁阵心理团队

开场导语：（5 分钟）

在座的老师、同学们：大家下午好！

今天是我们到本校来做的第三个“系列心理团训活动”，去年，我们已经给我校现在的八、九年级的同学们分别做了心理团训，同学们的反响都特别好，而且在活动中，我们和同学们一起分享，一起成长，本校师生的纯朴、上进、热情和好客给我们留下了深刻的印象！

本次系列团训活动将每两周开展一次，每次两个小时，一共五次，每次都有不同的主题。大家愿意参加这样的活动吗？（愿意）

心理团训活动将怎样进行呢？简单地说：就是我们引导大家进行一些小游戏、互动、故事等，让大家在活动中有所感悟和启示。

现在我们大家在一起就是一个团体了。团体最大的特点之一是：大家在活动中是平等的，你们可以自由地表达自己的真实想法和情绪，同时你们可以倾听到别人的发言，可以积极地给他人反馈。活动中，你们会感受到快乐、轻松和自由，只要同学们积极参与，在活动结束时，一定会有很大的收获。

问候语训练。（2 分钟）

主训老师问候：“大家下午好，”同学们回答：“好、好、好”。

今天主题是：我自信，我成长，我快乐。

提出活动要求和规范

“守时、守纪、坦诚、积极参与、安全第一”（规范树及团体活动承诺书，贴到墙上展示）

心理团训活动承诺书

我自愿参加青少年系列心理团训活动，在活动期间我将遵守如下承诺：

1. 我一定准时参加团体的所有活动。

2. 活动中，我愿意与其他成员分享我的情感和认识，并愿意对他人的分享给予回馈。

3. 活动中，我会遵守纪律，服从管理，不私下讲话和议论，会专注于团体的活动。

签名：

（注：规范事先贴在墙上，让学生齐读并签名）（5 分钟）

我们本次活动的心理老师来自雁阵心理团队。（介绍参训老师）

热身游戏：抢座（12 分钟）

冬天已经来了，天气让我们感到阵阵寒意，让我们快点行动起来，做一个游戏，“抢座”。

现在我们所有的人都围成了一个圆圈坐好了，先请一个人站在中间，当他说“大风吹”，大家要齐问：“吹什么？”中间人就要选取大家身上的标志性的特征说话，比如说：“吹穿红衣服的人”，那么所有穿红衣服的人就必须离开原来的座位，换另一位子。没按照要求做的就要受惩罚了（如表演特长，或做动作、或喊一句话），然后再由他做“站在中间的人”，继续活动。

如果说：“小风吹。”中间人说的特征相反的人就要离开座位抢别的位子。没有抢到位子的人处罚同上。如果说：“台风吹。”则所有人都要重新寻找位子，没做到的处罚同上。

小结：大风、小风、台风都吹完了，我们同学也放松了很多。看看我们的座位，也和原来不一样了，大家已经初步打破了开始时的界限。我们今天的主题内容是自信心训练。

自信心训练（20 分钟）

（一）自信心思维训练

（引导学生做有节奏的爱的鼓掌动作，在欢乐的气氛中导入训练）

主训老师：同学们在生活中是不是会遇到很多困难，比如不自信、胆小、害怕考试、不会和人交往、超越不了自己等。问：凡是觉得自己在生活中、或在某些方面感到不自信的人，请举手？（请一位同学）说说你的不自信都体现在哪些方面呢？你有很自信的事吗？

（学生答后）问：同学们有没有发现，当一个人说他不自信的时候，是指在他心里所有的事情都不自信吗？是他整个心理都不自信吗？（不是）

我们每天早上起来要刷牙、穿衣服。（问）：当你穿袜子、脱鞋子的时候，你感到自信吗？为什么能感到自信？对，因为你会做，一个人就能做好这些事情。（再问）说一说你有不自信的时候吗？在哪些方面不自信？在哪些方面自信？不自信的方面一定是你在这一方面的能力不够，或方法不当，或不能独立解决这个问题，所以才不自信，对不对？什么是自信啊？自信就是自己相信自己能够做成某件事。

我们要不要掌握一些让自己自信起来的、好的技巧和方法？（要）如果我们掌握了一些方法和技巧，我们的自信心会不会提升？（会）

所以我们今天要进行一些自信心思维训练。同学们知道吗，思维是需要训练的。一个人如果经常的、反复地强化自己这样的思维，如：我很自信，我是最棒的。这种思维就会对他的大脑产生积极的作用，让他产生成功的信念，并最终获得成功。相反，如果一个人总是强化他消极的思维，如：我不行，我不如别人。那么他就会产生失败的信念，这种思维就会阻碍他的行为，让他行动停止或后退，甚至产生自卑心理。

所以，我们在建立自信之前，必须要克服自卑心。克服自卑首先要认识自己、接纳自己。永远不要羡慕别人，因为羡慕别人，那还不如看清自己，自己永远不能成为别人，相信自己才是最好的。请听故事：

石头的故事

有一个生长在孤儿院的小男孩，常常悲观地问院长："像我这样没人要的孩子，活着究竟有什么意思？"院长总是笑而不答。

有一天，院长交给小男孩一块石头，说：明天早上你拿着这块石头到集市上去卖，但要记住，无论别人出多少钱，绝对不能卖。

第二天，男孩拿着石头蹲在市场的角落里，意外地发现有不少人好奇地对他的石头感兴趣，而且价钱越出越高。回到孤儿院内，男孩兴奋地向院长报告，院长笑了笑，要他明天把石头拿到黄金市场去卖。在黄金市场上，有人出比昨天高十倍的价钱来买这块石头，他还是不卖。

最后，院长让男孩拿石头到宝石市场去展示，结果，石头的身价又长了十倍。由于男孩怎么都不卖，这块石头被传为"稀世珍宝"了。

男孩子兴冲冲地捧着石头回到孤儿院，把这一切告诉给院长，并且问为什么会这样？这次院长没有笑，望着男孩慢慢地说：生命的价值就像这块石头，在不同的环境下就会有不同的意义。一块不起眼的石头，由于你的不舍得卖而提升了它的价值。如果你自己把自己不当回事，那别人更会瞧不起你，所以生命的价值首先取决于你自己的态度。珍惜独一无二的你自己，珍惜这短暂的几十年的光阴，再去不断地充实自己，世界才会认同你的价值。

听了这个故事，同学们有什么启示？（互动）

总结：自信取决于你自己的态度。

（二）对视训练：目光炯炯（10 分）

有句话叫知己知彼、百战不殆。要想建立自信，首先必须要认识自己、接纳自己。下面我们做一个小游戏：对视训练。

请每队成员分两组，两人面对面站立，互相注视对方眼睛 2 分钟，不可以躲闪，不要回避，目光中要表示自信及诚恳。好，开始……注视时间到时，请和对方肯定地说一句自信的话。如“我是最棒的，我最有把握的是……大声说三遍，注意每遍的感受，交换角色。

感悟：

刚才的对视中你是如何做的，是一直正视对方吗？对方是如何做的？你从对方的眼睛中感受到了什么？在对视中你有什么启示？（学生现场反馈）

俗话说：眼睛是心灵的窗口。能读懂别人的眼神，你们就会心灵相通。当你眼睛充满希望地看着别人的时候，别人也会被你的眼神所感染，也会瞬间放大瞳孔，接受一种积极的信号。在生活中，我们许多人会忽略看身边人的眼睛，爸爸、妈妈的眼神是什么？同学、朋友们呢？他们又在想什么？一个人和他人对视时要敢于正视着、用心去看。正视别人，能让对方觉得你很坦诚、很磊落。能提高你的自信，赢得他人的信任。

（三）游戏：优点轰炸（戴高帽）

我们有没有发现，在生活中你是不是很少被别人赞美，你可能也不大习惯去赞美别人。下面这个游戏将给你一个机会，让你体验当局者迷、旁观者清的感觉，你会学会更好地接纳自己、欣赏别人。

请每组成员围成一个圆圈，依次有一名成员坐在圆圈中，戴上一顶事先准备好的高帽，向大家介绍自己的个性、爱好。其他成员轮番对其进行赞美（说出他的优点及自己欣赏他的地方，如性格、相貌、待人接物等）。要求：只能说优点，赞美要真诚、要客观、实事求是；不能毫无根据的吹捧，那样会伤害别人。现在就让我们用他的优点来轰炸他吧！

对视训练的场景

成员分享讨论：

（1）同学们的赞美属实吗？

（2）大家称赞的优点你原来都发现了吗？

（3）被人称赞的感受如何？

（4）称赞别人的感受如何？

（四）心理画——“画自己”（备用游戏）

用一张 A4 纸画自己，描述你自己，可以发挥想象，可以用任何形式，例如：你可以直接画成你现在的样子，也可以把自己画成一棵树、一片云、一块石头等。画完之后，请在后面附注文字加以说明：你为什么这样画，想表达的是什么内容？

本次活动回顾及小结

一下午的活动快接近结束了，回顾一下我们主要进行了哪些活动？在今天的活动中你都学到了什么，有什么感悟？

同学们，接纳自己，是从珍爱自己、欣赏自己开始的。每个人都是一道风景，你的风景也许是很平凡，也许是很美丽。每个人都编撰着自己的故事，只有珍爱、欣赏，才能使你的风景更优美，使你的故事更动听。欣赏自己，心有阳光，平凡的人生就会有亮点，就会有快乐。希望通过今天的活动，等下一次我们再见面的时候，你们变得更自信了。

大声说两遍：我爱我自己，我是最棒的！

物品准备：

1. 辅导老师的胸牌、统一着装、照相机、录像设备、音视频资料；

2. 两面训练旗、画好的规范树、透明胶、双面胶；

3. 班德瑞的钢琴曲、ROCK YOU 音乐、开场曲；

4. 彩笔、铅笔、A4 纸 100 张；

5. 需要打字："守时、守纪、坦诚、积极参与、安全第一、敢比会更重要、认识自己、接纳自己、我是最棒的！"（这些口号各 4 份）

我有巨大的潜能

——青少年系列心理团训方案二

时间：2012 年 10 月 20 日下午 1：00—3：30

（地点、参加者、承办者同方案一）

开场导语（15 分钟）

在座的老师、各位同学们：

大家下午好！（同学回答：好、好、好！）

时间过得真快，相隔一周我们又相聚了，大家好吗？（好）

本次当老师问“大家好”时，学生要回应：“好、好、很好！”（训练两遍）

问：我们上次活动的主题是什么？（“我自信 我快乐 我成长”）

活动中我们提出了活动要求和规范，我们的规范树上都有什么内容？

（答：守时、守纪、保密、坦诚、积极参与、服从管理、安全第一。）

问：上次活动中你记住了哪些内容？给你最深的感受是什么？

小结：上次活动中我们侧重了自信心的训练。我们先做了“抢座”的游戏，同学们一下子放松下来，很开心地参与活动。接着进行了自信心思维训练（强调了思维是需要训练的，一个人如果经常地、反复地强化“我是最棒的”“我很自信”这种思维对他的大脑就会产生积极的作用），还听到了“石头的故事”、做了“对视训练、优点轰炸”等游戏，在训练中同学感悟到：每个人在世界上都是独一无二的，生命的价值取决于我们对自己的态度，只要我们自己看重自己，我们的生命就有无限的价值，所以我们要坚定信心，努力做最好的自己！

导入训练

今天的活动主题是来了解一下我们的潜能。

（一）做手指操热身（8 分钟，具体略）

（二）潜能训练（70 分钟）

今天我们给同学们带来的是一幅激励树。

本次活动口号：超越自我！（齐呼三遍）

1. 游戏：掌声响起来（10 分钟）

同学们：让我们共同想象一下，此刻你正在观看一台精彩的演出，台上是你最喜欢的歌手在演唱。现在，演出结束了，演员向你走来，你无比激动，拼命地鼓掌。好了，我们的游戏就要开始了，请你预计一下：假如你用最快的速度双手鼓掌，一分钟，你能鼓掌多少下？

请不要进行太多的思考，把第一个进入你脑海的数字写在纸的左上角。写好之后，把纸倒扣在桌面上，咱们进行下一步。

下面的步骤是什么呢？就是我们真的来实地测验一下：看看你的估计准不准？一会儿我说“3，2，1 开始”，你就用最大的力气和最快的速度鼓掌，边鼓掌边数数。鼓掌时双手的距离不要过大，大约 3 ~ 5 厘米就可以了，我们可以先预练一下。

好，下面要正式开始了，鼓掌的时间是 10 秒钟，“3，2，1……开始”。

（当学生鼓到 5 秒左右会感到疲劳，老师要鼓励说“加油，更快一些，努力”的话，让气氛达到高潮。）

当到达 10 秒时，老师要果断地喊“停”。请大家把自己鼓掌的数乘以 6，就得出了自己一分钟鼓掌的数字，把这个数字写在纸的正中央。现在我们得到了两个数字，一个是左上角你预计的数字，另一个是纸中央你的实测数字，看看它们相差多少。哪个多？哪个少？

老师出示一个以前做过的数字纸片，上面呈现的是下面这样几组数字。

40—172	90—240	88—360	120—380
100—420	200—366	79—156	10—480

同学们仔细看图片上的两组数学，对比一下，你会发现什么？（想象的数字比实践操作的少）

尤其是这里数据“10—480”，大家看，每分钟鼓 10 次，就是每 6 秒鼓一次，这简直是做慢动作，这实在是个很悲观的数字，这是一个饿得只剩一口气的人的频率！值得欣喜的是，这位同学亲自鼓掌后，在纸中央留下了一个大大的数字“480”，这相当于每秒鼓掌8次，这位同学有着怎样灵巧的双手和强劲的马力啊！

“掌声响起来”的游戏，让你有什么感触和启示？

老师小结：游戏让我们认识到自己潜在的能力居然这么大，而我们平时都没意识到，真是太神奇了。（齐说“我有巨大的潜能”）

2. 潜能小讲座（10分钟）

什么是潜能？潜能是潜伏在我们自己身体当中、没有被发掘出来的能力。

我们每个人都是一个潜能金矿，蕴藏着无穷的宝藏。科学家研究已经证明：人脑的能力大得惊人。要是人类能发挥自己大脑一半的功能，那么我们可以轻易地学会40种语言，背诵整本百科全书，拿12个博士学位。而现在我们的潜能根本没有开发出来，20世纪的科学巨匠爱因斯坦，他只开发了自己全部潜能的1%~3%。这说明人有巨大的潜能，有可能在某一时刻会爆发出来的。来看下面的小故事：

有一位被医生确定为残疾的美国人，名叫斯蒂文，他靠轮椅代步已生活20年了。他是赴越南打仗，被子弹打伤，经过治疗虽然保住性命，却再也没法行走了。他整天坐轮椅，觉得这一生已经完了，常常借酒消愁。有一天，他从酒馆出来，照常坐轮椅回家，却碰上三个劫匪，动手抢他的钱包，他拼命呼喊、拼命抵抗，这下子惹怒了劫匪，他们竟然放火烧他的轮椅。轮椅一着火，斯蒂文忘记了自己是残疾人，他拼命逃走，竟然一口气跑完了一条街。事后，斯蒂文说：如果当时我不逃走，就必然被烧伤，或被烧死。我忘了一切，一跃而起，拼命地逃啊。逃了很远停下脚步，才发现自己会走动。现在他已在纽约找到一份工作，与正常人一样能行走。

听了这个故事，我们为斯蒂文的变化感到高兴。从中我们可以看到人有极大的潜能，人在紧张或应急状态时，会产生一种超常的力量、大得惊人的力量。

大家说，刘翔跑得快不快？快吧。但是有一个普通妇女比他跑得还快。你相信吗？这可是个真实的故事。

打开一万台发动机：

在日本札幌，有一位年轻的母亲正在楼下晒衣服，她不经意地朝自己居住的八楼上望了一眼。这一望不得了，发现八楼阳台上自己的儿子正往下看，看着看着，伸开手臂就想往下跳，他也真的就跳下来了。在这千钧一发之时，这位母亲竟用最快的速度，冲到楼下，居然在儿子掉下来的一刹那，接住了儿子。

这件事被日本新闻发表了，一个日本田径俱乐部的法籍教练就对此提出了质疑。他根据报上刊出的示意图计算说，要接到当时从25.6米高的地方落下的孩子，这位站在20米外的妈妈必须跑出每秒9.65米的速度。这在当时日本，就是成绩最好的田径运动员也难以达到的，于是他决定见见这位叫小山美真子的年轻妈妈。通过报社联系，这位教练在一个茶艺馆里见到了这位妈妈，见面那天，当这位妈妈牵着自己孩子的小手走进茶馆的一瞬间，这个教练信服了，他相信这个妈妈创造了奇迹。是什么使这位资深的教练在这么短的时间里就相信了呢？是因为他从她们母子身上看到了一种爱的力量，是母爱在那个瞬间创造了奇迹。后来这个法籍教练回到法国后，以这个母亲“小山美真子”的第一个字母为名，开办了一个田径俱乐部。三年以后，这个田径俱乐部的一个运动员在世界田径锦标赛上获得了冠军。记者采访他说：你为什么初次参赛就能获得冠军呢？这个运动员说了一句很重要的话：我们每个人体内都有一万台发动机，这一次我打开了一万台发动机。

所以说：上帝赋予你的能量，足以实现你的任何一个梦想，只要你有小山美真子那种对儿子的爱，只要你有一份执着的信念。

3. **水杯游戏（15分钟）**

水杯游戏

主训老师问：你知道人拥有多少潜能吗？我们做个小游戏看看：

一个装满水的玻璃杯，里面能放进多少曲别针，才不会让水溢出来呢？

一杯水、满满的，清澈见底。

主训：“现在谁能告诉我，这杯水满了没有？”队员拿曲别针往水杯里放着，水杯里的水逐渐上升了。当水上升了时，他们会犹豫，担心水会溢出来，动作会越来越慢，每放一个就低头瞧一下，你一个、我一个。终于水满了，学生停住了手。“不能再放了吗？”“不能再放了！”“你们继续放，试一试！”老师鼓励着。学生再次抬起了手，非常温柔地放了下一个回形针。咦？水居然没有溢出来。再放一个，水还是没有溢出来；再试一下，水明显高出杯沿1毫米，但水仍然没有溢出来。大家眼里都有了惊奇的目光。“1个、2个、3个……80个……100个……”看着一个个曲别针沉入杯底，大家会情不自禁地数起数来。做这个游戏你有什么感悟？

感悟：一杯水，明明看着已经很满了，它却仍有空间，又多容纳了这么多回形针。我们人的能力有时也像这水杯一样，好像能力用到“底”了，其实我们是有巨大的潜能的，需要用适当的方式激发出来！

齐说：我有巨大的潜能！敢比会更重要！

“水杯游戏”特写

4. **突破思维限制（10分钟）**

人的潜能这么巨大，为什么不能充分发挥呢？是我们人为地自我设限。

（1）自我设限的例子：（根据时间选讲）

梭子鱼的故事

科学家做过一个实验，他们把一条梭子鱼放进了一个小水池里，小水池里有许多小鱼，梭子鱼如果饿了，只要张张嘴，把小鱼吞进去吃了解饿了。科学家在水池中央放了一块玻璃隔板，将梭子鱼和小鱼分开。开始时，梭子鱼看见小鱼就迎上去，但每次都撞在了玻璃隔板上。慢慢地，梭子鱼的冲撞越来越少，最后，它完全绝望了，放弃了吃小鱼。这时，科学家取走了玻璃隔板，备受打击的梭子鱼沉到了池底，一动也不动了。无论有多少小鱼在它身边甚至嘴边游来游去，它都不会再张张嘴，最后这条可怜的梭子鱼就这么活活饿死了。

跳蚤的实验

科学家做了一个有趣的实验，他们把跳蚤放在桌上，一拍桌子，跳蚤立刻跳起，你猜它们能跳多高？它们跳的高度达到它的身高100倍以上，真是世界上跳得最高的动物了！后来，科学家们在跳蚤的头上罩上了一个玻璃罩，再让它跳，它一跳怎么样？撞到玻璃罩上了，它连续多次后，为了不再被撞，它改变了起跳的高度，每次跳跃总保持罩顶以下的高度，接下来渐渐地改变玻璃罩的高度，跳蚤在碰壁后主动改变自己的跳跃的高度，最后，当玻璃罩接近桌面时，跳蚤已无法再跳了。科学家于是把玻璃罩打开，再拍桌子，跳蚤仍然不会跳，变成“爬蚤”了。跳蚤变成爬蚤，并不是它已失去了跳跃的潜能，而是由于一次次受挫后它学乖了，习惯了，麻木了。最可悲之处就在于玻璃罩已经不存在了，它却连“再试一次”的勇气都没有了。玻璃罩已经罩在了它的潜意识里，罩在心灵里了。它的潜能是被它自己扼杀了，科学家们把这种现象叫作“自我设限”。

齐说：假使我有极限，突破它！

（2）突破自我设限：

枯井里的驴

一头驴不小心掉到一口枯井里。它可怜地叫唤着求救，期待主人把它救出去。驴子的主人召集了好多人出谋划策，确实想不出好的办法搭救驴子。大家认为：反正这头驴子已经老了，不值得大费周折去救它了，不过应该把这口井填起来，将井中的驴子埋了，以免除它的痛苦。农夫的邻居们人手一把铲子，开始将泥土铲进枯井中。当第一铲泥土落到枯井中时，驴叫得更恐怖了——它显然是明白了主人的意图。又一铲泥土落到枯井时，驴出乎意料地安静了。人们发现，此后每一铲泥土打在它背上的时候，驴子都在做一件令人惊奇的事情：它努力抖落背上的泥土，踩在脚下，把自己垫高一点。人们不断地把泥土往枯井里铲，驴也就不断地抖落那些打在背上的泥土，使自己再升高一点。就这样，驴慢慢地升到枯井口，在众人惊奇的目光中，驴潇潇洒洒、溜溜达达地走出了枯井。

故事启示：我们在生活中所遭遇的种种困难、挫折就是加在我们身上的泥沙，就是不断地给我们设的限制。那么我们就要换个角度看，把它们当成一块块的垫脚石，只要我们发挥潜力，突破思维限制，锲而不舍地将它们抖落掉，然后站上去，即使是掉落到最深的井，我们也能安然地走出来。可见打破思维的束缚，我们就会受益匪浅。

5. 游戏：时装表演（20 分钟）

（道具：大量的报纸、彩色纸、透明胶、水彩笔、塑料打包绳、音乐）

下面我们一起来做一个很有趣的游戏——时装表演。

时装表演

请同学 1 ~ 4 报数，分成四组，每组工作分工：先选出 1 名组长、2 名模特、4～6 名设计师。领取材料后，在 20 分钟内各组至少完成两套男女时装的设计与制作，然后进行模特现场时装展示，并要求组长介绍设计创意。然后各组选一裁判一起评出“最佳设计奖、最佳表演奖”。

“时装”表演使活动达到了高潮，同学们兴奋地展示着小组合作的作品，作品体现了他们对美的理解和追求，对传统的挑战个性的张扬。同学们用自己的语言和方式，诠释了富有时代特征的“时装”意义。快乐来自成功的团队合作，来自积极的追求与表现，来自同伴的认同和鼓励。

感悟：刚才的时装表演，给同学们提供了发挥想象力和创造力、展示自我，积极合作的机会，每个人在团队中都有分工，积极配合，大家感受到了一个成功时装设计的背后是一个齐心合力的团体。

6. 成功誓词（5 分钟）

如果我想到了成功，我就一定会成功；

所有获得成功的人，都是坚信我一定做得到的人。

我一定做得到！我一定做得到！我一定做得到！

同学们高呼成功誓词

小结（5 分钟）

通过今天的互动，同学们了解了我们每个人都拥有无限的潜能，要行动起来，让自己的潜能在行动中得到实现。(播放《隐形的翅膀》)

并非每个人命里注定不能成为爱因斯坦，任何平凡的人，只要经过潜能开发训练，充分发挥潜能，都可干出一番惊人的事业，成为新的“爱因斯坦”。

物品准备

1. 透明胶、照相机、录像设备、辅导师胸牌及服装、每个学生一支笔；
2. “激励树”及激励语句：

   激发潜能，超越自我。

   我有巨大的潜能！

   敢比会更重要！

   假如我有极限，突破它！
3. 两个水杯、水、曲别针若干；
4. 写好数字的纸片；
5. 成功誓词小纸片；
6. 时装表演道具：大量的报纸、彩色纸、透明胶、水彩笔、塑料打包绳；
7. 音乐《隐形的翅膀》、班德瑞的钢琴曲等。

我的学习我掌舵

——青少年系列心理团训方案三

时间：2012 年 11 月 10 日下午 1：00—3：00

（地点、参加者、承办者同方案一）

目标：1. 了解自己的学习风格，提高学习效率；

2. 学习分配时间、掌握时间的技巧；

3. 注意力、学习习惯训练。

开场导语（10 分钟）

各位老师和同学们：大家下午好！

时间过得真快，相隔三周我们又相聚了，大家好吗？（好）

隔了这么长时间，还记得我们上次活动的主题是什么吗？（《我有巨大的潜能》）

在上次活动中，我们都开展了哪些活动？你最深的感受是什么？

小结：游戏“掌声响起来”“水杯游戏”说明了每个人都拥有巨大的潜能。

我们经常不能充分发挥自己的潜能，是因为我们人为地自我设限（梭子鱼、跳蚤的故事）；在特定的情境中潜能会迸发（美国残疾人、年轻的母亲、枯井里的驴）；“时装”表演给大家了一次展示的机会，让我们明白了一个成功时装设计的背后是一个齐心合力的团体。相信自己，确定目标，积极行动，未来一定会超过自我，赢得成功！

我们再一起诵读“激励树”上的激励语：

我有巨大的潜能！敢比会更重要！

假如我有极限，突破它！我一定能成功！

今天的活动主题是《我的学习我掌舵》，主要进行学习效能的训练。

主题口号：我爱学，我会学，我快乐。（墙上张贴“学习树”）

导入训练

（一）热身运动雨点变奏曲（青蛙跳水）（15 分钟）

（错的同学被惩罚“用不同的姿势从对面走过来”）

雨点变奏曲

我们要用肢体来表现“晴天”“闪电”“小雨”“中雨”“大雨”“暴雨”“雷声”的动作。（规则用课件展示）

规则：晴天——两手自然下垂　　小雨——指尖互相敲击

中雨——两手轮拍大腿　　大雨——鼓掌、雷声——跺脚

暴雨——鼓掌加跺脚　　闪电——手绕圈

引导词：五只青蛙在玩跳水的游戏，忽然，乌云密布，一道闪电划过天空，雷声开始轰隆了，又一道闪电，又一阵雷声（要有渐强渐弱的变化，下同），小雨噼噼啪啪地下来了，行人慌忙躲避。很快地，小雨变成了中雨/变成了大雨/又是一阵雷声，暴风雨来啦！又是一阵雷声，大雨倾盆，雨渐渐地变小了，变成中雨，变成小雨/一阵又一阵雷声，大雨又降临了！但仅仅一会儿，（培训师双手猛地一收）雨过天晴啦！最后，让我们以热烈的掌声给自己一个鼓励！

（二）精彩人生在于策划（20 分钟）

（1）一段热身之后，我们来进入今天的主题，今天的主题和学习有关。

我们要想做学习的主人，首先就要有明确的学习目标。

现在让我们来做一个单脚站立两次的小游戏，来看看一个人有目标与没有目标会有什么不同。

首先，全体左脚站立，右脚抬起来，眼睛看着前方，就这样站着，看你能站多久？接着，还是左脚站立，右脚抬起来，但是，要闭上你的眼睛，就这样站着，看看你能站多久？

比较一下，你两次站立的时间一样多吗？哪一次站立的时间既多又稳呢？

两次的站立为什么不一样呢？

引导：这是因为第一次站立时，你有一个参照物，也就是说，你的心中有一个目标，所以你能既站得稳又站得久。而第二次呢，你闭上了双眼，没有了参照物，或者说你没有了目标，所以你既站不稳，又站不久了。

我们的学习也是相同的道理。我们要想为自己的学习掌舵，首先就得有

明确的学习目标。

(2) 看一段视频：故事《路曲心直》（播放视频）。

从中说明：人生需要有目标，精彩人生在于策划。

(3) 请学生填写表格《我的学习目标》。

学生填写之后，从中选取1~2个人的分享。

然后明确：不怕做不到，只怕想不到，敢比会更重要。

我们同学都制订了自己的学习目标。有了目标，我们就要每天脚踏实地地去做，要学会把目标分解，先制订一个个小而近的目标，通过这一个个小目标的实现，逐渐实现自己的长远目标。当然计划要详细，要有可操作性，这样不断地努力和坚持，每天进步一点点，人生就会大变样。

(三) 学会学习 (30分钟)

1. 《学习风格测试》(15分钟)

发放《学习风格测试表》（略）

这是一个对学生学习风格的测试表，可以用来分析学生的学习风格，针对不同学习风格的学生采取合理的教学方法进行教学，有利于提高课堂教学效率。这个测试没有对错好坏之分，只有风格的不同。找到你最擅长的学习的类型了吗?

通过比较，我们可以发觉自己的学习风格是倾向视觉型、听觉型还是触觉型，也有的是综合型，针对不同类型，可以使用不同的学习方法来提高自己的学习效率。

2. 学习习惯、学习方法训练

今天的第三份填写训练是游戏：《遵从指导》（后附）。

只给三分钟时间，在时间到了之后，辅导老师提示没有发现本题玄机的同学，在他们恍然大悟之后，请学生谈你是怎么做的这个题？从中有什么感受？参考观点如下：

① 有的同学会谈到，平时在考试中，由于审题粗心，当题一发下来，就会迫不及待地做题，这个活动让他知道了做事情之前，应先弄懂规则要求，否则就会欲速则不达，甚至是南辕北辙。

② 好的学习习惯、好的思维习惯非常重要。不要局限于自己平时做事的思维定势。

3. 合理利用时间。

游戏：时间馅饼。

A4 纸一张，选定一天，并在纸上画上一个圆代表该天 24 小时，请学生想象一天中自己是怎样分配自己的生活作息时间，并把它画在圆内。指导者请团体成员在小组内传看自己的时间馅饼，引导成员提问或给予回馈。提问可包括：

在看过其他人的时间馅饼之后，请你们说说看，你们自己的馅饼和其他人有何相似和相异之处？休闲活动占了多大比例？你自己满意这样的安排吗？有什么更好的安排方法？

4. 播放视频：注意力训练

引导学生总结有效集中注意力的方法：（仅作参考）

（1）情绪舒解时，更能集中注意力；

（2）少许松弛，彻底集中；

（3）休息可使头脑安歇，同时调整记忆；

（4）触礁时不妨暂时放弃；

（5）悠然自得的散步，可对脑部施予有效的刺激；

（6）制造适度的不安全感——在非做不可的情况下，必然全力以赴；

（7）勇于尝试不同的思考观点；

（8）适应环境就不至于分神；

（9）利用固定的环境集中精力；

（10）妥善分配作业内容；

（11）将时间做小刻度的分配。

今后对改善自己的时间和学习方法有何打算？今天的活动中你得到了哪些收获？

总结本次活动

（课件展示）

人生需要有目标，精彩人生在于策划。分解大目标，踏实行动，每天进步一点点，人生就会大变样。最后手语操《我真的很不错》做结束。

附资料：

遵 从 指 导

下面共有 30 道题，请你先通读全题，然后在右边的空白纸上按题目的要求做，要在 3 分钟内完成，速度越快越好。做完后请你看看自己花了多少时间，能挑战我们以前的纪录吗？

1. 在纸的正中写上你的姓名。
2. 在姓名旁边写三个“好”字。
3. 把你的性别和生日写在纸的右上角。
4. 在纸的最上方写上今天的日期。
5. 在纸的左下角画三个正方形。
6. 在这三个正方形外各画一个圆。
7. 再在这三个正方形里各画一个三角形。
8. 在你的姓名上方写上你父母的姓名。
9. 把你们三人的生肖属相分别写在姓名的旁边。
10. 把你的生日数字单个相加，把答案写在生日的下面。
11. 在纸的左上角写出你所读过的一所学校的名称。
12. 把你最喜欢的一样东西写在纸的左边。
13. 把你最讨厌的一样东西写在纸的右边。
14. 在纸的右下角画五个五角星。
15. 在你的姓名下面画一条波浪线。
16. 在父母的姓名旁边写上他们的生日。
17. 算算你父母比你大多少岁。
18. 算算你比你母亲小多少岁。
19. 再看看你父母相差多少岁。
20. 在你最讨厌的东西上打一个×。
21. 在你最喜欢的东西旁边画一个○图形。
22. 接下去的三题你不用做。
23. 将题目前面的单数题号圈出来。
24. 在题目前面的双数题号上打×。
25. 在纸的下端写出28乘以82的答案。
26. 把第7题中你所画的三角形全部涂黑。
27. 把第14题中你所画的五角星全部涂黑。
28. 看完后你只需要做第1题和最后两题。
29. 数一数当你“幡然省悟”时已做了多少题。
30. 在你的姓名下面写上“遵从指导我第一”。

团结合作我争先

——青少年系列心理团训方案四

时间：2012 年 11 月 24 日下午 1：00 - 3：00
（地点、参加者、承办人同方案一）

上次活动回顾

上次活动的主题是什么吗？在上次活动中我们都进行了哪些活动，你学到了什么？

答：主题是《我的学习我掌舵》。主要做了游戏“青蛙跳水”、“雨点变奏曲”、单腿站立训练、故事“路曲心直”、遵从指导、注意力训练等。从中我们明确了人生需要目标，精彩的人生在于策划，学会了要合理安排时间，恰当的学习方法会让学习走捷径。

热身运动

游戏：人椅

全体同学按五组分别围成一圈，将双手放在前面一位学员的双肩上，先拍身，后转再拍身。

请大家先走动起来 1—2—1、停、再走、缩短距离向圈内靠近，1 - 2 坐，前面的同学缓缓地坐在身后同学的大腿上。坐下后，让同学喊口号：“齐心协力、创造奇迹”，定格一分钟，看看哪组同学保持坐姿的时间最长！（之后请学生感悟）

导入活动

主训提问：世界上有没有只靠一个人就能完成的事情？有没有必须靠两个人以上才能完成的事情？世界上有没有一个人根本就完成不了的事情？试举例。

教师归纳：世界上的很多事情是要靠和别人共同协作才能完成的。

请同学们分析下面的工作需要多少人才能完成。（见课件）

① 出版一本书；② 制造一辆汽车；③ 唱一台好戏；④ 三峡工程。

完成每一项工作都需要众人合作！小到日常我们的学习和生活，大到国家的建设，都需要合作。只有大家共同合作，齐心合力，才能获得更多的成功！就像紧握的手，为了共同的目标，要紧紧地握在一起，才会力量大！

雁阵（课件展示）

看到“雁阵”二字，同学们能想到什么？知道大雁在飞翔时一般呈什么形态吗？

答：V 字形、人字形……

问：为什么大雁不单独飞翔、要呈雁阵飞翔呢？而且是那么漂亮、那么整齐的人字形。这里面有什么诀窍吗？

总结：科学家说了，当雁阵飞翔时，前一只大雁振动翅膀产生的上升气流，能带动后一只大雁，使它飞行省力气。这样大雁群飞的速度会比它单个飞行速度提高 71%，所以雁阵是雁飞得最快、最省力的方式。（体现了它们的团队合作精神）

大雁的合作精神还体现在哪呢？

（1）头雁是整个团队的核心，所承受的阻力是最大的，它是整个团队中最累的一个。聪明的大雁团队很体谅它，它们会过几分钟就换一只大雁去当头雁，再过几分钟又会去调换。而且雁阵左边和右边的大雁也会过几分钟自动地调换位置。其他大雁尾随头雁，绝对服从，共同支持，始终保持着漂亮、整齐的队形。每年秋天大雁集体南飞，春天又集体北归，在这行程中，大家目标一致，就是最贪玩的大雁也不会贪恋路上的美景，因为它知道离开了集体，单飞的后果是可怕的。（奉献、目标一致、分工协作）

（2）在雁阵的尾部，受到的阻力最小，是飞行起来比较轻松省力的位置。大雁们就把那些老弱病残的雁子放在尾部。你看大雁们多聪明、多会关爱别人啊！

（3）大雁在飞行的时候，会不停地鸣叫，为什么呢？科学家说了，它们是在和后面的同伴保持着沟通，在为后面老弱病残的喊加油，在鼓励落后的同伴。你看大雁们不仅要自己飞得好，还要想着后面的大雁，关爱着它们，这是何等的互助与关爱啊!

(4)如果在这个大雁团队中,有一只大雁实在太疲劳或生病飞不动了,要落下去休息一下,雁群都不会抛弃它,它们会派两只身强力壮的大雁陪它一起降落,稍作休养,帮助它、保护它,直到它能够再次飞翔。

每年秋天树叶落下的时候,大雁团队就是这样很默契地用最少的力气走完最长的迁徙之路!

问:有没有单只大雁能够飞得又高又远?很少有。一只大雁单飞是有极限的,只有加入到雁群中,它们才有可能跋山涉水、历经艰辛飞到共同的目的地。因此,对于大雁来说,雁阵精神就是一种团队精神,在大雁的智慧里,没有个体,只有团队。大雁的杰出表现,说明成功在于合力,在于协作。

雁阵精神包括哪些内容?(学生互动)

团结协作、目标一致、奉献、关爱互助、团队精神……

合作的蚂蚁军团(课件展示)

在非洲草原上如果见到羚羊在奔逃,那一定是狮子来了;如果见到狮子在躲避,那就是象群发怒了;如果见到成百上千的狮子和大象集体逃命的壮观景象,那是什么来了呢?——蚂蚁军团来了!

动物学家观察蚂蚁的工作发现,当有两只蚂蚁发现食物后,它们会分别走两条不同的线路返回巢穴,边走边释放出一种它们自己才能识别的化学激素做记号,先回到巢穴者会释放更浓烈的气味。其他蚂蚁闻到较重的气味后,就会走较短的路线去搬运食物。一只蚂蚁搬食物往回走时,碰到下一只蚂蚁,会把食物交给它,自己再沿路返回;当遇到上游蚂蚁时,则会从该蚂蚁处将食物接过来,再传给下一只蚂蚁。蚂蚁们就是这样:分工协作,配合默契,高效工作。

在电视上看到这样一个场面:一群蚂蚁被野火包围了,火圈在迅速地缩小,黑压压的蚁群瞬间将葬身火海。这时蚂蚁群很快地聚集在一起,抱成一个巨大的蚂蚁团,蚂蚁团顺着地势向小河的方向滚去。熊熊的烈火烧焦了蚂蚁团外围的蚂蚁,不断发出蚂蚁身体爆裂的声音。但烧焦了的蚂蚁一点也没有松动,蚂蚁团迅速地滚过了火区,进入了小河,蚂蚁群得救了。蚂蚁的团结精神及团队合作精神是多么伟大啊,它们的单个的力量是有限的,但几十只蚂蚁、几百只或几千只是不可忽视的,它们是宁愿牺牲自己,也要保护自己团队的一个群体。当它们聚合在一起时,成百上千的狮子和大象都会集体逃命,可见团队的力量是不可战胜的。

小结:合作、团队精神极其重要。

学生情景表演

两个同学放学结伴回家，到了院子，一个同学想去打球，一个想写作业，两个互不谦让，最后只好各做各的事了。他们能在一起合作吗？为什么？

学生分析：这两位同学没有共同的目标是不能合作的，因此要合作就必须有“共同的目标”。

提问：① 有同学考试时不会做，叫你给他抄，并答应给好处，你能与他合作吗？为什么？

② 有同学打碎了教室玻璃，就因为他是你的好朋友，你就隐瞒不报告。你认为这种“哥们义气”的做法对吗？

辅导老师总结：我们与人合作还应当坚持原则，分清是非，并且还要遵纪守法。对人对己、对社会有意义的事可以合作，否则就不能合作。

创建和谐的班级不仅体现在语言上，更体现在行动上，下面我们做几个小游戏，考察一下同学们是否具备团队精神，是否有合作的能力。

游戏“眉目传情”

每组分成两队，每队站成一列，第一个人背对后面的人，眉目传情时，左眼代表“百位”，右眼代表“十位”，嘴代表“个位”，第一个人看到纸上的一个三位数后用眉目传达。第一遍之后第二遍可以让学生利用五官自由想象传情。（第一遍四个队的数字信息分别为 321，231，132，323；第二遍，两队 475，575，757，745）

讨论及感悟：你们是怎么传递信息的？想想还有什么别的好办法吗？在活动中有什么感悟？

讨论中主要的观点：

（1）在行动过程中不断修正自己的错误，发现更好的方法才能使团队朝着完美的目标前进。

（2）如果只注意速度而不注意信息的准确性，传得再快也等于前功尽弃。

（3）一个优秀的团队能很好地进行沟通，好的沟通包括清晰地发送信息和准确地接收信息两个方面。这个游戏不能用语言交流、不能用动作、不能面对，沟通的信息是双向的，接收了以后，后面的人拍确认，双向沟通确认。双向沟通非常重要，遵守规则同样重要。

（4）当传递最简单的数字时，出现了信任的问题，这时怎么办？要信任规则，按照规则去做。

游戏“建高塔”（规则用课件展示）

1）每队选取一名代表用 3 分钟向大家介绍自己的塔（塔名和设计创意）。

2）分享——在搭塔的过程中，你扮演了什么角色？你在生活中也经常扮演这样的角色吗？你发现自己有哪些长处和不足？你的做法在小组中是被接纳的还是被否定的？你有何感受？

3）请小组长谈谈刚才你观察到了什么？

总结：一个团队需要不同的角色，我们可以选择不同的角色，不永远固定在一个角色上，就是扮演同一个角色也可以更好地发挥我们的创造力，让自己获得更多的满足感，也为整个团队作贡献。

结束

时间过得真快，一下午的活动又接近尾声了。

世界上的许多事情需要合作才能完成，从制作书本、文具、服装，生产粮食到航天技术，一场足球比赛、一部电影等，都离不开人与人的密切合作。就像大雁一样，我们要融入团队，要有明确的目标、有责任心，互相关爱，互相信赖，我们的班级就是一个整体，它将是你一生难忘的集体！

请同学们把对班级的美好祝愿和建议写下来，张贴到“团结树”上！

团结树

最后以手语操“我真的很不错”结束本次团体活动。

常感恩　幸福好人生

——青少年系列心理团训方案五

时间：2012 年 12 月 7 日下午 1：00—3：30

（地点、参加者、承办人同方案一）

各位老师、同学们：大家下午好！

时间过得真快，今天是我们本系列团体活动的最后一次，能亲眼目睹大家在前四次活动中的成长历程，我们感到非常的高兴，我们非常珍惜这最后的机会，也期待同学们在今天这最后一次活动中能发生更大的变化，获得更多的成长！

回顾上次活动

问：上次活动的主题是什么？答：《团结合作我争先》。

问：上次我们都进行了哪些活动，你感悟到了什么？

我们做了游戏“人椅”“眉目传情”“建高塔”，解读了雁阵精神的含义、听了故事“合作的蚂蚁”。在活动中我们明白了团结合作的重要性，合作必须有共同的目标，合作还应当坚持原则，注重双向沟通。

导入训练

（一）热身运动学手语歌《感恩一切》（8～10 分钟）

（二）感恩课程

（播放背景音乐韩红演唱的《天亮了》，声音由小渐大，再适中）

先请同学们听这首歌曲，猜猜是谁唱的？歌曲的名字是什么？对，韩红演唱的《天亮了》。

听过这首《天亮了》吗？这是韩红亲自创作并演唱的一首歌，这首歌她曾在中央电视台 3·15 晚会上演唱，打动了亿万电视观众，可是，大家知道吗？在这歌声背后，还有一段催人泪下的感人故事：

1999年国庆，在贵州麻岭风景区，有一队游人乘坐缆车登往山顶。眼看山顶越来越近了，突然，正在运行的缆车出了故障，开始径直下落，几十个乘客高声叫喊“救命啊！救命啊！”，尽管如此，也抵挡不住厄运的来临。在缆车坠地的瞬间，有一对年轻的父母用他们的四只手将两岁半的儿子高高举过头顶……结果，全缆车的人都死掉了，而这个两岁半的小男孩却奇迹般地活了下来。在生和死的瞬间，这对父母用双手把生的希望留给了他们的儿子。

这个感人的故事，深深打动了歌手韩红，经过多方联系，她领养了这个大难不死的孩子，并根据这个故事创作了歌曲《天亮了》。

让我们再一次静静地感受这动人的旋律吧！（再次播放韩红的《天亮了》，渐大声音）

好动人的歌曲，好感人的深情！

面对父母和我们身边的亲人无私的爱，我们该如何来回馈他们呢？

我们要学会孝顺父母，学会感恩……

（播放《爱的乐曲》背景音乐）

2500年前，学生上学，学的第一堂课是什么，你们知道吗？是《弟子规》。第一课就是“首孝悌，次谨信，泛爱众，而亲仁，有余力，则学文。”这是说：人首要的是要学会孝道，学会诚信，与大众交往时要平等仁和，要时常亲近有仁德的人。之后如果再有时间，才要学习文化。否则，没有学好孝道，文凭越高，对社会的危害越大！

教育的“教”字怎么写，我们一起用手来写一下，一个孝心的“孝”字加上文化的“文”字，“孝”的文化传承才是“教”，所以中国古代有“百善孝为先”的说法。我们都会说，那你做到了吗？“育”字怎么写？今天的“育”字等于古代说文解字中每天的“每”和“流”字去掉三点水组成，怎么解释？一个人，谁呀？就是我们的妈妈，她是流着鲜血带孩子来到人世间并哺育他，这才是育！所以说我们要报答母亲的四重恩，哪四重恩？同学们要永远地记下来——我们要报答母亲的生育之恩，母亲的哺育之恩，母亲的养育之恩，母亲的教育之恩！

你知道吗？当我们还在妈妈的肚子里时，妈妈就为我们出生后的一切做好了准备，妈妈甚至在吃东西时，都要考虑对我们日后会不会有好处。她怀胎十月，忍受着痛疼指数是8的剧痛把我们带到这个世界。一岁之前，我们需要每两三个小时就要吃一次奶，并要不断地更换尿布，为了我们能健康成长，在我们三岁前母亲都不能在夜里睡一个安稳觉。

你知道当你到三岁的时候，一共吸食了妈妈多少乳汁吗？

至少800斤啊！所以做了母亲的女人，当她离开世界的时候，留下的是灰黑色的很轻的骨头；而男人离开时留下的却是乳白色的很重的骨头，为什么呢？乳汁号称是白血呀，它是由红血演变过来的，800斤的乳汁把妈妈所有的钙质都给流失啦！就凭这一点，我们不孝敬自己的妈妈，连动物都不如啊！

随着我们的成长，爸爸妈妈教我们学走路、学说话；教我们吃饭喝水；教我们穿衣服、系鞋带、扣扣子；教我们读书、写字；教我们做人的道理；我们生活中所有的能力，都是爸爸妈妈手把手教会我们的呀！

（播放《世上只有妈妈好》的伴奏乐）

同学们，当你回到家里，能够看到爸爸和妈妈，那是幸福的！能够听到爸爸和妈妈的呼唤，那是幸运的！因为今天，有多少孩子已经看不到爸爸，看不到妈妈了。你看汶川大地震、玉树大地震，一夜之间，十多万的人永远离开了我们，其中有多少是和你们同龄的孩子，他们没有了爸爸妈妈，他们再想听一声爸爸妈妈对自己的呼唤都是不可能了！他们想再见爸爸妈妈一眼的机会都没有了！如果是你，想一想，如果从今天开始，你再也见不到最疼爱你的爸爸妈妈了，见不到抚养你的亲人了？你会是什么样的感受呢？（此刻好多学生已泣不成声）

我曾经在我的博客里写下这样一句愿望：“希望在我80岁的时候，仍然能够推开一扇门，叫里面更老的老人一声爸爸、妈妈”。同学们知道吗，现在的我，最害怕的就是失去我的爸爸和妈妈！别以为亲情可以天长地久，孝敬父母不能等啊！有很多很成功、很有钱的人会有这样的感慨：我成功了，我有钱了，可是我不知道这钱该给谁花，因为妈妈不在了。他们小时候常说：妈妈，等我长大了，我一定会买好多好多好吃的给你吃。爸爸，等我长大了，我一定会赚很多很多的钱给你花。可是当他长大了，成功了，爸爸、妈妈却不在了。每逢清明节时，有多少人是跪在母亲坟前，看着一沓沓的黄纸变成黑色的蝴蝶飘向四面八方的时候，他们无论怎么喊：“妈妈，我来看你来了，我带了你最爱吃的水果，妈妈，睁开眼睛收下吧。”可是这一切太晚了。

爸爸妈妈给了我们第一次生命，如果遇到灾难，我们的爸爸妈妈还会毫不犹豫地为我们奉献第二次生命，只有爸爸妈妈才会这样做呀！

（播放音乐《天亮了》）

在武汉市，一场大火把一个和你们差不多大的女孩烧成了70%的重伤，爸爸妈妈听到了这个消息后痛不欲生！他们恨不得烧伤的是自己，恨不得自己能够代替孩子去承受这么大的痛苦！医生说抢救还有一线希望，就是得植皮。她的爸爸妈妈争着要给她植皮，经过化验，医生选择了妈妈。医生对妈妈说你有两个选择：一是打麻药，打麻药的话会影响植皮的效果；二是不打麻药，不打麻药的话，剧烈的痛疼会让你昏死过去，那样还会影响到手术的效果。她的妈妈对医生说，你不要说了，抓紧时间，你就割吧。手术开始了，一片一片鲜嫩的皮肤从妈妈的大腿上割了下来，一片一片鲜嫩的皮肤，贴到了女孩烧焦的脸上，妈妈的整个身体痛得在颤抖啊，可是妈妈一声也没吭。整整割了五个小时，手术过程中，妈妈昏死过好几次，可是在手术之前妈妈就对医生说，“医生，如果手术的时候，我昏死过去了，你一定要叫醒我，因为那样可以更好地挽救我的女儿呀。”如果你是那个不幸的孩子，你的妈妈、你的亲人也会这样做的，因为天底下的妈妈都是爱自己的孩子，可是我们是怎么做的呢？

同学们，你一天天地长大了，你懂事了，你学会了更多的是什么？是抱怨呀！你学了更多的是什么？是指责呀！抱怨你的爸爸妈妈不是大款，指责你的爸妈不是领导！抱怨为什么别人有那么多的零花钱而你却没有，指责为什么别人穿名牌而你却没有。你回家看看啊，爸爸妈妈有多久没有换一件新衣服了，回去看看家里吃好吃的东西的时候，爸爸妈妈是不是把好的都给你吃呀，可是你是怎么做的？爸爸妈妈把挟来的好菜放在你的碗边，你一下就推开了，你嫌弃他们唠叨，嫌弃他们啰唆，嫌弃他们多余呀，甚至有时候你希望世上永远没有爸爸妈妈才好。可你有没有想过，如果这世界上真的没有爸爸和妈妈了，还有谁会像他们这样爱你呢？

所以同学们啊，珍惜爸爸和妈妈的爱吧，因为我们在座的多数是农村的孩子！农村的孩子是最没有资格堕落的，很多农村的家长到城里打工，他们为了省十几元住旅店的钱，他们晚上就睡在水泥地上，有时为了省一顿饭钱，一天才吃一顿饭，饿了就喝几口凉水充饥呀！省下来的几块钱、几十块钱都留给了你们，有的爸爸和妈妈为了得到更多的钱，抽时间还要到大街上去拣垃圾，有的人饿了就从垃圾桶里拣点东西吃上两口！因为家里太穷了，因为他还有个孩子需要上学！他们今天把你们送到学校里来，就是为了你们将来有一天要比他们强，可是当你们刚学会了几个英语单词，就回家嫌弃自己的爸爸妈妈什么都不懂。

孩子们，如果你觉得今天你长大了，如果你觉得你懂事了，如果你觉得自己是一个有良心、有责任心的人，就请你主动地站起来，用你的良心大声回答我：

你爱不爱你的爸爸？（爱）

你爱不爱你的妈妈？（爱）

你爱不爱抚养你的亲人？（爱）

大声地跟我一起说，让你的爸爸妈妈听到：

爸爸我爱你，妈妈我爱你！

爸爸你辛苦了，妈妈你辛苦了！

你们高举双手握紧拳头，你要对天发誓，你要改变爸爸妈妈的命运，大声地喊，一直喊到爸爸妈妈能够听见，一直要喊到你的心坎里去，喊十遍："爸爸妈妈我爱你们！"你要改变，你就要喊出来，一、二开始……

好，手放下。知道吗？一句"爸爸妈妈我爱你们"，爸爸妈妈要是听到了，他们会泪流满面啊！为什么啊！当你小的时候，你说一声爸爸妈妈我爱你们！他们不知道会感动多少天呀，当你们骑在爸爸妈妈的背上，用小拳头使劲地敲打着爸爸妈妈的后背说：爸爸妈妈你们辛苦了，他们逢人就夸啊——我的孩子懂事了，我的孩子长大了！可是十几年来，当你真的懂事了，哪一天对爸爸妈妈说过这样的话？哪一天去关注过爸爸妈妈一天天衰老的身体？你有没有想过，当你的爸爸妈妈拖着疲倦的双腿回到家里的时候，他们衰老得会越来越快，可是你们成长的速度为什么这么慢呀！

同学们，抓紧时间长大吧！爸爸妈妈的时间是在倒计时呀。什么时候才能真正享受到你们给他们的爱，享受到你们对他们的回报啊！不要等到爸爸妈妈真的走的那一天，我们只会跪在爸爸妈妈的坟前告诉他：你们辛苦了！爸爸妈妈我来看你们来了，那个时候，一切都晚了。

（播放背景音乐《烛光里的妈妈》）

我们所有的同学，请轻轻闭上你的双眼，让我们随着时空隧道回到我们的童年，回到那个曾经生过我们的地方。一个女人，辛辛苦苦怀胎十月，最后冒着生命危险把你带到人间，那个人就是我们的妈妈，那天就是你的生日，每当你过生日的时候，你第一个想到的是找到你最好的朋友庆祝，妈妈也会给你准备你喜欢的礼物，可你什么时候想到：在你过生日的时候，能够跪在妈妈的身前告诉妈妈说：谢谢你，是你让我看到了这个世界。因为我的生日就是妈妈的受难日啊！人类和动物不同，许多动物一生下来就能站起来了，而人类是长到一岁才能站立呀！爸爸妈妈要把你一公分一公分地养大还真的不容易呀！一天天，你长大了，你还记得吗？是谁一句一句地教你学说话，是谁一步步地教你学走路，是谁当你跌倒的时候一次次把你扶起来，鼓励你继续前进。是谁天还没有亮就爬起来为你做饭，外出打工，到地里干活？是谁为了赚一两块钱，和人讨价、还价？是谁当你生病时，抱起你赶往医院，又是谁抱着你楼上楼下找最好的医生……是谁辛苦挣来的一两元钱。你拿去上网吧、买零食，你有没有想过，你这上网吧的钱，是你的爸爸妈妈用好几天的时间在土里刨食刨出来的、流汗流出来的、冒着风雪赚来的。那是爸爸妈妈的血汗钱啊。孩子，你倒过一杯水给他们吗？为他们擦过一次汗吗？和父母发生争执的时候你体谅过他们吗？

（播放背景音乐《亲爱的小孩》）

从小到大，你最快乐的事是什么事情？你最痛苦的事是什么事情？因为爸爸妈妈吵架的时候，你非常难过是不是？他们打骂你时，你也非常难过是不是？可他们真的不是故意的，如果他们知道，他们的争吵会对我们造成这么大的伤害的话，他们绝对不会这么做，如果他们知道，他这么打骂孩子会对你造成的伤害这么大的话，他们绝对不会这么做的，就在今天原谅他们吧，可怜天下父母心，他们真的是恨铁不成钢啊！

闭上眼睛想想你家里最亲近的人的样子，如果你平时常和他们顶嘴，这个时候你可以跟他们说一声对不起。你也可以想一想，你和他们的关系怎么样，很紧张，还是很和谐。也许爸爸妈妈一直在要求我们的功课，让我们学这个做那个，但他们真的是为我们考虑，也许要求我们多了一点，但你可以和他们交流：爸妈希望你们支持我。你有学习上的压力也可以回去跟他们说，你不用藏在自己的心里。也许爸妈打过我们，骂过我们，看过我们的日记，禁止我们做这个事、做那个事，但是他们真的不是故意的，在今天原谅他们吧。如果你曾经有让他们伤心的时候，天下父母的心被伤得最痛的时候就是孩子伤了他的心啊。我们就别再伤下去了，说声对不起，我不是故意的，我年轻气盛，我有时候控制不住自己的脾气，真的不是故意的。

同学们，不管你走到世界的任何地方，爸爸妈妈的眼睛都会注视着你，陪伴着你。他们给你的爱比山高比海深啊！（请大家睁开眼睛）

爱是需要表达的。学会爱的表达就标志着你长大了。让我们学会用爱的语言，大声地说：爸爸妈妈，我爱你们！爷爷、奶奶、姥姥、姥爷我爱你们……（学生们喊声一片，真切地表达爱意）

同学们，让我们每个人都怀着一颗感恩的心，去感谢这个世界上最爱我们的爸爸，最爱我们的妈妈，最爱我们的爷爷奶奶，还有姥姥姥爷。今天回到家里，要对你的爸爸妈妈说出爱的语言，补上我们这些年来欠下的爱的家庭作业，这个作业不能等呀，孝心不能等，教育不能等，爱心也不能等呀！

（背景音乐《好大一棵树》）

除了我们的爸爸妈妈、最爱我们的人，我们还要感谢的就是，今天站在我们身边的老师。人生苦短，两三万天，弹指一挥间！用在学习上的时间至少有四分之一，在这四分之一的时间里是老师陪伴着你，老师不容易呀，老师也有自己亲爱的爸爸妈妈，也有自己心爱的孩子，有多少节假日老师没有时间去看望自己的爸爸妈妈。有的老师的爸爸妈妈在医院里住院，我们的老师都没有时间去陪伴他们，而是陪在你们的身边，和我们在一起。当我们写完作业在球场上奔跑的时候，我们的老师在做什么？我们的老师还在批改着我们的作业呀，当我们万家灯火熄灭的时候，总有一盏灯还在为我们燃亮，那是我们的老师还在辛勤的备课呀，所以同学们，我们生命中的第二个恩人就是我们的老师，我们的爸爸妈妈给了我们生命，可是我们的老师给了我们慧命，是他们开启了我们智慧的大门。中国有近千万老师，当他们选择这个职业的时候就选择了奉献。现在请我们的老师站在这里，孩子们，也请你们站起来，认真地看一看自己的老师吧，虽然他还年轻，可是他很辛苦，理解我们的老师吧，请同学们和我一起大声地喊："老师你辛苦了""老师我们永远感谢你""老师我们会记住你们的名字"，用我们中国最传统的礼仪，以最恭敬的心，深深地给我们的老师鞠上一躬，30 秒，"一，二，鞠躬。再问一句：老师您辛苦啦！（同学们回应）

我们要感谢，不止是父母，我们的老师，还有养育我们的更多的人，还有朋友、同学，以及周围关心我们、帮助过我们的许许多多的人。除此之外，我们还要感谢伤害我们的人，感谢大自然给予我们的一切……感恩是一种智慧，懂得感恩的人一定是充满智慧的人、懂得生活的人。

现在你感悟到什么了？你想对父母家人说什么，请抓住这个机会，用实际行动走上台来表达吧！（此刻同学们争先跑到台上表达感受）

（背景音乐班德瑞的钢琴曲）

很好，同学们，刚才我们用爱、用感恩走过了一段难忘的路程，这份爱已经铭记在我们每位同学的心底，现在，每位同学面前都有一张有粘胶的纸，请同学们郑重地拿起笔来，把你们要向父母说的感恩的话写到上面去，把你心底对亲人，对老师、对同学、对伙伴的爱写到上面。你写得越认真，越说明你是一个懂得感恩的人。我们要用这些爱的语言，让感恩在我们心底茁壮成长。（学生们写完之后由老师帮着收集起来，贴到会场墙上的"爱心树"上）

爱心树

同学们，今天在你人生的道路上应该是一个里程碑，从今天开始，我们要变成给予者，不要做索取者。回到家里要想办法给爸爸妈妈一点爱，可以给他们沏杯茶，倒杯水，帮他们揉揉肩、拍拍背，做点力所能及的事，尽一个为人子、为人女应尽的一份责任，要对我们自己的人生负全责，这是你的责任！

同学们，我们的系列团训活动一共进行五次，接下来我们来总结一下五次的主题：

“我自信 我成长 我快乐”“我有巨大的潜能”“我的学习我掌舵”“团结合作我争先”“常感恩，幸福好人生”。在此过程中，我们进行了“自信心训练、学习重要性及学习方法的培训、潜能开发训练、团队合作训练、学会学习，学会感恩训练”。我们带来了五棵树“规范树、学习树、激励树、团结树、爱心树”，它们已经枝繁叶茂，正茁壮成长！

同学们，这一系列的心理团训，是否给你留下了深刻的印象。参加这些活动不代表它一定能转变你的人生，但是，如果你在这系列活动当中，学到了一些行动、一个观念或一种做法，你能够把学到的东西实行终身的话，你的人生一定会大不一样！

最后手语表演《感恩一切》（10 分钟）（放背景音乐）

各位同学，本系列的五次团训活动结束了，祝同学们学习快乐，健康成长！

共享蓝天 共筑和谐

——“关爱留守儿童”心理游戏活动方案

活动目的：

1. 关爱留守特困儿童，让孩子们过一个快乐的“六一国际儿童节”。
2. 让留守儿童感受到社会各界的关爱。
3. 进行心理游戏，让孩子们在游戏中体验关爱、学会感恩。

活动对象：10～12 岁的特困留守儿童及家长、代理家长、记者及社会各界人士。

活动时间：2014 年 5 月 24 日下午 1：30—3：30

活动过程

活动程序之一：开场引导（5 分钟）

（播放背景音乐《爱的奉献》）（这个时候小朋友们是围坐的）

主持人入场（串词如下）

尊敬的各位领导、小朋友们、老师们、家长及各界同仁们：大家下午好！

我非常高兴能够认识大家，也很开心能和你们一起参加今天的团体游戏活动。在“六一儿童节”到来之前，我提前祝愿小朋友们节日快乐！祝在座的各位老师、家长、各界朋友们工作愉快，今天我们将一起度过一个开心的下午！

我想问小朋友们一个问题，请你们大声地回答我，好吗？

你们喜欢做游戏吗？（回答：喜欢）

太好了，今天下午我们就要带小朋友们做你们喜欢的心理游戏。大家会在轻松愉快的气氛中，学到知识，获得成长。

今天参加我们游戏的有 40 多名小朋友，你们都是各班挑选出来的优秀学生。我相信你们都是最棒的！

首先我们来做一个手语操《我真的很不错》。

太棒了！你们非常聪明！

同学们，在参加集体活动的时候，我们在纪律上应该怎么做呢？

提出参加活动的要求：

① 响亮地回答问题。

② 小朋友们做活动时，你们要迅速地行动起来。

③ 集中注意力，一切行动听指挥。

练习一个口令：优秀宝贝，静悄悄（先说一遍）。

在游戏过程中，我一喊“优秀宝贝”，大家就要回应什么？“静悄悄!”同时场上就会呈现静悄悄的气氛。（齐说静悄悄）

请场上的大朋友们也配合一下，关闭或静音手机!

今天我们随时也会邀请一些场上的家长或代理家长参与到活动中，请家长们积极配合!

我是今天游戏的主训，下面请出三位游戏辅导老师（辅导老师统一着装出场）。

活动程序之二：游戏“找家”及团队建设（15 分）

（背景音乐：萨克斯曲《回家》）

目的：破冰、团队建设。

找家的游戏：小朋友们，从现在起我们就是一个整体了，是一个大家庭了！我们在一起团结就有力量。让我们先玩一个小游戏，游戏的名字叫“找家”。

游戏规则：

（请小朋友快速走到场中间，然后围成一圈，按逆时针方向慢慢走动起来）

按照老师的口令，你们要临时组成“三口之家、五口之家、六口之家”等，活动中没有找到“家”的或没有按照我的要求找到家的视为“无家可归者”。根据我所说的人数，大家看看谁找不到家。准备好了吗？现在开始！先试练一下。“两口之家、四口之家……”（学生们按口令及人数要求快速地组合着）

正式开始：三口之家……七口之家……

请没有找到家的小朋友说说自己“在家之外”的感受？

（可能会说：孤单、孤独、没有依靠、失落、担心……；指导者一面表示理解他的感受、一面请他在后面的练习中积极改变，就有机会找到家。）

好我们再继续，注意听口令：五口之家、七口之家……

注意下面要增加难度了，请小朋友组成十口之家，十人中必须是五男五女……

问：从这个小游戏中我们得到什么启示？

找到家就有和大家在一起的感觉。大多数同学还会表达说："温暖、有力量、安全、踏实、有支持、关心……"

的确，我们是一家人，要互相关心和帮助。

主持人小结：人是要生活在集体中，离开了集体会没有安全感、会孤单，营造一个温暖的集体人人有责。

根据学生找家游戏中最后组合的情况略作调整，分出四个游戏组（分发组标）。

请每组选一名队长，取队名、队呼（就是口号）。

请小组长带领团队做自我介绍，介绍的形式：

大家好！（全体回应：非常好）

我叫×××，是×××队的队长。（全体回应：×××，我爱你。××队，加油）

我们的口号是：××××××（各组自己设计口号，并带领全组人员喊出自己队的口号，摆出集体的造型来展示团队的风采。）

活动程序之三：热身舞《兔子舞》（10分钟）

背景音乐《兔子舞》

活动目的：

1. 在欢快的气氛中，让孩子们积极参与活动，听从口令，全神贯注地做统一的动作。

2. 让孩子们相互关爱、彼此了解，体会沟通与合作的妙处。

参与人数：集体参与（把四个组合成两个大组）

活动道具：快节奏音乐《兔子舞》曲、音响设备。

活动规则和程序：

1. 每组人员：小学生10人、2个代理妈妈。

2. 每组后面的学员用双手搭在前面学员的双肩上。

3. 培训者站在一边发令：左脚跳两下，右脚跳两下，双腿合并向前跳一下，向后跳一下，再连续向前跳两下。大家也随着说：左左、右右、前、后、前前前。

讨论及感悟：

1. 小朋友们以前玩过这个游戏吗？累不累啊？

2. 能说说吗怎么做才能合作得更好？多久就会出现步调不一致的情况？为什么会出现这种情况？

3. 你们用什么方法使小组成员的步调保持一致？

4. 游戏进行到后阶段，这种情况是否有所改进？采用什么方法？

需要集中很大的注意力，不仅注意倾听培训者的命令，还要注意前后同伴的动作，免得踩到别人的脚。一个人的不专心很可能影响到他前后几个人的情绪，甚至扰乱他们的步伐。因此，培训者，发现这种情况时，要及时用幽默的语言提醒那个走神的人，以保持整个团队的游戏效果。

活动进行到这里小朋友都很累了，下面来做个放松：闭上眼睛，主持人引导同学们做三次深呼吸的练习。

游戏“兔子舞”

活动程序之四：爱心呼拉圈传递（15 分钟）

（快节奏的乐曲）

活动目的：

1. 使小组充满活力。

2. 让大家动起来、笑起来、感受活动带来的快乐。

3. 让大家在传递爱心的过程中，感受爱的力量，增强团队精神。

（活动道具：呼啦圈 4 个，直径 80 厘米）。

（每组有 1 个家长，家长所在的左边手作为呼啦圈传递的起点）

主持人：下面将进行的是一个比赛：爱心呼啦圈传递。爱心呼啦圈将承载着我们的爱心，在每一个人心间传递。

这个比赛分两轮进行，规则如下。

第一轮：每组的小朋友手拉手围成一圈，把呼啦圈套在家长所在的左边的牵着的手臂上作为起点，然后按照顺时针方向用呼啦圈穿过所有人的身体回到起点。在传递过程中，只能用语言来交流，相互拉着的手不能放开，也不能用手指去勾呼啦圈，看哪组最快完成。

记住：如果中途把手放开了就要重来。（先给一次演练的机会，计时员准备、开始）

第二轮：每个小朋友把右手从右腿下伸出和前面的人的左手相握，仍按照顺时针方向用呼啦圈穿过所有人的身体回到原位。这一轮的强度增强了，大家有信心吗？（计时员准备、开始）

（在学生传递呼啦圈的过程中，主持人鼓励学生及家长：加油、继续、非常好、不可能用手、手不要松开、注意合作等）

喊一次口号：优秀宝贝…… 同学们回应：静悄悄。

讨论及感悟：你们组传递最快的经验是什么？（感悟略）

爱心呼拉圈

活动程序之五：信任之旅——盲人走路（20 分钟）

（轻柔的背景音乐）

活动目的：

让孩子们了解关爱、被关爱，助人、受助的感受；

学会在生活中主动助人、爱人；

体会助人为乐，受助是福。

活动程序：

（将小朋友们分成两大组：一大组同学在场中间站好，扮演盲人，把眼罩戴上，注意不要过紧也不要太松）

另一组小朋友每人带一把椅子，围着中间的小朋友坐成一大圈，取椅子时动作要快、静、规范。

（请六位家长：三位做盲人，三位各带一把椅子做扶助者，参与活动）

请盲人原地转三圈，停住，体会内心感受；

另一组做扶助者，找一个对象，牵起他的手，做他的拐棍。全程不允许讲话，完全采用眼神、动作等非语言的沟通，用动作（如搀扶）、声音（如跺脚）、辅助（如摸桌椅）等方式协助盲人。

信任之旅的线路安排：

说明：通过亲身体验，让我们体会信任与被信任的感觉，作为被牵引的一方，应全身心信赖对方，大胆遵照对方的指引行事，而作为牵引者，应对伙伴的安全负起全部的责任，对一举一动的指令均应保证准确、清楚。

角色交换：“盲人”与“拐棍”互换角色重新体验与分享，要求同前。

活动分享：团体围成圈，一起分享活动的感受。

1. 提问“盲人”：

当你眼睛什么都看不到时，你内心的感受是什么？

这种情景让你想到生活中的什么 ？

对拐棍是否满意？什么地方让你满意？什么地方让你不满意 ？

2. 提问“牵引的同学”：

你是怎样理解盲人眼睛看不见时的感受？

你采用了什么办法帮助他？你对自己的帮助行为满意吗？

这个活动给你哪些启发？

活动程序之六：种一棵爱心树（20 分钟）

音乐《爱的奉献》

在精心设计的心理游戏道具“爱心树”之前，请孩子们用情地释放着自己的爱心。在小小的爱心卡片上写上自己对父母、对老师祝愿的话或写上对未来的畅想，然后把一张张满怀希冀的爱心卡粘贴在爱心树上，抒发着孩子们感恩的心和对美好未来的憧憬。

请几个孩子代表读自己爱心卡片的内容。

活动程序之七：手语操《感恩的心》（10 分钟）

背景音乐：《感恩的心》

小朋友们我们一起来回顾一下，今天我们都做了哪些游戏，从这些游戏当中我们学习到了什么？

分别请家长代表、小朋友代表谈参加今天活动的感受。

手语操《感恩的心》

辅导者在大家的手语表演过程中，总结本次活动的主题内容及感悟，对小同学们提出鼓励的话，活动在歌声和手语操中结束。

物品准备

1. 音响设备（功放和音箱，最好有调音台、多媒体白板）
2. 音乐碟《回家》《爱的奉献》《感恩的心》《兔子舞》《风的气息》，快节奏的乐曲、信任之旅的组合音乐《神秘园》等；
3. 大呼啦圈共4个（直径为80厘米）、计时秒表4个；
4. 透明胶带1卷、双面胶4个；
5. 眼罩30个，呼啦圈1个；
6. 每个队员胸前的组标、每组组长的标志；
7. 拍手道具8个，营造气氛时用；
8. 《种一棵爱心树》的道具：彩纸1大张，做树的背景，绿、红、橙色的纸分成每人一份纸片，做树叶、花、果用，铅笔或碳素笔每人一支写爱心语用。

（注：本次活动是由市妇联发起的“共享蓝天，共筑和谐”特困儿童关爱活动中的项目之一，通过活动，孩子们在游戏中体验到关爱和快乐，锻炼了参与活动的各种能力，学会感恩，心灵得到成长。）

心理辅导老师们与留守儿童合影

游戏活动正在进行中

与爱同行　放飞梦想

——高三学生团体心理活动简案

活动时间：2012 年 3 月 26 日 8：30—11：00

活动地点：玉树高中学校体育馆内。

参加人数：玉树高三学生计 180 人。

活动目的：

1. 放松身心，为高三学生心理减压；
2. 增强学生自信心；
3. 提升团队意识。

活动导入

各位领导、各位同学们：

大家早上好！

今天我们高三的学生和老师齐聚在这里，将开展一次心理团训活动。

现在我们离高考还有不到一百天了，我们高三学生一直处于紧张的学习当中，这两天我们又刚刚考完试，为了让同学们释放压力，放松身心，以更充足的精力迎接高考，我们学校的心理老师邀请了她的心理同行及妇联的心理志愿者们来到这里，和我们一起开展今天的活动。

他们怀着很高的热情，特意放弃周休的时间，义务做这项工作，让我们对他们的到来表示热烈的欢迎！

我宣布今天的活动正式开始，下面让我们有请今天的主持人上场！

活动主要内容

一、开场语：（陈老师整场主持）上场先表达心情及活动导入。

二、副主持杨老师介绍活动要求。

三、团体活动开始：

1. 热身游戏：兔子舞（总领：杨老师）（陈老师主持）
2. 团队展示（陈、杨负责引领），各队展示风采。

3. 游戏：爱的连接（杨）
4. 游戏：眉目传情（杨）
5. 游戏：手舞足蹈（释放压力）（陈）
6. 游戏：爱心圈传递（杨）
7. 体验：我们是最棒的（陈）
8. 放飞梦想（伴乐：明天会更好）（陈）

结束语：

今天的心理团训活动就到这里，谢谢今天到场的各位心理老师们的辛苦付出！（学生为老师们献哈达）

让我们再一次感谢各位老师为我们带来的快乐和轻松！

同学们，在这次活动中，我们大家放松了身心，学会自信，团队意识也得到提升，每个人都收获了很多的快乐和正向能量，就让我们带着这份信心和力量，在未来的日子里，轻装上阵，在高考中取得好成绩，让我们与爱同行，放飞梦想！

活动准备

道具：呼啦圈、兔子头饰、传递字条、条幅、2个无线麦、哈达、音乐（《兔子舞》《明天会更好》《我要飞得更高》）。

活动口号：“我自信 我坚持 我快乐 我成功”。

参加团训的心理志愿者10人，另有1位专业摄影师，2位报社记者。

心理志愿者需要7：30出发。着运动装，不要穿高跟的鞋。

其他人员及事宜：2人（音响和录像、照相）。

活动报道

玉树高中举办高三学生心理团训活动

2012年3月26日早九点，玉树高中全体高三学生在学校体育馆内举办了“与爱同行，放飞梦想”的心理团训活动。

会场由教务刘主任主持，开场后，主训老师讲解了团体活动的相关要求之后，第一个环节“热身游戏”开场，学生们专注而齐整地跳起“兔子舞”，迅速活跃了整场气氛，激发了全场师生参与的热情。

各带队心理老师入团队，在团队展示环节中，各团队都在紧锣密鼓地商

兔子舞现场

讨展示风采的最佳方案，各团队力量聚焦在此刻。

各团队在布置游戏任务

“爱的连接”游戏中，同学间以互相拍身、按摩、轻微的身体触碰等形式，增强了同学之间的亲密度及信任感。

“释放压力”环节中，同学们边唱边动，并发挥藏族能歌善舞的特长，纵情劲舞。

游戏—人椅

玉树的学子们在震后感受到最多的就是社会各界的关爱，他们会将爱心不断地传递下去。在“爱心圈的传递”游戏中，各队同学凭借默契的配合，在略有竞争中又有条不紊地参与着。

在“我们是最棒的”游戏中，同学们唱出了自信的声音。

在“放飞梦想”的游戏中，同学们高唱《明天会更好》，把写有自己祝福和志向的飞机放飞。

活动最后，在老师与同学们的掌声与欢笑中，同学们纷纷发表感言，分享了自己在这次团训中的收获。通过紧张有趣的游戏，激发了自己的团队意识与集体荣誉感，对今后的生活更是充满了信心，缓解了平时的学习压力。

这次团训活动举办得十分成功，既培养了大家的组织协调能力，又增强了团队凝聚力和集体荣誉感。刘主任在总结中寄语同学们：在今后的学习生活中要积极展现各自的青春风采和蓬勃朝气，并带着这份信心和力量，在未来的日子里，轻装上阵，继续与爱同行，共同放飞梦想！

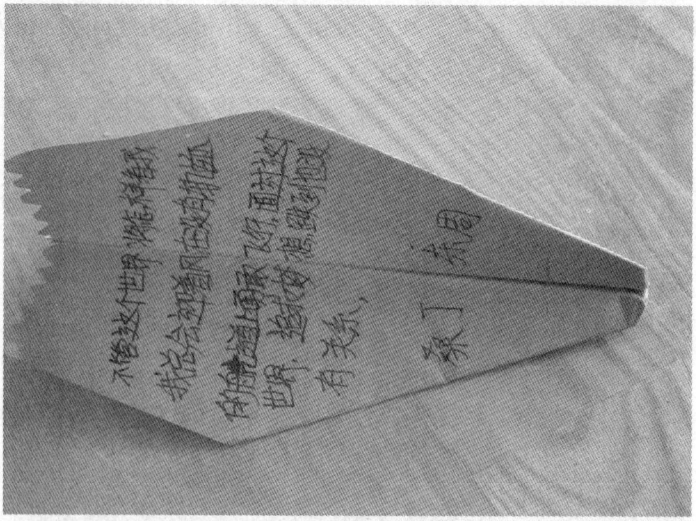

承载着梦想的飞机

开心的瞬间

“眉目传情”中联结了同学间纯洁的友情和理解

心理志愿者和校领导及老师合影